Singt dem Herrn ein neues Lied

JOHANNES SCHILLING
BRINJA BAUER

SINGT DEM HERRN EIN NEUES LIED

500 JAHRE EVANGELISCHES GESANGBUCH

EVANGELISCHE VERLAGSANSTALT
Leipzig

Bibliographische Information der Deutschen Nationalbibliothek
Die Deutsche Nationalbibliothek verzeichnet diese Publikation in der
Deutschen Nationalbibliographie; detaillierte bibliographische Daten
sind im Internet über http://dnb.dnb.de abrufbar.

2., korr. Auflage 2024
© 2023 by Evangelische Verlagsanstalt GmbH · Leipzig
und Carus-Verlag GmbH & Co. KG · Stuttgart
Printed in E.U.

Das Werk einschließlich aller seiner Teile ist urheberrechtlich geschützt.
Jede Verwertung außerhalb der Grenzen des Urheberrechtsgesetzes ist ohne
Zustimmung des Verlags unzulässig und strafbar. Das gilt insbesondere für
Vervielfältigungen, Übersetzungen, Mikroverfilmungen und die Einspeicherung und Verarbeitung in elektronischen Systemen.

Das Buch wurde auf alterungsbeständigem Papier gedruckt.

Gesamtgestaltung: makena plangrafik, Leipzig/Zwenkau
Druck und Binden: GRASPO CZ, a.s., Zlín

Evangelische Verlagsanstalt
ISBN 978-3-374-07415-0
eISBN (PDF) 978-3-374-07416-7
www.eva-leipzig.de

Carus-Verlag
Carus 24.133
ISBN 978-3-89948-454-0
www.carus-verlag.com

Vorwort

Christenmenschen haben seit den Anfängen der Kirche gesungen. Dafür standen ihnen die Psalmen ihrer Heiligen Schrift, des Alten Testaments, zur Verfügung, und bald auch neue Gesänge, zu deren Vortrag im Neuen Testament an mehreren Stellen aufgefordert wird. Seitdem entstand eine Fülle von liturgischen Gesängen, Hymnen und Liedern, die in den Gottesdiensten gesungen wurden, von Bischöfen und Priestern, Mönchen und Nonnen und auch von den Laien.

Aber erst die Reformation hat den Gesang der Gemeinde zu einem unverzichtbaren Teil der Verkündigung im Gottesdienst gemacht, ja, als Kennzeichen der Kirche verstanden und die Christenheit zum Singen gebracht. In den Gottesdiensten, in den Schulen und zuhause werden seither Choräle gesungen. Dafür brauchte und braucht es Gesangbücher.

Vor 500 Jahren erschienen die ersten evangelischen Liederdrucke. Sie waren zunächst vornehmlich buchhändlerische Unternehmungen. Im Lauf der folgenden Jahre wurden in Nürnberg, Erfurt, Wittenberg und an zahlreichen anderen Orten die neu entstandenen Lieder gesammelt und für die Gemeinden und Schulen verfügbar gemacht. Seit dem Ende des 16. Jahrhunderts erschienen evangelische Gesangbücher in großer Zahl. Über Jahrhunderte waren sie zugleich Erkennungszeichen der evangelischen Kirche ihrer Stadt oder ihres Territoriums, und den kirchlichen – und weltlichen – Obrigkeiten oblag die Erarbeitung und Herausgabe dieser Bücher. Kein Wunder, dass sich unter den landesherrlichen Kirchenregimenten seit dem 17. Jahrhundert die Zahl der Gesangbücher kräftig vermehrte. Viele Gesangbücher waren Langläufer, und Pfarrer, Gemeinden und die Besitzer der Gesangbücher hielten über Jahrzehnte an ihnen fest – die versuchte Einführung neuer Gesangbücher war immer wieder ein Fall heftiger Auseinandersetzungen zwischen der kirchlichen Obrigkeit, Pfarrern und Gemeinden. Allerdings war die Vielfalt der Gesangbücher schon für die Zeitgenossen manchmal schwer überschaubar; in Grenzgegenden, in denen mehrere Territorien zusammentrafen und also verschiedene Gesangbücher im Gebrauch waren, behalf man sich mit Konkordanzen, damit alle Gläubigen mit ihren persönlichen Gesangbüchern aktiv am Gottesdienst teilnehmen konnten.

Im Lauf des 19. Jahrhunderts kam daher mehr und mehr der Wunsch nach einem gemeinsamen Gesangbuch im deutschen Sprachraum auf. Aber es sollte noch beinahe ein Jahrhundert dauern, bis es mit dem *Evangelischen Kirchengesangbuch* 1950 tatsächlich dazu kam. Als Nachfolger wurde das *Evangelische Gesangbuch* veröffentlicht und seit 1993 in den Gemeinden eingeführt, und inzwischen gibt es Vorarbeiten für ein künftiges Gesangbuch. Es wird anders werden als die bisherigen, insofern sich nicht nur die Rahmenbedingungen für die Kirchen verändert haben, sondern auch für den Gemeinde- und den Chorgesang. Und es wird neben einer gedruckten auch eine digitale Ausgabe geben – gedruckte Bücher aber sind und bleiben auch weiterhin unverzichtbar.

*

Dieses Buch soll eine Einführung in Geschichte und Gegenwart der Gesangbücher im deutschen Sprachraum sein. Es richtet sich an eine breite Leserschaft von Menschen, die sich für Texte und Musik, Liederdichter und Komponisten, für Herstellung und Ausstattung und für die Bücher als solche interessieren. Gegenwärtig sind ca. 7.000 bis 8.000 deutschsprachige Gesangbücher von den Anfängen bis in die Gegenwart bekannt, die überwiegende Zahl von ihnen ist evangelisch.

In diesem ersten Versuch einer Gesamtdarstellung konnten wir uns auf Fülle und Reichtum dieser Bücher nicht im Einzelnen einlassen, hatten wir doch mit einem begrenzten Umfang umzugehen, damit das Buch sein Ziel nicht verfehle und preislich erschwinglich blieb. Es ist daher unvermeidlich, dass manche manches vermissen werden. Unsere Beispiele haben wir möglichst aus unterschiedlichen Regionen gewählt; bei den Abbildungen ging es öfters auch um die Frage nach deren Zugänglichkeit und der Qualität der Vorlagen. Wer sich über einzelne Gesangbücher informieren möchte, hat dazu reichlich Gelegenheit; in den Anmerkungen und im Literaturverzeichnis geben wir Hinweise auf digitale Recherchemöglichkeiten und auf die wichtigste Forschungsliteratur. Deren Stand und Ergebnisse haben wir so weit wie möglich berücksichtigt – Fehler können uns gleichwohl unterlaufen sein. Wer es in dem einen oder anderen Fall besser weiß, den bitten wir um Mitteilung an den Verlag oder an uns.

Die erwähnten Gesangbücher haben wir, wenn möglich, selbst in den Originalen oder in Digitalisaten eingesehen und mit bibliographischen Angaben versehen, damit sie in den Katalogen aufgefunden werden können. Wir weisen darüber hinaus darauf hin, dass es im Internet auf den einschlägigen Seiten zum Teil zuverlässige Artikel über die von uns behandelten Gesangbücher gibt, und die Seite hymnary.org bietet detaillierte Informationen über einzelne Lieder, mit vollständigen Texten und Details, die in unserem Buch vermisst werden (und die wir auch deshalb ausgespart haben).

Titel von Gesangbüchern sind im Text *kursiv* gesetzt, Titel anderer Bücher und einzelner Lieder sowie Zitate stehen mit Anführungszeichen. Die alten Texte haben wir zum Teil übersetzt und zum Teil buchstäblich wiedergegeben; Abbreviaturen sind aufgelöst, den in der Frakturschrift üblichen Bindestrich (=) ersetzen wir durch den in Antiqua-Schriften verwendeten (-).

Auf einzelne Lieder und ihre Dichter konnten wir nur in Einzelfällen eingehen. Der schleswig-holsteinische Pfarrer und Hymnologe Emil Brederek hatte bis zum Herbst 1939 ca. 92.000 Initien von ca. 82.000 textlich verschiedenen Liedern erfasst. Die schiere Masse lässt erkennen, um welche Mengen es sich handelt – der Bestand hat sich seither durch eine lebendige und beständige Liedproduktion deutlich vermehrt. Wer nähere Auskunft über diejenigen Lieder sucht, die im *Evangelischen Gesangbuch* enthalten sind, sei auf die soeben abgeschlossene »Liederkunde zum Evangelischen Gesangbuch« (Göttingen 2000–2023) verwiesen. Ein bleibendes Desiderat liegt zudem darin, die Melodien der Lieder eingehender zu behandeln, als wir es tun konnten. Sie haben im Lauf der Geschichte immer wieder Veränderungen, häufig Vereinfachungen, erfahren. Nach zahlreichen Anstrengungen im 19. Jahrhundert sind sie häufig erst im 20. aus einer als besonders feierlich erachteten isometrischen – wir würden sagen: langweiligen – Version in ihre ursprünglichen rhythmisierten Originalfassungen zurückgeführt worden. Auch die Geschichte der Vertonungen der einzelnen Lieder konnten wir nur insoweit verfolgen, als diese selbst in die jeweiligen Gesangbücher aufgenommen wurden.

*

Unser Buch ist ein Gemeinschaftswerk. Wir haben die Konzeption gemeinsam entwickelt und im Lauf der Verfertigung immer wieder modifiziert. Die Einteilung in Jahrhunderte wird durch Wahrung der Zusammenhänge da und dort überschritten. Die Einführung sowie die Kapitel I–VI, XVIII und XX–XXVIII werden von Johannes Schilling, die Kapitel VII–XVII und XIX werden von Brinja Bauer verantwortet. Der Ausblick (XXVIII) ist unser beider Ausdruck der Hoffnung auf eine gute Zukunft des Gesangbuchs.

Wir danken allen Bibliotheken, die uns ihre Bestände zugänglich gemacht und Abbildungsvorlagen bereitgestellt oder ermöglicht haben. Kathrin Paasch hat Johannes Schilling in Gotha die Schätze der Cantica spiritualia, Christiane Schäfer hat ihm in Mainz die Bestände des dortigen Gesangbucharchivs zugänglich gemacht. Diese großartige Einrichtung verdient dauerhafte Unterstützung. Ein besonderer Dank gilt dem Gesangbucharchiv im Michaeliskloster Hildesheim und seiner Leiterin Nina Eichholz für die Großzügigkeit und Freundlichkeit, mit der sie uns an ihren Beständen hat arbeiten lassen. Beide stellen ihre Einrichtungen am Ende dieses Buches vor. Und Esther P. Wipfler (München) bietet einen Einblick in das weite Feld der Gesangbuchillustration.

Den Anstoß zu diesem Buch gab ein Gespräch, das Johannes Schilling am 12. Juli 2022 auf dem Marktplatz in Wittenberg geführt hat; die ersten Ideen haben wir bald danach entwickelt; die Abgabe der Dateien an den Verlag erfolgte am 4. Juni und 7. Juli 2023.

Die Programmleiterin der Evangelischen Verlagsanstalt, Frau Dr. Annette Weidhas, hat das Büchlein bereitwillig in ihr Verlagsprogramm aufgenommen, und die Mitarbeiterinnen des Verlags haben tatkräftig an seiner Realisierung mitgewirkt. Martin Evang und Dietrich Korsch haben das Manuskript durchgesehen und uns hilfreiche Hinweise gegeben. Wir danken dem Team der Fachbibliothek Theologie in Kiel, das uns stets freundlich willkommen geheißen hat. Wir selbst haben die gemeinsame Aufgabe gern übernommen und die wie immer belebende Zusammenarbeit genossen.

Es wäre uns eine Freude, wenn die Lektüre des Buches nicht nur dazu diente, die Geschichte der Gesangbücher kennenzulernen und besser zu verstehen, sondern wenn sie auch zum Gebrauch der gegenwärtigen und künftigen Gesangbücher ermutigte und zum Singen einlüde – allein oder in Gemeinschaft, im Gottesdienst oder zuhause. Denn im Singen gehen wir über uns hinaus – diese Erfahrung kann man aber eben nur im Singen selbst machen.

Kiel, im August 2023
Johannes Schilling und Brinja Bauer

Inhalt

Einführung – Was sind Gesangbücher? 13

Das 16. Jahrhundert – Die Anfänge evangelischer Gesangbücher
I   Die ersten evangelischen Liederdrucke 33
II   Frühe Gesangbücher im Umkreis Wittenbergs 41
III   Straßburger und Schweizer Gesangbücher 49
IV   Gesangbücher der Böhmischen Brüder 57
V   Der Genfer Psalter 63
VI   Gesangbücher nach Luthers Tod 71

Das 17. Jahrhundert – Trost und Stärkung in schweren Zeiten
VII   Bunte Blüten der Gesangbuchkultur 85
VIII   Der Dreißigjährige Krieg als Urerfahrung
          der Zeitgenossen 95
IX   Konfessionelles Bewusstsein und seine Liedkultur 103
X   Paul Gerhardt – ein Lutheraner im Barock 113
XI   Barocke Lebenslust und Memento mori 119
XII   Ausblick auf das himmlische Jerusalem 127

Das 18. Jahrhundert – Pietistische und aufgeklärte Frömmigkeit
XIII   Praxis Pietatis Melica 133
XIV   Halle, der Pietismus und das Freylinghausensche Gesangbuch 141
XV   Herrnhut und die Gesangbücher der Brüdergemeine 149
XVI   Anweisungen zum gottgefälligen Leben 157
XVII Umdichtungen bekannter Lieder 165

Das 19. Jahrhundert – Zurück zu den Wurzeln
XVIII »Gesangbuchsnoth« 181
XIX Schleiermacher und das neue Berliner Gesangbuch................ 187
XX Erweckungsgesangbücher 193
XXI Auf dem Weg zu einem deutschen Einheitsgesangbuch........... 201

Das 20. Jahrhundert – Einheit und Vielfalt
XXII Deutsches Evangelisches Gesangbuch 213
XXIII »Aufbruch« und Perversion 217
XXIV Das Evangelische Kirchengesangbuch 221
XXV Das Evangelische Gesangbuch 227
XXVI Freikirchliche und andere Gesangbücher............................... 235
XXVII Neue Liederbücher 243
XXVIII Ausblick.. 247

Form und Funktion der Illustration evangelischer Gesangbücher
Von Esther P. Wipfler.. 252
Das Mainzer Gesangbucharchiv – Entstehung und Geschichte
Von Christiane Schäfer... 259
Das Gesangbucharchiv der Ev.-luth. Landeskirche Hannovers
im Michaeliskloster Hildesheim – Evangelisches Zentrum für
Gottesdienst und Kirchenmusik
Von Nina Eichholz 264

Anmerkungen.. 269
Quellen und Literatur 279
Verzeichnis der Liedanfänge... 283
Personenregister.. 287
Abbildungsnachweis.. 293
Abkürzungsverzeichnis 294

Geistliche Lieder, Wittenberg 1533 (VD16 ZV 6453)

Einführung: Was sind Gesangbücher?

»Singt dem Herrn ein neues Lied« – die christliche Kirche und ihre Mitglieder haben von Anfang an neue Lieder gesungen und seit ihren Anfängen eine große, im Ganzen nicht überschaute Zahl von Liedern und geistlichen Gesängen hervorgebracht, und diese Liederproduktion reißt nicht ab. Man will seit der Reformation ungefähr 100.000 Lieder in deutscher Sprache gezählt haben, von denen etwa 30.000 Eingang in Gesangbücher fanden.[1] Ständig kommen allein im deutschsprachigen Raum eine Vielzahl von Liedern hinzu. Ihre Dauerhaftigkeit aber gewannen und gewinnen sie durch Aufnahme in ein Gesangbuch.

Was aber ist ein Gesangbuch? Handelt es sich um ein kirchlich oder kirchenobrigkeitlich approbiertes Buch, ein privat ausgearbeitetes Buch, die Liedersammlung eines Autors oder ein Verlagserzeugnis zum geistlichen Singen? Oder einfach um ein zum Singen geeignetes Liederbuch, etwa mit Liedern einzelner Dichter? In der folgenden Darstellung wird es weitgehend um die Geschichte der von Druckern, Pfarrern, Gemeinden und Kirchenleitungen für den gottesdienstlichen, schulischen und häuslichen Gebrauch bestimmten Gesangbücher gehen – ohne zu verkennen, dass es neben diesen zahlreiche andere Gesangbücher gibt, in denen christliche Lieder verbreitet werden. Eine herausragende Stellung nahm dabei in den Jahrzehnten nach dem Zweiten Weltkrieg *Die Mundorgel* ein – ein aus der Arbeit des CVJM (Christlicher Verein junger Männer/später: Menschen) entstandenes Liederbuch. Es erschien zuerst 1953, umfasste 64 Seiten im Format von ca. 11 × 9 cm, enthielt nur Texte, keine Noten, kostete anfangs 50 Pfennige und wurde mehrmals überarbeitet, auch mit Noten versehen und bisher in mehr als 14 Millionen Exemplaren verbreitet.

Die Bezeichnung »Gesangbuch« scheint 1524 mit der Sache aufgekommen zu sein. Die frühesten Zeugnisse für den Begriff sind das Chorgesangbuch Johann Walters von 1524 mit dem Titel *Geystliche gesangk Buchleyn* und ein Zwickauer Gesangbuch von 1525.[2] Die Bezeichnung ist dann insbesondere bei den Böhmischen Brüdern geläufig, 1538 erschien in Ulm *Ejn hubsch new Gesangbuch*[3], und ein Jahr darauf, 1539, *Ein hübsch new Christenlich gesangbůch*[4]. Auch in Straßburg setzte sich dieser Titel durch, 1541 wurde ein *Gesangbuch*[5] herausgegeben und 1560 *Das Gros Kirchen Gesangbuch*[6]. Wolfgang Ammon brachte in Frankfurt am Main ein *Neuw Gesangbuch Teutsch vnd Lateinisch*[7] heraus, und die zuerst 1567 erschienenen *Geistlichen Lieder* des altgläubigen Bautzener Domherrn Johann Leisentrit adaptierten nicht nur die Ausstattung des Babstschen Gesangbuchs von 1545, sondern erhielten in der Ausgabe von 1584 auch den Titel: *Catholisch Gesangbuch.*[8] Gegen Ende des 16. Jahrhunderts gibt es auch schon Gesangbücher mit Ortsbezeichnungen, so ein *Bonnisch Gesangbuch*[9] und ein *Bonnisch Gesangbüchlein* von 1591 oder 1592. Später werden wir Greizische und Schleizische, Marburger, Königsberger, Gesangbücher für Kleinstterritorien wie »denen sämtlichen Evangelisch-Lutherischen Gemeinden im Freyherrl. Riedeselischen«[10], ein *Gesangbuch für die Grafschaft Stolberg-Roßla*, das als solches zuletzt 1936 erschien, oder einzelne Orte wie ein *Neueingerichtetes Mühltroffisches Gesang-Buch* (Mühltroff 1771) in einer Auflage von 2.500 Stück mit einem »Verzeichnis der evangelischen Pastorn zu Mühltroff« bis zu dem Herausgeber des Gesangbuchs oder ein *Gesangbuch der Zionsgemeinde in Bethel* (1928, zuletzt 1950) finden. Kein evangelischer Ort ohne eigenes Gesangbuch – das dürfte seit ungefähr 1680 die Maxime der evangelischen Pfarrer, Gemeinden, Konsistorien und Christen vor der – späten – Einführung von Einheitsgesangbüchern in Deutschland im vergangenen Jahrhundert gewesen sein.

*

»Das Gesangbuch ... ist der Kommunikationsträger des Kirchenliedes, die Sozialisationsform des geistlichen Singens überhaupt«.[11] Lieder sind nach Luthers Überzeugung Antworten auf das Wort Gottes, darauf, »dass unser lieber Herr mit uns redet durch sein heiliges Wort und wir wiederum mit ihm reden durch Gebet und Lobgesang«[12]. Das Gesangbuch – so formulierte es der Prediger Cyriacus Spangenberg (1528–1604) in seiner »Cythara Lutheri« (1569) – sei gesungene Bibel, durch verdichtete Glaubenserfahrungen verfasste Gebrauchsliteratur, Poesie zum Zweck der persönlichen und kirchlichen Erbauung, so dass es »wol mit warheit / der Leyen Loci Communes oder Heubtartickel Christlicher Lere für die Leyen mag genant werden / Vnd möchte wol mit ehren die kleine Bibel heissen«[13].

Gesangbücher sind Sammlungen geistlicher Lieder für den kirchlichen, schulischen und häuslichen Gebrauch. Sie begannen als frühe Sammlungen von wenigen und erreichten im 18. und frühen 19. Jahrhundert gelegentlich einen Umfang von mehr als zweitausend Liedern, sie wurden alsbald nach verschiedenen Rubriken geordnet, wie sie sich zum Teil bis in die Gegenwart erhalten haben, von denen das Kirchenjahr bzw. die kirchlichen Hochfeste bestimmend waren und sind. Andere Abteilungen wechselten im Lauf der Jahrhunderte ihre Bezeichnungen und ihre Inhalte. Neben den Texten der Lieder, denen Noten oder Angaben zu Melodien beigegeben werden konnten oder auch nicht, enthielten die Gesangbücher auch Katechismen, Perikopentexte, Bekenntnisse, Gebete, Bilder und Gottesdienstordnungen sowie Immerwährende Kalender, für den Gebrauch in den Schulen auch lateinische Hymnen – sie waren und sind Faktoren der Frömmigkeit ebenso wie deren Spiegel und Schatzbehalter des Glaubens und der Kultur.

Typen · Die meisten Gesangbücher waren seit den Jahrzehnten nach dem Dreißigjährigen Krieg Kirchengesangbücher, also ausdrücklich für den gottesdienstlichen Gebrauch in einer Stadt oder einem Territorium bestimmt. Daneben gab es in älterer Zeit auch Gesangbücher für adlige Höfe – ein Dresdner Gesangbuch von 1593 und das

1676 in Schleswig gedruckte Husumer Hofgesangbuch sind solche Beispiele. Manchmal enthielten Gesangbücher Zusätze für einzelne Gemeinden – ein Regensburger Gesangbuch von 1599 war für die dortige Neupfarrkirche, ein in Rengshausen bei Kassel 1867 gedrucktes Gesangbuch, das auf dem Titelblatt ausdrücklich den Hinweis »Im Gebrauch in den Kirchspielen Steinbach-Hallenberg und Springstille« trägt, war für den Gottesdienst in diesen Gemeinden im Kirchenkreis Schmalkalden bestimmt, deren Gottesdienstordnung es auch enthält.

Neben den Gesangbüchern zum Gebrauch in Gottesdienst, Schule und Haus, in Gemeinden und Landeskirchen, gab es auch spezielle Bücher für andere Adressatengruppen, vor allem für Schulen, aber auch für Zuchthäuser, Arbeitervereine und Jugendgruppen. Daneben wurden immer wieder auch Ergänzungen erforderlich, die in den alten Gesangbüchern als Anhang oder auch weiterer Anhang mitgedruckt wurden; nach 1960 fasste man die neuen Lieder zu eigenen Heften oder auch Büchern zusammen. Außerdem gab und gibt es für besondere Gottesdienste hergestellte Ein- oder Mehrblattdrucke von Liedern – Friedrich Schleiermacher ließ für seine Gottesdienste eigens gedruckte Liedblätter herstellen.

Von erheblicher Bedeutung waren auch Militärgesangbücher. Sie wurden seit dem 18. Jahrhundert für Soldaten zusammengestellt und erlebten im Ersten Weltkrieg noch einmal eine besondere Blüte. 1918 erschien in Lahr ein *Evangelisches Gesangbuch für die badischen Kriegsgefangenen. Den gefangenen Söhnen der evang.-protestantischen Landeskirche Badens zur Erbauung.* Militärgesangbücher waren ein wesentlicher Faktor auf dem Weg zu einem deutschen Einheitsgesangbuch. In der Bundeswehr gegenwärtig gebräuchlich ist *LebensrhYthmen. Evangelisches Gesang- und Gebetbuch für Soldatinnen und Soldaten* (^{3}2016) mit einer im Vergleich mit dem Evangelischen Gesangbuch eigenständigen Gliederung und Liedauswahl.

Auftraggeber und Herstellung · Die ersten Gesangbücher waren Unternehmen von Buchdruckern und Buchhändlern, die beiden Erfurter Enchiridien von 1524 sogar Konkurrenzprodukte. Auch die anderen frühen Gesangbücher wurden nicht von einer kirchlichen oder weltlichen Obrigkeit in Auftrag gegeben und auch nicht von einzelnen Autoren oder Herausgebern. Entsprechend sind die Bezeichnungen nach den Druckern: das »Klugsche« (1529/1533) oder das »Babstsche« (1545) Gesangbuch. Das erste von dem Rat einer Stadt in Auftrag gegebene Gesangbuch wurde 1533 in St. Gallen hergestellt, das erste offizielle Gesangbuch im Alten Reich erschien 1557 als Teil der Kirchenordnung von Pfalz-Zweibrücken, das erste offizielle Zürcher Gesangbuch 1598.

Seit dem 17. Jahrhundert vermehrten sich Gesangbücher kräftig. In der Regel stellten Druckereien an den Orten, an denen die Bücher in Gebrauch genommen wurden – anfangs auf eigene Rechnung und mit eigenem verlegerischem Risiko, später oft mit einem Privileg des jeweiligen Landesherrn oder Stadtrats und deren finanzieller Unterstützung – diese Gesangbücher her. Für kleine Offizinen war dies oft eine technische Herausforderung, aber auch eine verlässliche Einnahmequelle. In Großbetrieben wie der Stern'schen Druckerei in Lüneburg oder auch der Endter'schen in Nürnberg machten die Gesangbücher dagegen nur einen geringeren Teil ihrer Produktion aus.

Dabei wurden von den Druckern Überlegungen angestellt, wie die Bücher möglichst ihrem Zweck entsprechend hergestellt werden könnten. Bemerkenswert ist in dieser Hinsicht etwa eine Vorrede, die der Marburger Drucker Caspar Chemlin 1636 seinem *Gesangbuch Christlicher Psalmen / vnd Kirchen Lieder*[14] voranstellte. Sie ist an den Erbmarschall zu Hessen, Georg Riedesel zu Eisenbach (1588–1640), gerichtet, reflektiert die schwierigen Zeiten, zitiert den locus classicus Epheser 5 als Aufforderung zum Singen – und denkt über die Größe der Lettern, das Format der Bücher und die alten Leute nach, »denen die Augen anfangen dunkel zu werden«, und wie man auch in kleinem Format mit hinreichend großen Drucktypen die Lesefähigkeit aufrechterhalten kann:

»Obwohl es jetzt eine solche Zeit ist, in der man mehr weinen als lachen, mehr traurig als fröhlich sein, mehr mit betrübtem Herzen beten als mit gutem Mut singen möchte, ist dennoch in Acht zu nehmen, was Paulus Epheser 5 Vers 16, 18, 19, 20 schreibt: Schickt euch in die Zeit, denn es ist böse Zeit. Werdet voll Geistes und redet untereinander von Psalmen und Lobgesängen und Geistlichen Liedern. Singt und spielt dem Herrn in euren Herzen und sagt Dank allezeit für alles Gott und dem Vater im Namen unseres Herrn Jesu Christi. Damit deutet der Apostel an, dass es keine noch so böse Zeit gibt, in der man nicht geistliche Lieder singen könnte und Grund hätte, Gott dem himmlischen Vater von Herzen Lob und Dank zu sagen.«

Sehr eingehende Überlegungen für Druck und Schmuck der Gesangbücher formulierte Jahrhunderte später der Straßburger Professor für Kirchengeschichte Johannes Ficker (1861–1944) für das *Evangelische Gesangbuch für Elsaß-Lothringen* von 1902 sowie danach für das *Gesangbuch für die Provinz Sachsen und Anhalt* von 1933.

*

Im Bereich der hannoverschen Landeskirche gab es vor 1740 kein offizielles Gesangbuch; seit diesem Jahr war das hannoversche Gesangbuch für die Stadt Hannover verbindlich, 1767 wurde das Lüneburger Gesangbuch und 1792 der Anhang des hannoverschen Gesangbuchs obrigkeitlich eingeführt. Sie enthalten Vorworte der geistlichen Obrigkeit, in denen Entstehung, Erarbeitung und Ziel der Gesangbücher erklärt werden und, sofern es Vorgängerbücher gab, auch das Verhältnis zu denselben.

Noch das *Gesangbuch für die evangelisch-protestantische Kirche des Großherzogthums Baden* von 1918 enthält den ausdrücklichen Hinweis, der Großherzog habe das Gesangbuch geprüft und seine Herstellung und Verbreitung angeordnet.

Die von den Obrigkeiten erteilten Privilegien für die Herstellung der Gesangbücher sollten diese einerseits vor allem vor unrechtmäßigen Nachdrucken schützen; andererseits waren diese Gesangbücher auch die einzig für den gottesdienstlichen Gebrauch zugelassenen. In vielen Fällen kamen die Erträge aus dem Verkauf der Bücher insbesondere Pfarrwitwenkassen und den örtlichen Waisenhäusern zugute, die damit einen Teil der Einkünfte für ihren Unterhalt erzielen konnten. In Zeiten, in denen Gesangbücher zur Grundausstattung der Haushalte gehörten und/oder als übliche Konfirmationsgeschenke dienten, bildeten sie für die Waisenhäuser eine sichere Einnahmequelle. (Neben Gesangbüchern stellten die Waisenhausdruckereien auch Bibeldrucke her.) Im späteren 19. und frühen 20. Jahrhundert waren es dann sozialdiakonische Einrichtungen, die die Rolle der Waisenhäuser übernahmen, so zum Beispiel das »Beiserhaus« in Rengshausen bei Kassel, eine »Rettungs-Anstalt für verwahrloste Kinder«, das Druck und Verlag von Gesangbüchern übernahm. Neben den Waisenhäusern dienten die Einkünfte aus dem Gesangbuchverkauf häufiger auch dem Unterhalt von Taubstummen- oder anderen diakonischen Anstalten.

Gesangbücher waren auf ein bestimmtes Territorium, eine bestimmte Stadt oder eine bestimmte Gemeinde abgestellt. Wie aber verhielt es sich, wenn man mit dem eigenen Gesangbuch in einer fremden Gemeinde außerhalb des Geltungsbereichs des eigenen Gesangbuchs zum Gottesdienst oder in die Schule ging? Beschwerden über die Vielfalt der Gesangbücher wurden immer wieder laut. 1706 bemerkte man, ebenso wie schon 1657, in der Herrschaft Lobenstein eine Vielzahl verschiedener Gesangbücher,

»das saalfeldische, rudolstädtische, jenaische, geraische, arnstädtische, erfurtische, dresdenische, bayreuthische, gothaische, eisenachische, nürnbergische, schleusingensche, leipziger und wie der Pastor in Harra Martinus Knörnschild schreibt: was von Gesangbüchern auf den Markt kömmt, in den Kirchen und Schulen gebraucht wurden, und daher theils wenige Lieder, theils mit vieler Unbequemlichkeit gebraucht werden konnten«[15],

worauf man beschloss, ein eigenes reußisches Gesangbuch einzuführen. Noch im 19. Jahrhundert sollen allein im Herzogtum Sachsen-Meiningen dreizehn verschiedene Gesangbücher in Gebrauch gewesen sein. Aber wie sollte man in solchem Fall Abhilfe schaffen? Ein Beispiel bietet die *Evangelische Lieder-Theologie, Oder vollkommneres Lehr- und Geistreiches Gesang-Buch* (Lauenburg 1747). Sie enthält ein »Vergleichungs-Register mit dem Lauenburgischen, Alt-Hannöverschen, Neu-Hannöverschen und Ratzeburgischen Gesangbuch«. In vier Spalten sind die 1.200 Lauenburgischen Lieder aufgeführt, die anderen jeweils mit ihren dortigen Nummern bzw. ihrem Fehlen notiert. Damit konnten auch Ortsfremde ohne Mühe mit ihren eigenen Gesangbüchern an den Gottesdiensten im Herzogtum Lauenburg teilnehmen.

Neben den offiziellen gab es zahlreiche Privatgesangbücher, die von einzelnen Autoren oder Gruppen ohne kirchliche oder landesherrliche Autorisierung herausgegeben wurden. Zu diesem Typ gehört zum Beispiel Gerhard Tersteegens *Geistliches Blumengärtlein*, aus dem später das Lied »Gott ist gegenwärtig« (EG 165) in die offiziellen Gesangbücher bis in das EG übergegangen ist.

Titel · Die Bezeichnungen für Gesangbücher wandelten sich im Lauf der Zeit. In den frühen Jahren nannte man sie auch »Enchiridion« (Handbüchlein), oft trugen sie den Titel »Geistliche Lieder«, häufig erhielten sie, je nach dem Bearbeitungsstand, den Zusatz »neues«, »vermehrtes« oder »vollständiges« Gesangbuch, und das zuerst in Halle 1704 erschienene Werk von Johann Anastasius Freylinghausen erhielt den (auch bereits zuvor gebrauchten) Titel *Geist-reiches Gesangbuch*. Aber es gab, vor allem im 17. und frühen 18. Jahrhundert, auch schmuckvollere, poetisch daherkommende Titel: *Geist-reiche Rüst- und Schatzkammer* (Frankfurt an der Oder 1638), *Geistlicher Myrrenpüschel Sampt allerley edlen Trostlilien und Lebensfrüchten / beyde heurige und fernige / Cant. 7. v. 13. / Aus dem geistlichen Para-*

disgarten heiliger Schrifft vnd den angehörten Predigten in Leipzig Andächtig abgebrochen / und seinen Freunden fürbehalten (1642)[16], *Glaub- und Liebes-Übung* (Frankfurt 1698), *Singender Mund eines glaubigen Christen* (Nürnberg 1728–1784), *Evangelischer Lieder-Schatz* (Tübingen 1730), *Das Sing= und Betende Kind Gottes* (Danzig 1735), *Heiliges Lippen- und Herzens-Opfer einer gläubigen Seele* (Stettin 1791).

Gegen Ende des 18. Jahrhunderts werden die Titel nüchterner; nun heißen die Bücher »Allgemeines Gesangbuch« für das jeweilige Territorium oder die Stadt, »Neues Gesangbuch«, aber es gibt auch noch *Flämmlein der Gottseligkeit* (Stuttgart 1841).

Je nach Zielgruppen konnten die Bücher auch spezifische Titel tragen. 1682 erschien in Leipzig *Des mit Jesu verlobten tugend liebenden Frauen-Zimmers Allerschönster Seelenschmuck*, das bis 1754 immer wieder nachgedruckt wurde. Ein ebenfalls ausdrücklich für den Gebrauch von Frauen bestimmtes Gebet- und Gesangbuch trug den schönen Titel *Geistlicher Perlen Schmuck* »Bestehende In auserlesenen Geistreichen Gebeten / Bibel-Sprüchen / Reimen und Liedern / in acht unterschiedene Schnuren oder Theile verfasset / und mit siebenzehen schönen Kupffern gezieret« (Nürnberg 1713). Es enthält ein *Gesang-Büchlein* von 233 Seiten Umfang und damit ein großes Repertoire geistlicher Lieder. Ein Kupferstich zeigt drei von zwei Engeln begleitete musizierende Frauen, eine an der Orgel, eine mit der Laute und eine dritte mit einem Liederbuch. Unter dem Bild kann man lesen:

»Wann du voll heisser Andacht Singst,
Und deinem Gott ein Lidgen [Liedchen] bringst,
So gleube dass dein Jesus Christ,
Mit seinen Engeln bey dir ist.«[17]

Aufbau · Alle Gesangbücher seit den Anfängen sind in einzelne Kapitel aufgeteilt. Im EG sind diese: Kirchenjahr, Gottesdienst, Biblische

Gesänge sowie Glaube-Liebe-Hoffnung, mit jeweils zahlreichen Unterabschnitten. Diese Gliederung geht in einzelnen Punkten auf die ersten lutherischen Gesangbücher zurück. Mit dem Lied »Nun komm, der Heiden Heiland« (EG 4) wurde schon das Klugsche Gesangbuch (1529/1533) und noch das EKG eröffnet, Lieder für die einzelnen Zeiten des Kirchenjahres folgten. Zahlreiche Gesangbücher hatten Teile mit Katechismusliedern, Psalmliedern und je nach Konfession, Ort und Zeit weiteren Rubriken. In den Aufklärungsgesangbüchern gab es in der Regel einen »dogmatischen« und einen »ethischen« Hauptteil mit den Bezeichnungen »Von den Pflichten gegen Gott« bzw. »Von den Pflichten gegen die Menschen«. Einen eigenen Aufbau haben der Genfer Psalter und die ihm folgenden Ausgaben, die dem biblischen Psalter in seiner numerischen Reihenfolge entsprechen.

Umfang · Die ersten Liederdrucke umfassten nur wenige Blätter, das Babstsche Gesangbuch hatte 1545 bereits 280 Blätter, also 560 Seiten, und allmählich wuchsen die Umfänge der Sammlungen immer weiter an. *Das Sing= und Betende Kind Gottes* enthielt in der vierten Auflage (Danzig 1735) bereits mehr als 800 Lieder, während die neunte Auflage von 1752 1.012 Lieder umfasste – die große Zahl bzw. die Erweiterung war eine Bemerkung auf dem Titelblatt wert. *Das Gesang Buch der Gemeine in Herrn-Huth* hatte 1735 samt Anhang nicht weniger als 2.154 Lieder aufzuweisen; die Ausgabe von 1737[18] brachte es immerhin noch auf 1.254 Lieder. Auch um 1800 hatten die Gesangbücher zum Teil stattliche Umfänge: Johann Andreas Cramers *Allgemeines Gesangbuch* zählte in der ersten Auflage von 1780 914 Liedern, und die 45. Auflage des Hannoverschen Gesangbuchs von 1817 übertraf es mit 1.019 Liedern auf 672 Seiten um ein weiteres Hundert.

Nachdem man 1854 in Eisenach einen Kernbestand von 150 Liedern definiert hatte, gingen die Umfänge der Territorialgesangbücher deutlich zurück. Das *Deutsche Evangelische Gesangbuch für die Schutzgebiete und das Ausland* (genannt »Auslandsgesangbuch«) von 1915 enthielt 342 Lieder, das Evangelische Kirchengesangbuch von 1950 im Stammteil 394, das Evangelische Gesangbuch von 1993 im

Stammteil 535 Lieder und Gesänge. Dazu kamen und kommen jeweils unterschiedlich umfangreiche Anhänge.

Formate · Gesangbücher sollen handlich und für den gottesdienstlichen, schulischen und häuslichen Gebrauch gut handhabbar sein, gut lesbar und nicht zu teuer. Diesen Zweckbestimmungen entsprechend boten und bieten sich handliche Formate für diesen Buchtyp an. Sie reichen von der Größe von ca. 8,1 × 4,7 cm (Höhe mal Breite) – so *Les Pseaumes de David* (Genf 1570) – über 10,5 × 6,3 cm – so die *Geistliche Haus- und Kirchen-Music* (Striegau o. J. [1748]) mit ihren 56 Liedern auf 72 Druckseiten – bis zu ca. 20 × 14 cm.

Zahlreiche Gesangbücher wurden in einem besonderen Hochformat (Duodez) gedruckt; es misst in der Regel ca. 15,5 × 6,5 cm. Diese Bücher waren vor allem im 18. Jahrhundert verbreitet; aber auch die *Neue Sammlung alter und neuer Lieder, die in den Preußischen Kirchen gesungen werden ... (Altes Quandt'sches Gesangbuch)*, gedruckt in Königsberg 1883, weist noch dieses Format auf.

Außerhalb dieser Formate gibt es einzelne Sonderausgaben; das Husumer Hof-Gesangbuch misst 23 × 18 cm; anderen Gesetzen gehorchen die als solche konzipierten Chorgesangbücher, die auf Pulten lagen und von vielen Sängern zugleich eingesehen werden konnten. Ein Straßburger Chorgesangbuch von 1541 misst 48,5 × 33 cm; *Das grosse | CANTIONAL, | Oder: | Z | Kirchen=Gesangbuch/* (Darmstadt 1687) 25 × 37 cm, der Buchblock ist 8,3 cm stark. Das EKG maß in der kleinen Ausgabe 12,5 × 8,5 cm, das EG misst in der Normalausgabe ca. 18 × 11,5 cm.

Noten, Melodien und Sätze · Seit den Anfängen der Gesangbuchproduktion gab es Bücher mit und ohne Noten. Der »Achtliederdruck« enthält Noten, freilich nicht zu allen Liedern, und das Wittenberger Gesangbuch von 1533 war ebenfalls mit Noten ausgestattet, ebenso weitere Gesangbücher der frühen Reformationszeit. Brauchten die Gemeindeglieder Noten? Konnten sie überhaupt Noten lesen? Für viele Landgemeinden erübrigten sich Noten; sie hätten nur Platz weggenommen und den Preis der Bücher erhöht. Daher erschien die

Mehrzahl der Gesangbücher vom 17. bis zum 19. Jahrhundert ohne Noten. Wo die Gesangbücher keine Noten haben, sind häufig, aber nicht immer, Melodieangaben über den Liedanfängen zu finden. »In eigener Melodie« heißt es da oft, auch »In bekannter Melodie«; daneben werden auch die Initien derjenigen Lieder angegeben, auf deren Melodien die Lieder zu singen sind. Eine große Zahl von Liedern wurde daher auf bekannte Melodien gesungen. In etlichen Gesangbüchern finden sich auch Verzeichnisse, welche Lieder sich auf welche Melodien singen lassen. Die Gemeinden und auch die Pfarrer, vor allem aber die Organisten werden zufrieden gewesen sein, wenn sie mit einem begrenzten Schatz an Melodien die Gottesdienste begleiten konnten. Zu etlichen Gesangbüchern gab es Melodie-Bücher für den Gebrauch der Dorforganisten. Im Gesangbuch *Himmlische Seelen-Lust oder Schmalkaldisches Gesangbuch* von 1867 gibt es ein Register von 27 Melodien (M 1–M 27), unter denen jeweils alle Lieder aufgeführt sind, die auf diese Melodien gesungen werden können.

Seit dem 19. Jahrhundert finden sich – aus Umfangs- und Kostengründen – häufiger Ausgaben desselben Gesangbuchs ohne und mit Noten. Die beiden nach dem Zweiten Weltkrieg erschienenen Gesangbücher, das EKG und das EG, enthielten programmatisch in allen Ausgaben Noten, das EG sogar eine kleine Zahl vierstimmiger Sätze.

Im Unterschied zu den lutherischen Kirchen haben die reformierten den gottesdienstlichen Gesang mehrstimmig gepflegt. Schon der Genfer Psalter von 1565 enthält vierstimmige Sätze in der Anordnung eines Stimmbuchs (also nicht als Partitur).

Besonders beliebte Melodien waren die zu »Wer nur den lieben Gott lässt walten« (EG 369), die im Lauf der Geschichte für ungefähr 400 Lieder gebraucht worden sein soll, Johann Crügers Weise zu »Ich singe dir mit Herz und Mund« (EG 324) oder zu »Von Gott will ich nicht lassen« (EG 365) aus dem Genfer Psalter, und zu »Valet will ich dir geben« (EG 523). Man wird auch wohl davon ausgehen müssen, dass in Gemeinden, in denen professionelle Organisten nicht zur Verfügung standen oder stehen, die Anzahl der in den Gemeinden bekannten sing- und spielbaren Lieder und ihrer Melodien begrenzt war und ist; sie soll in dürftigen Fällen einstellig gewesen sein, in gut singenden Gemeinden zwischen dreißig und fünfzig Melodien bzw. Lieder betragen haben.

Ausstattung · Wie man sich denken kann, war auch die Ausstattung der Gesangbücher durch die Jahrhunderte sehr verschieden. Ansehnlich sollten sie sein, meinte schon Luther in seiner Vorrede zu dem Babstschen Gesangbuch 1545; die Drucker täten gut daran, die Lieder sorgfältig zu drucken, schön auszustatten und sie damit den Leuten angenehm zu machen, »damit sie zu solcher Freude des Glaubens gereitzt werden und gerne singen«[19].

Als Gebrauchsbuch sollten die Gesangbücher den Ansprüchen für ihre Benutzung entsprechen; eine besonders kostbare Ausstattung war daher nicht vorgesehen. Gleichwohl enthalten die ersten Gesangbücher Holzschnitte und Schmuckelemente, später auch Kupferstiche oder andere künstlerische Beigaben. Zahlreiche Titelblätter wurden mit Ansichten der jeweiligen Orte geschmückt, dazu mit musizierenden Engeln und Instrumenten.[20] Im 19. Jahrhundert ließen Ausstattung und Druckqualität der Gesangbücher erkennbar nach; um 1900 gab es daher Versuche, aus dem Gesangbuch wieder ein »schönes« Buch zu machen.

Aufs Ganze gesehen bewegen sich Gesangbücher zwischen schlechter Typographie und gesteigertem künstlerischem Anspruch, der sich in allen Bereichen des Buches zeigt: von der Wahl des Formats, der Auswahl des Papiers und der Schrift über Schmuckelemente und Bilddarstellungen bis hin zu den Einbänden. Von manchen Gesangbüchern gab es eine besondere »Schmuckausgabe«, so etwa von einem Gesangbuch für die Provinz-Schleswig-Holstein, das 1909 in Kiel erschien. Im 20. Jahrhundert gab es entschiedene Schritte zu gestalterisch hochwertigen Gesangbüchern; auch das EG wurde von einem der besten Typographen des Jahrhunderts gestaltet.

Ausgaben und Preise · Seit dem 19. Jahrhundert erschienen Gesangbücher häufig in verschiedenen Ausgaben und Papierqualitäten.

Neu-vermehrtes vollständiges Marburger Gesang-Buch, Marburg 1774 (VD18 14340690)

Es gab Ausgaben in größerem oder kleinerem Format, auch bereits Großdruckausgaben, die eine entsprechende Vermehrung des Umfangs nach sich zogen, solche auf »einfachem«, also holzhaltigem, und solche auf »besserem«, also Hadernpapier. Entsprechend unterschieden sich die Verkaufspreise. Da Gesangbücher möglichst in allen Häusern verbreitet sein sollten, wurde auf einen kostengünstigen Preis großer Wert gelegt. An die »Armen« wurden bei Neuausgaben von Gesangbüchern von den Landesherren auch Exemplare verschenkt. Übersicht über die Preise zu gewinnen, erforderte eine eigene Studie. Bis ins 19. Jahrhundert war der Besitz eines Gesangbuchs auch ein materieller Wert; die Preise für das EKG und das EG aber sollten niemanden überfordert haben.

Einbände · Bis ins zwanzigste Jahrhundert wurden Gesangbücher in der Regel ungebunden verkauft, wie man es auch auf zahlreichen Titelblättern lesen kann. Anstelle von Verlagseinbänden gab es individuelle Einbände aus den verschiedensten Materialien: von einfachen Papier- oder Pappeinbänden über Leinen, Kunstleder und Leder bis zu Samt und Pergament. Je nach Stand, Vermögen und Finanzkraft wurden Gesangbücher mit kostbaren Einbänden versehen, in adligen Kreisen häufig mit den Wappen des Hauses und – über einen Leder- oder Samteinband hinaus – mit Metallschließen aus Silber oder auch aus anderen Materialien. Vorder- und Rückseite konnten mit Darstellungen oder auch mit Sprüchen geziert sein; gerade auf den Lederbänden ließen sich schöne Prägungen sowohl von Texten als auch von Ornamenten anbringen. Auf den Verlagseinbänden findet sich häufig ein Kreuz oder ein Spruch; beliebt war etwa »Ein feste Burg ist unser Gott«. Als Konfirmationsgeschenke versah man die Bücher schon im 19. Jahrhundert mit den Namen der zu Konfirmierenden und dem Datum der Konfirmation; daneben konnte auch der Name des Schenkenden in Druck oder Prägung erscheinen. Auch gegenwärtig gibt es verschiedene Ausgaben des EG, größere und kleinere und in diversen Einbandvarianten.

Überlieferung · Gesangbücher sind Bücher für den (häufigen) Gebrauch. Entsprechend gefährdet ist ihre Überlieferung. Von manchen Gesangbüchern des 16. Jahrhunderts wissen wir zwar, dass es sie gegeben hat, aber kein einziges Exemplar hat sich erhalten. Das berühmteste verlorene Gesangbuch ist die erste Ausgabe des Klugschen Gesangbuchs von 1529, das zuletzt im Jahr 1788 beschrieben wurde – seither ist es verschollen. Aber auch andere Gesangbücher aus vergangenen Jahrhunderten sind nur durch frühere Beschreibungen bekannt; der Zweite Weltkrieg hat auch in diesem Bereich zu erheblichen und zum Teil unersetzlichen Verlusten geführt.

Erforschung · Schon im 17. Jahrhundert hatte man sich auf die Anfänge der Gesangbücher im Reformationsjahrhundert besonnen. Johann Gottfried Olearius (1635–1711) und Johann Martin Schamelius (1668–1742) gehören neben anderen zu den Begründern der Hymnologie; Olearius' Gesangbuchsammlung in der Gothaer Bibliothek zählt zu den größten Kostbarkeiten in diesem Bereich. Im frühen 19. Jahrhundert war es August Jakob Rambach (1777–1851), der durch sein Buch *Über D. Martin Luthers Verdienst um den Kirchengesang* (Hamburg 1813) die Aufmerksamkeit auf dessen Lieder und Gesangbücher lenkte. Die Erweckungsbewegung förderte ebenso die Beschäftigung mit den Gesangbüchern und ihrem Liedgut. Philipp Wackernagel (1800–1877), der den größten Teil seiner Lebensarbeit der Erfassung und Erforschung von Kirchenliedern widmete, erarbeitete mit seiner Bibliographie ein bis heute nützliches Arbeitsinstrument, in dem er noch zahlreiche Gesangbücher beschrieb, die seither zerstört wurden oder verloren gegangen sind. Mit seiner Ausgabe der Liedtexte stellte er einen bis heute unverzichtbaren Thesaurus evangelischer Lieder zusammen. Dem für das 16. Jahrhundert gegebenen Beispiel folgte der Pfarrer Albert Fischer (1829–1896) mit einer Ausgabe der Lieder des 17. Jahrhunderts. Die Rückbesinnung auf die alten Gesangbücher führte, gelegentlich gepaart mit dem Streit um die Einführung neuer Gesangbücher, schon seit dem 19. Jahrhundert zur Anfertigung von lithographierten Faksimileausgaben. So ließ der Komponist Karl Reinthaler (1822–1896) 1848 ein Faksimile des Erfurter Enchiridions herstellen, dessen Vorlage 1870 zerstört wurde (erst 2014 wurde ein weiteres Exemplar entdeckt), und die Brüder Faber, Inhaber der gleichnamigen Druckerei in Magdeburg, stellten 1896 ein Faksimile eines Magdeburger Gesangbuchs von 1596 her – ein Glück, denn das Original ging mit der Zerstörung der Hamburger Stadtbibliothek im Zweiten Weltkrieg verloren.

Im 20. Jahrhundert haben sich insbesondere Konrad Ameln (1899–1994) und Christhard Mahrenholz (1900–1980), seither vor allem Jürgen Henkys (1929–2015), Martin Rößler (geb. 1931) und Gerhard Hahn (geb. 1933) um die Erforschung der Gesangbücher, ihrer Lieder und Dichter, verdient gemacht. Gegenwärtig und in Zukunft bietet die *Liederkunde zum Evangelischen Gesangbuch* in ihren Liedmonographien zugleich einen unverzichtbaren Beitrag zur Bibliographie derjenigen Gesangbücher, aus denen Lieder in das EG übernommen wurden.

Wer besaß ein Gesangbuch? · In den ersten Jahrhunderten der Gesangbuchgeschichte besaß ein Gesangbuch, wer überhaupt ein Verhältnis zu Büchern hatte, und das waren im 16. Jahrhundert nur wenige Menschen. Sie lebten zumeist in den Städten, hatten eine Schule besucht und vielleicht ein paar Semester an einer Universität verbracht. Alle anderen – des Lesens und Schreibens unkundige – Gottesdienstbesucher sangen die Lieder auswendig. Später wurden sie in den Schulen vorgesprochen und vorgesungen, und auch Prediger und Kantoren mussten den Gemeinden die Lieder vorsprechen oder vorsingen, bis diese sie auswendig konnten. Schulbücher enthielten bis ungefähr zum Ersten Weltkrieg eine Anzahl von Chorälen, die die Schüler zu lernen hatten. Man wird aber davon ausgehen müssen, dass bis in das 19. Jahrhundert hinein in den Landkirchen Gesangbücher nicht verbreitet waren.

Im Jahr 1607 fasste die Generalsynode in Kassel indes den Beschluss: »Und damit der gemeine Mann erbawet werde und mittsingen könne, were [es] gut, dz die psalmen, so gesungen werden, ieder Zeit auff ein täflein an den pforten der Kirchen verzeichnet würden«[20]

– man ging also offenbar davon aus, dass die Gottesdienstbesucher ein Gesangbuch mitbrachten und sich an den Nummertafeln orientieren können sollten. Gelegentlich wurde aber auch beklagt, dass die Gemeinden die Lieder nicht mitsängen, und seit der Mitte des 17. Jahrhunderts wurden auch die konzertmäßige Kunstmusik oder Orgelvorspiele als für den Gemeindegesang abträglich kritisiert. In zahlreichen Kirchenordnungen seit der Reformationszeit wurde der Gesang ausschließlich von Luthers Liedern vorgeschrieben, ja, bisweilen wurde das Singen anderer oder neuer Lieder geradezu untersagt.

In Adels- und in bürgerlichen Kreisen war seit dem 17. Jahrhundert der persönliche Besitz eines Gesangbuchs üblich. Das bezeugen zahlreiche erhaltene, zum Teil schön ausgestattete Exemplare. Seit der Mitte des 19. Jahrhunderts wurden Gesangbücher weit verbreitet, landesherrliche Mandate sorgten dafür, dass Exemplare auch an diejenigen Menschen kostenlos verteilt wurden, die sich den Erwerb eines solchen Buches nicht leisten konnten. Der schleswig-holsteinische Pfarrer Emil Brederek (1874–1960) rechnete 1903 mit jährlich 600.000 bis 700.000 Konfirmanden, die zu ihrer Konfirmation, in der Regel als Geschenk der Paten, ein eigenes Gesangbuch erhalten könnten. Während es über lange Zeit üblich war, ja, nach 1933 als Bekenntnisakt galt, öffentlich mit dem eigenen Gesangbuch zum Gottesdienst zu gehen, gibt es nunmehr seit Jahrzehnten in den Kirchengemeinden vor Ort Ausgaben für die Gottesdienstbesucher – für die Teilnahme am Gottesdienst ist der Besitz eines eigenen Gesangbuches daher nicht mehr erforderlich.

Mit dem Gesangbuch zu leben aber erfordert, eines zu erwerben, um es zu besitzen.

16. Jahrhundert

Die Anfänge
evangelischer Gesangbücher

Ein Christenlichs lied Doctoris
Martini Luthers/die vnaussprechliche gnaden Gottes vnd des rechten Glaubens begreyffendt.

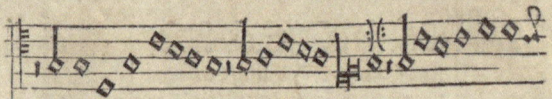

Nun frewt euch lieben christen gmeyn.

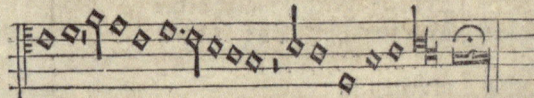

¶ Nun frewt euch lieben Christen gmein/Vnd laſt vns frö-
lich ſpringen/Das wir getroſt vnd all in ein/Mit luſt vnd
liebe ſingen/Was got an vns gewendet hat/Vnd ſeine ſüſſe
wunder that/Gar theür hat ers erworben.

¶ Dem Teüffel ich gefangen lag/Im todt war ich verloren/
Mein ſündt mich quellet nacht vñ tag/Darinn ich war ge-
boren/Ich viel auch ymmer tieffer drein/Es war kain güts
am leben mein/Die ſündt hat mich beſeſſen.

¶ Mein güte werck die golten nicht/Es war mit in verdor-
ben/Der frey will haſſet gots gericht/Er war zum güt er-
ſtorben/Die angſt mich zů verzweyffeln treyb/Das nichts
dann ſterben bey mir bleyb/Zur hellen müſt ich ſincken.

Etlich Christlich Lieder, Nürnberg 1524 (VD16 L 4699)

I Die ersten evangelischen Liederdrucke

Die Reformation hat die Christenheit singen gelehrt und die evangelischen Gemeinden zu singenden Kirchen gemacht. Zwar wurde auch zuvor in Gottesdiensten, in Prozessionen und zu anderen Anlässen schon gesungen – von den vorreformatorischen »Leisen« (so benannt, weil sie mit »Kyrieleis« enden) hat Luther »Gelobet seist du, Jesu Christ«, »Christ ist erstanden« und »Nun bitten wir den heiligen Geist« gekannt, bearbeitet und in seine Gesangbücher aufgenommen –, aber zu einem unverzichtbaren Bestandteil des Gottesdienstes hat doch erst die lutherische Reformation das Singen gemacht. Martin Luther hat in seiner Predigt zur Einweihung der Torgauer Schlosskirche am 5. Oktober 1542 den Gottesdienstraum und das in ihm sich vollziehende Geschehen wie folgt benannt: Dieses Haus sei dazu bestimmt, dass darin »nichts anderes geschehe, als dass unser lieber Herr mit uns rede durch sein heiliges Wort und wir wiederum mit ihm reden durch Gebet und Lobgesang«[1]. Der Gottesdienst ist damit als ein aktives Beziehungsgeschehen zwischen Gott und Mensch beschrieben, in dem Menschen in Gemeinschaft mit Gott reden können. Das Singen der versammelten Gemeinde ist seither ein unverwechselbares Kennzeichen der (evangelischen) Kirche.

Dafür braucht es Lieder, die die Gemeinde singen kann. Der allererste Anstoß für Luthers Liedproduktion aber war nicht die Gemeinde, und er führte auch nicht zu einem Gemeindelied für den Gottesdienst. Es war vielmehr der Tod zweier Mitglieder des Augustinereremitenordens, Hendrik Vos und Johannes van Esschen, die am 1. Juli 1523 auf dem Marktplatz in Brüssel durch den Feuertod hingerichtet wurden. Luthers Zeitlied »Ein neues Lied wir heben an«[2] auf diese ersten evangelischen Märtyrer war die erste seiner Dichtungen, die mit den Worten endet:

»Sein [Gottes] Wort ist wieder kommen,
der Sommer ist hart vor der Tür,
der Winter ist vergangen,
die zarten Blumen gehen herfür,
der das hat angefangen,
der wird es wohl vollenden.«

Dieser Ballade sollten alsbald zahlreiche weitere Lieder folgen. Im Umkreis des Jahreswechsels 1523/24 schrieb Martin Luther einen Brief an den Sekretär des Kurfürsten Friedrich des Weisen, Georg Spalatin (1484–1545), der als die Geburtsstunde des evangelischen Gesangbuchs bezeichnet werden kann:

»Gnade und Frieden! Ich habe den Plan, nach dem Beispiel der Propheten und der alten Väter der Kirche deutsche Psalmen für das Volk zu schaffen, das heißt, geistliche Lieder, damit das Wort Gottes auch durch den Gesang unter den Leuten bleibt. Wir suchen daher überall nach Dichtern. Da Dir aber die Gabe und sichere Beherrschung der deutschen Sprache gegeben und durch vielfältige Übung verfeinert ist, bitte ich Dich, mit uns an diesem Vorhaben zu arbeiten und zu versuchen, einen Psalm in ein Lied zu übertragen, so wie Du es hier an meinem Beispiel siehst. Ich möchte aber neue und am Hof übliche Ausdrücke vermieden wissen; nach seinem Aufnahmevermögen soll das Volk möglichst einfache und gebräuchliche, freilich reine und passende Worte singen; außerdem soll der Sinn durchsichtig sein und den Psalmen so weit wie möglich nahekommen.

Deshalb muss man hier frei verfahren, wenn nur der Sinn gewahrt ist, den Wortlaut vernachlässigen und durch andere geeignete Worte wiedergeben. Mir ist es nicht gegeben, es so auszuführen, wie ich es gern wollte. Deshalb will ich versuchen, ob Du ein Heman, Asaph oder Idithun [Sänger im Alten Testament] bist. Um dasselbe möchte ich Johann Dolzig bitten, der ebenfalls beredt und wortgewandt ist, doch nur, wenn Ihr Zeit dafür habt; wahrscheinlich habt Ihr gerade nicht viel.

Nimm doch meine sieben Bußpsalmen und die Auslegungen dazu, aus denen Du den Sinn des Psalms greifen kannst. Oder, wenn Du einen zugeteilt haben möchtest, übernimm doch den ersten Bußpsalm ›Herr, strafe mich nicht in Deinem Zorn‹ (Ps 6) oder den siebten ›Herr, erhöre mein Gebet‹ (Ps 143). Johann Dolzig übertrage ich den zweiten Bußpsalm ›Wohl dem, dem die Übertretungen vergeben sind‹ (Ps 32), denn ›Aus der Tiefe‹ (Ps 130) habe ich schon übersetzt, und ›Gott sei mir gnädig‹ (Ps 51) ist schon vergeben. Sollten diese vielleicht zu schwierig sein, so nehmt diese beiden ›Ich will den Herrn loben allezeit‹ und ›Freuet euch des Herrn, ihr Gerechten‹, also 34 und 33 oder Psalm 104 ›Lobe den Herrn, meine Seele‹. Antworte jedenfalls, was wir von Euch zu erhoffen haben. Lebe wohl im Herrn.«[3]

Weder Spalatin noch der genannte Dolzig lieferten Texte, aber Luther selbst, der, wie der Brief zeigt, zu diesem Zeitpunkt schon sein Lied »Aus tiefer Not« gedichtet hatte, setzte seine Liedproduktion fort, so dass die ersten evangelischen Lieder sehr rasch im Druck veröffentlicht werden konnten.

1524 erschienen dann auch die ersten Liederdrucke – es waren Einblattdrucke, von denen wenigstens vier noch nachzuweisen sind, mit den Liedern: »Nun freut euch, lieben Christen gmein«, »Es wolle Gott uns gnädig sein«, »Gelobet seist du, Jesu Christ« und »Jesus Christus, unser Heiland«.

Was lag näher, als diese flüchtigen Blätter zu sammeln und zusammen herauszubringen? Der »Achtliederdruck« des Nürnberger Druckers Jobst Gutknecht[4] – als »Buch« kann man ihn nicht eigentlich bezeichnen – versammelte mehrere als Einzeldrucke kursieren-

Achtliederdruck. Nürnberg: Jobst Gutknecht 1524 (VD16 L 4698)

de Lieder, an den beiden ersten Stellen Luthers Lied »Nun freut euch, lieben Christen gmein« (EG 341) und Paul Speratus' Lied »Es ist das Heil uns kommen her« (EG 342). Zu Speratus' Lied findet sich eine zweiseitige »Anzaygung auß der schrifft warauff diß gesang allenthalben ist gegründet / Darauff sich alle vnser sach verlassen mag« mit der Unterschrift »Wittenberg 1523 Pau. Speratus.«, also eine Erklärung des Verfassers mit biblischen Belegstellen, die anzeigen sollten, dass nicht nur das Lied »schriftgemäß« sei, sondern dass sich die reformatorische Sache überhaupt auf die Heilige Schrift gründe und vor ihr verantworte. Einen Nachdruck dieser Zusammenstellung veranstaltete der Augsburger Drucker Melchior Ramminger, der sich offensichtlich ein Geschäft davon versprach.[5]

Im selben Jahr 1524 kamen in Erfurt zwei Ausgaben eines *Enchiridion oder Handbůchlein geistlicher Gesänge* heraus. Der Drucker Johann Loersfeld[6] dürfte die frühere Ausgabe gedruckt haben, die konkurrierende Ausgabe seines Kollegen Matthes Maler[7] erschien bald danach. Alsbald wurden auch in anderen Städten Sammlungen geistlicher Lieder gedruckt, in Nürnberg und in Breslau, in Augsburg und in Zwickau und immer wieder auch in Erfurt. Sie trugen den Titel *Enchiridion* oder *Christliche Gesenge vnd Psalmen* oder einfach *gesang Buchleyn*, in einem Umfang zwischen 8 und 48 Blättern, also 16 bis 96 Seiten – es waren kleine Büchlein, diese Erstlinge evangelischer Gesangbuchkultur.

Auch in Wittenberg tat sich etwas in Sachen Gesangbuch: Johann Walter, der »Urkantor der Reformation«, hatte nämlich ein *Geystliche gesangk Buchleyn* zusammengestellt, das hier, am Entstehungsort der meisten Lieder, bei dem Drucker Josef Klug erschien.[8] Es enthält insgesamt 32 Lieder, unter ihnen 24 von Luther selbst, drei von Paul Speratus und je eines von Michael Stifel, Erhart Hegenwald, Lazarus Spengler, Johann Agricola und Elisabeth Cruciger, und zwar in vierstimmigen Sätzen. Einen Nachdruck brachte der Drucker Peter Schöffer ein Jahr später in Worms heraus.[9] Mit diesem Chorgesangbuch hatten die jungen evangelischen Kirchen ein Grundrepertoire

Vorrhede Martini Luther.

Das geystliche lieder singen / gut vnd Gott angeneme sey/ acht ich / sey keynem Christen verborgen / die weyl yderman nicht alleyn das Exempel der propheten vnd Könige ym allten testament (die mit singen vnd klingen/ mit tichten vnd allerley seytten spiel Gott gelobt haben) sondern auch solcher brauch/ sonderlich mit psalmen gemeyner Christenheyt von anfang / kund ist. Ja auch S. Paulus solchs 1 Cor. 14 eynsetzt/ vnd zu den Collossern gepeut/ von hertzen dem Herrn singen geystliche lieder vnd Psalmen/ Auff das da durch Gottes wort vnd Christliche leere / auff allerley weyse getrieben vnd geübt werden.

Dem nach hab ich auch/ sampt ettlichen andern/ zum gutten anfang vn vrsach zugeben denen die es besser vermügen/ ettliche geystliche lieder zu samen bracht / das heylige Euangelion / so itzt von Gottes gnaden widder auff gangen ist / zu treyben vnd ynn schwanck zu bringen/ das wyr auch vns möchten rhümen / wie Moses ynn seym gesang

Geystliche gesangk Buchleyn. TENOR. Wittenberg 1524, Vorrede Bl. A^v

»Dass es gut und Gott angenehm ist, geistliche Lieder zu singen, ist, glaube ich, keinem Christen verborgen; denn ein jeder kennt nicht nur das Beispiel der Propheten und Könige im Alten Testament, die mit Singen und Klingen, mit Dichtungen und allerlei Saitenspiel Gott gelobt haben, sondern auch den Brauch des Singens der Psalmen, welcher der ganzen Christenheit von Anfang an bekannt ist.

Auch Paulus setzt das ja in 1. Korinther 14 [15: »ich will Psalmen singen mit dem Geist und will auch Psalmen singen mit dem Verstand« und 26: »Wenn ihr zusammenkommt, so hat ein jeder einen Psalm ...«] ein und gebietet im Brief an die Kolosser [3,6], dem Herrn von Herzen geistliche Lieder und Psalmen zu singen, damit dadurch Gottes Wort und die christliche Lehre auf vielfältige Weise verbreitet und praktiziert werden.

Demnach habe auch ich, zusammen mit einigen anderen, zum guten Anfang und um denen, die es besser vermögen, Anlass zu geben, etliche geistliche Lieder zusammengebracht, um das heilige Evangelium, das jetzt durch Gottes Gnade wieder aufgegangen ist, zu treiben und in Schwung zu bringen, damit auch wir uns rühmen können - so wie Mose es in seinem

> gesang thut / Exo. 15 Das Christus vnser lob vnd gesang sey / vnd nichts wissen sollen zu singen noch zu sagen / denn Jhesum Christum vnsern Heyland / wie Paulus sagt. 1 Cor 2.
>
> Vnd sind dazu auch ynn vier stymme bracht / nicht aus anderer vrsach / deñ das ich gerne wollte / die iugent / die doch sonst soll vnd mus ynn der Musica vnd andern rechten künsten erzogen werden / ettwas hette / da mit sie der bul lieder vnd fleyschlichen gesenge los worde / vnd an der selben stat / ettwas heylsames lernete / vnd also das guete mit lust / wie den iungen gepürt / eyngienge. Auch das ich nicht der meynung byn / das durchs Euangelion / sollten alle künste zu boden geschlagen werden vnd vergehen / wie etliche abergeystlichen für geben / Sondern ich wollt alle künste / sonderlich die Musica gerne sehen ym dienst / des der sie geben vnd geschaffen hat / Bitte derhalben / eyn iglicher frumer Christ / wollt solchs yhm lassen gefallen / vnd wo yhm Gott mehr odder des gleichen verleyhet / helffen foddern / Es ist sonst leyder alle wellt all zu las vnd zuuergessen die arme iugent zu zihen vnd leren / das man nicht aller erst darff auch vrsach dazu geben. Gott geb vns seyne gnade Amen. A ij

Geystliche gesangk Buchleyn. TENOR. Wittenberg 1524, Vorrede Bl. A ii^r

Gesang in Exodus 15 tut – dass Christus unser Lob und Gesang ist, und wir nichts wissen sollen zu singen oder zu sagen als Jesus Christus, unseren Heiland, wie es Paulus in 1. Korinther 2 sagt.

Und die Lieder sind aus keinem anderen Grund vierstimmig gesetzt worden, als dass ich gerne möchte, dass die Jugend, die doch überhaupt in der Musik und anderen guten Künsten und Wissenschaften erzogen werden soll und muss, etwas habe, durch dass sie die Liebeslieder und ungeistlichen Gesänge loswerde – und stattdessen etwas Heilsames lernte und dadurch das Gute mit Lust, ganz wie es der Jugend gebührt, in sie einginge.

Ich bin übrigens nicht der Meinung, dass durch das Evangelium alle Künste zu Boden geschlagen werden und zu Grunde gehen sollen wie etliche Hypergeistliche behaupten. Vielmehr will ich alle Künste und besonders die Musik gern im Dienst dessen sehen, der sie gegeben und geschaffen hat. Ich bitte deshalb, dass jeder rechtschaffene Christ sich das gefallen lassen und wenn Gott ihm mehr oder weniger von diesen Gaben verleiht, die Sache fördern helfen möge. Es ist ansonsten leider alle Welt zu lasch und zu nachlässig, die arme Jugend zu erziehen und zu lehren, so dass man erst gar nicht Anlass dazu geben darf. Gott gebe uns seine Gnade. Amen.«

für ihre Schülerchöre. Wie das Inhaltsverzeichnis erweist, haben sich von den 32 Stücken zwanzig bis ins *Evangelische Gesangbuch* gehalten: »Aus tiefer Not schrei ich zu Dir« (EG 299); »Ach Gott vom Himmel, sieh darein« (EG 273); »Christ lag in Todesbanden« (EG 101); »Dies sind die heilgen zehn Gebot« (EG 231); »Es wolle Gott uns gnädig sein« (EG 280); »Es ist das Heil uns kommen her« (EG 342); »Gelobet seist du, Jesu Christ« (EG 23); »Gott der Vater wohn uns bei« (EG 138); »Gott sei gelobet und gebenedeiet« (EG 214); »Herr Christ, der einig Gotts Sohn« (EG 67); »Jesus Christus, unser Heiland, der den Tod überwand« (EG 102); »Jesus Christus, unser Heiland, der von uns den Gotteszorn wand« (EG 215); »Komm, heiliger Geist, Herre Gott« (EG 125); »Komm, Gott Schöpfer, heilger Geist« (EG 126); »Mitten wir im Leben sind« (EG 518); »Mit Fried und Freud ich fahr dahin« (EG 519); »Nun bitten wir den heiligen Geist« (EG 124); »Nun freut euch, lieben Christen, gmein« (EG 341); »Nun komm, der Heiden Heiland« (EG 4); »Wir glauben all an einen Gott« (EG 183).

Luther verfasste zu dem Buch ein programmatisches Vorwort, in dem er auf das Lob Gottes im Alten und Neuen Testament verwies, das Singen als ein Medium zur Verbreitung des Gottesworts hervorhob und erklärte, »dass Jesus Christus unser Lob und Gesang« sein solle. Schließlich hob er darauf ab, dass die vierstimmigen Sätze der Jugend Freude machen und die Musik im Dienst Gottes, des Schöpfers, stehen solle, der sie geschaffen und den Menschen gegeben hat. Schon im folgenden Jahr griff ein Breslauer Gesangbuch, das den Erfurter Enchiridien folgte, diese Vorrede für den Text auf seinem Titelblatt auf: *Eyn gesang Buchlein Geystlicher gesenge Psalmen* ...[10]

Mit diesem Programm: Gottes Wort in Jesus Christus zu verkündigen und die Künste, insbesondere die Musik, zu pflegen, ging die lutherische Reformation mit ihren Gesangbüchern in eine Zukunft, in der beide – das Evangelium von Jesus Christus und die Pflege der Musik in Kirche, Schule und Haus – zur Blüte kommen sollten.

II Frühe Gesangbücher im Umkreis Wittenbergs

Das erste Gesangbuch, das 1524 in Wittenberg im Druck erschien, war, wie wir gesehen haben, ein Chorgesangbuch. Luther hatte es mit einer Vorrede versehen, in der er die Bedeutung und den Wert der Musik für die Kommunikation des Evangeliums herausstellte. Ein Gesangbuch für die Gemeinde aber war dieses Chorgesangbuch nicht.

Zwei Jahre später aber erschien in Wittenberg ein solches Gesangbuch unter dem Titel *Enchyridion geistlicher gesenge vnd psalmen fur die leyen*[1], nunmehr nur mit den (einstimmigen) Melodien zu den Liedern. Es enthält 42 Lieder und einen umfangreichen Anhang, u. a. mit biblischen Liedern (Magnificat, Benedictus und Nunc dimittis) sowie eine »Vermanung vnd kurtze deutung des Vater vnsers«, die im Zusammenhang mit dem Empfang des Abendmahls steht, sowie ein »Register vber das gesang büchlin«. Mit einem solchen Gesangbuch war ein »Laic« in der Lage, im Gottesdienst aus einem eigenen Exemplar zu singen und zu beten. Auf der Basis dieses Gesangbuchs erschienen weitere Ausgaben 1527 in Erfurt, 1528 in Zwickau und um 1530 in Leipzig.

Es wurden also auch im Umkreis Wittenbergs Gesangbücher hergestellt, zumeist in kleinem Format, mehr oder weniger schmuckvoll ausgestattet. 1525 erschien *Eyn gesang Buchleyn / welche mann yetzund ynn Kirchen gebrauchen ist*, eine Unternehmung des Zwickauer Druckers Johann Schönspergers d. J.[2] Es zeigt auf dem Titelholzschnitt die Feier des Abendmahls; einen Geistlichen im Messgewand vor dem Altar, auf dem Buch und Kelch und Patene zu erkennen sind (man könnte die Darstellung wohl auch römisch auslegen). Das Büchlein umfasst 28 Blätter, also 56 Seiten. Es wird durch die drei Lobgesänge aus dem Anfang des Lukasevangeliums eröffnet, den des Zacharias (Lukas 1,68–79), das Benedictus, den der Maria (Lukas 1,46–55), das Magnificat, und den des Simeon (Lukas 2,29–32), das Nunc dimittis – als Zeichen dafür, dass auch in der Heiligen Schrift gesungen wurde. Von den insgesamt 24 Stücken stammen dreizehn Lieder von Luther, aber auch Elisabeth Crucigers Lied »Herr Christ, der einig Gotts Sohn« (EG 67), Justus Jonas' Umdichtung von Psalm 124 »Wo Gott der Herr nicht bei uns hält« (EG 297) und »Es ist das Heil uns kommen her« (EG 342) von Paul Speratus sind aufgenommen. Bemerkenswert ist der Verweis auf den Gebrauch in den Kirchen. Gesammelt wurden also die Lieder, die in den Gottesdiensten gesungen wurden oder gesungen werden sollten.

1528 brachte Schönsperger ein weiteres Gesangbuch heraus.[3] Auch dieses war nach Ausweis des Titelblattes »fur die leyen«, also für die Gemeindeglieder bestimmt; nach dem Liederteil folgen Formulare für die Vespern von Sonntag bis Sonnabend, »Die Deudsche Complet«, »Das Salue regina / Christlich verendert«, »Da pacem domine verdeudscht«, »Die Deudsche Metten«, »Te Deum Laudamus«, ebenfalls auf Deutsch, der Lobgesang des Zacharias, »Die Ordenung der Deudschen Mess« und ein Beichtformular, »Ein Christliche weise zu bichten / eim Priester oder sonst eim Christen« mit der Aufforderung, den Worten des Beichtigers zu glauben, »als saget dirs Gott selbst«.

*

In Wittenberg selbst gingen die Überlegungen für ein Gesangbuch, das für die Gemeinde bestimmt sein sollte, währenddessen weiter. Nach früher erschienenen Ordnungen für den Gottesdienst, zuletzt der *Deutschen Messe* von 1526, sollte 1529 dasjenige Jahr werden, in dem die wichtigsten Bücher für den Neuaufbau der Gemeinde erschienen: Der Große und der Kleine Katechismus Luthers, eine neue Ausgabe seines *Betbüchleins*[4] und ein neues Gesangbuch, das auf dem Titelblatt den Namen des Reformators trug: *Geistliche Lieder auffs new gebessert zu Wittenberg D. Mar. Luther. M.D.XXIX.* Dieses kostbare Buch ist seit Jahrhunderten verschollen; es wurde von seinem damaligen Besitzer zuletzt 1788 ausführlich beschrieben[5], und es wäre eine der größten Sensationen, wenn es eines Tages wieder auftauchte. Zwei Jahre später brachte der Erfurter Drucker Andreas Rauscher ein Gesangbuch heraus, das auf dieser Ausgabe von 1529 beruht.[6] Eine zweite Auflage der Wittenberger Ausgabe von 1529 erschien 1533 bei Josef Klug, und auch dieses Buch ist eine Rarität ersten Ranges: Das einzig erhaltene Exemplar des kleinen Büchleins – der Buchblock umfasst 192 Blätter im Format 73 × 104 mm – ist eine besondere Kostbarkeit und seit 1930 im Besitz des Lutherhauses in der Stiftung Luthergedenkstätten in Sachsen-Anhalt.[7]

Luther versah dieses Gesangbuch mit einer »neuen« Vorrede. Er ging auf die Vermehrung der Lieddichtungen in den zurückliegenden Jahren ein, auch auf die für ihn ärgerliche Tatsache, »dass auch unsere früheren Lieder je länger desto falscher gedruckt werden« und äußerte die Sorge, dass die guten Lieder verlorengehen und die minderen überleben könnten, wie es auch früheren Autoren ergangen sei: »Summa: Es will doch der Mäusedreck unter dem Pfeffer sein.« Um das zu verhindern, habe er »dieses Büchlein wieder aufs Neue durchgesehen und die Lieder der Unseren nacheinander mit vollständigen Namen gesetzt, was ich

Geistliche Lieder, Wittenberg 1533 (VD16 ZV 6453)

früher um des Ruhmes willen vermieden hatte, ich jetzt aber notgedrungen tun muss, damit nicht unter unserem Namen fremde unpassende Gesänge verkauft würden und die anderen hintangestellt, die wir für die besten und nützlichsten erachten.« Damit verband er die Bitte, ohne Wissen und Willen der Wittenberger keine »Wittenberger« Gesangbücher zu veröffentlichen – jeder möge ein eigenes Gesangbuch herausgeben, aber eben nicht unter falschem Namen –, »damit Gottes Namen allein gepriesen und unser Name nicht gesucht werde. Amen.«

Das kleine Buch enthält zunächst Lieder Luthers in der Abfolge des Kirchenjahres; an erster Stelle steht, wie in sehr vielen Gesangbüchern danach, »Der Hymnus / Veni redemptor gentium / durch Martinum Luther verdeudscht«, also »Nun komm, der Heiden Heiland« (EKG 1/EG 4). Es folgen Katechismuslieder, Psalmlieder, die Litanei deutsch und lateinisch, unterbrochen von Gebeten und Holzschnitten, sodann, in bewusster Auswahl, »geistliche lieder / durch andere / zu dieser zeit gemacht«, beginnend mit »Es ist das Heil uns kommen her« (EG 342), schließlich biblische Lieder, teilweise mit vierstimmigen Sätzen aus dem Alten und Neuen Testament, hier wiederum Magnificat, Benedictus und Nunc dimittis. Diese Lieder seien um der Kontinuität der Kirche willen aufgenommen worden, »Aller meist aber darumb / das wir solche Lieder odder Psalmen gerne wollten / mit ernst vnd andacht / mit hertz vnd verstand / gesungen haben«.

Weitere Ausgaben dieser Sammlung erschienen in den kommenden Jahren bei dem Wittenberger Drucker Joseph Klug sowie in Magdeburg, Erfurt und Leipzig – das Werk erfuhr also eine bemerkenswerte Verbreitung. Daneben gab es weiterhin auch Einzeldrucke von Liedern. 1530 brachte Jobst Gutknecht in Nürnberg einen Druck zweier Lieder heraus; »Nun freut euch, lieben Christen gmein« (EG 341) und »Es wolle Gott uns gnädig sein« (EG 280).[8] Bemerkenswert ist dabei der Vermerk auf dem Titelblatt, dass ersteres »im anfang der Predig« gesungen werden solle.

*

1542 ließ Luther ein weiteres Gesangbuch erscheinen: *Christliche Geseng Lateinisch und Deutsch / Zum Begrebnis. D. Martinus Luther.*[9] Es enthält eine ausführliche Vorrede sowie eine Auswahl von Luthers

Liedern: »Aus tiefer Not« (EG 299), »Mitten wir im Leben sind« (EG 518), »Wir glauben all an einen Gott« (EG 183), »Mit Fried und Freud ich fahr dahin« (EG 519), »Nun bitten wir den heiligen Geist« (EG 124) sowie Michael Weißes Lied »Nun lasst uns den Leib begraben« (EG 520), außerdem vier lateinische Gesänge.

In der Vorrede thematisiert Luther, ausgehend von 1. Thess. 4,13, Matthäus 9 und 1. Korinther 15, die Auferstehungshoffnung der Christen, die diese von denen unterscheide, die keine Hoffnung haben. Deshalb »singen [wir] auch keine Trauergesänge und Leidgesänge bei unseren Toten und an den Gräbern, sondern tröstliche Lieder von der Vergebung der Sünden, von Ruhe, Schlaf, Leben und Auferstehung der verstorbenen Christen, damit unser Glaube gestärkt und die Leute zu rechter Andacht gereizt werden. [...] Dazu gehört auch, was die Christen bisher getan haben und noch immer tun an den Leichen und Gräbern, dass man sie herrlich zurichtet, schmückt, besingt und mit Grabzeichen ziert. Es ist alles zu tun um diesen Artikel von der Auferstehung, dass der fest in uns gegründet werde. Denn er ist unser definitiver, seliger, ewiger Trost und unsere Freude gegen den Tod, Hölle, Teufel und alle Traurigkeit.«[10]

Auch die Musik trage zur Überwindung der Trauer bei, zum Lob des Schöpfers und zur Freude der Christen, »dass Er gelobt, wir aber durch sein heiliges Wort mit süßem Gesang ins Herz getrieben gebessert und gestärkt werden im Glauben.« An die Gräber oder an die Wände des Friedhofs aber möge man tröstliche Worte aus der Bibel als Grabschriften schreiben.

*

Drei Jahre später nahm Luther diese Gesänge zum Begräbnis in das letzte zu seinen Lebzeiten herausgegebene Gesangbuch auf. Dieses erschien 1545 bei dem Leipziger Druckerverleger Valentin Babst unter dem eingeführten Titel *Geystliche Lieder*.[11] Die Vorlage für dieses Werk bildete ein bei Joseph Klug in Wittenberg 1543/44 erschie-

Geystliche Lieder, Leipzig 1545 (VD16 G 851)

nenes Gesangbuch.[12] Luther versah es abermals mit einer neuen Vorrede, deren Wirkung bis in das *Evangelische Kirchengesangbuch* und das *Evangelische Gesangbuch* reicht, insofern deren Anfang auch als Auftakt für diese Gesangbücher gedruckt wurde:

»Der 96. Psalm sagt: Singet dem Herrn ein neues Lied, singet dem Herrn alle Welt. Denn Gott hat unser Herz und Mut fröhlich gemacht durch seinen lieben Sohn, welchen er für uns gegeben hat zur Erlösung von Sünde, Tod und Teufel. Wer das mit Ernst glaubt, der kann's nicht lassen, er muss fröhlich und mit Lust davon singen und sagen, dass es andere auch hören und herzukommen.«

Das Babstsche Gesangbuch zeichnet sich durch besondere Sorgfalt in der Herstellung und schönen Buchschmuck aus, der auch Luther selbst gefiel und den er in der Vorrede begrüßte: »Darum tun die Drucker sehr gut daran, dass sie gute Lieder sorgfältig drucken, und mit allerlei Schmuck den Leuten angenehm machen, damit sie zu dieser Glaubensfreude gereizt werden und gerne singen.«

Eröffnet wird das Babstsche Gesangbuch wie gewohnt mit Liedern Luthers in der Reihenfolge des Kirchenjahres, beginnend mit »Nun komm, der Heiden Heiland« bis zu dem Pfingstlied »Nun bitten wir den heiligen Geist« (EG 124; das Lied »Der du bist drei in Einigkeit« [EG 470] findet sich, seiner altkirchlichen Vorlage wegen in dem Teil der »Lieder / von fromen Christen gemacht / so vor unser zeit gewesen sind«). Es folgen Katechismuslieder zu den fünf Hauptstücken: Zehn Gebote, Glaubensbekenntnis, Vater unser, Taufe und Abendmahl, das Sanctus, die Bitte um Gottes Wort, schließlich alle übrigen Lieder und Gesänge Luthers mit Ausnahme der Begräbnislieder.

Eine zweite Abteilung bilden »andere / der vnsern lieder«, also solche reformatorischer Provenienz. Sie enthält Lieder von Justus Jonas, Erhard Hegenwald, Paul Speratus und, ohne Nennung des Namens der Verfasserin Elisabeth Cruciger, »XLVII. Ein geistlich lied von Christo

HERR Christ der einig Gottes Son« (EG 67). Die dritte Abteilung umfasst »etliche geistliche Lieder / von fromen Christen gemacht / so vor vnser zeit gewesen sind«. Damit griff man auch für das evangelische Gesangbuch auf den Liederschatz der Christenheit zurück, der sich seit der frühen Kirche herausgebildet und gesammelt hatte, ambrosianische Hymnen ebenso wie mittelalterliche Leisen.

Unter den dort versammelten Liedern finden sich etwa »Der Tag, der ist so freudenreich« (EG 541; lateinisch: »Dies est leticiae«) oder die Leise »Christ ist erstanden« (EG 99). Eine vierte Abteilung umfasst biblische Lieder Alten und Neuen Testaments, von Mose bis Habakuk sowie Magnificat, Benedictus und Nunc dimittis. Den Abschluss bilden »Christliche Geseng / Lateinisch vnd Deutsch / zum Begrebnis. D. Martinus Luther« samt dessen Vorrede.

Ein weiterer, ohne Mitwirkung Luthers entstandener Teil erhielt ein eigenes Titelblatt: *Psalmen vnd Geistliche lieder / welche von fromen Christen gemacht vnd zu samen gelesen sind.* Aus dieser Sammlung haben sich bis in das EG erhalten »Allein zu dir, Herr Jesu Christ« (232), »Der Herr ist mein getreuer Hirt« (274), »Es geht daher des Tages Schein« (439), »Ich ruf zu dir, Herr Jesu Christ« (343), »In dich hab ich gehoffet, Herr« (275) und »Kommt her zu mir, spricht Gottes Sohn« (363).

*

Mit dem Babstschen Gesangbuch war der Grundbestand der bis dahin entstandenen Lieder im Umkreis der Wittenberger Reformation nunmehr gesichert und kanonisiert. Luther hatte, wie seine Vorreden seit 1524 zu erkennen geben, seine eigenen und die Lieder seiner Anhänger ausdrücklich von denen anderer Autoren abgegrenzt wissen wollen. Die Lieder wurden mit den Namen ihrer Verfasser bezeichnet, und damit wurde zugleich ihre Übereinstimmung mit der Wittenberger Theologie bezeugt. Diese Lieder sollten – bis in die Gegenwart – eine reiche Wirkungsgeschichte entfalten.

III Straßburger und Schweizer Gesangbücher

Neben Wittenberg war die Reichsstadt Straßburg seit den frühen 1520er Jahren ein Hauptort der Reformation und damit auch der Erneuerung des Gottesdienstes, der Liederdichtung und der Produktion von Gesangbüchern. Ihre Stellung zwischen Wittenberg, Konstanz, Basel und Bern führte zur Aufnahme verschiedener Traditionen und einer eigenen liturgischen und musikalischen Prägung der Reformation.

Die Entwicklung des Gesangbuchdrucks hängt, wie auch andernorts, mit der der Reformationsbewegung und den neuen Formen der Gottesdienste eng zusammen. Erste Gesangbücher erschienen in den frühen Jahren der Reformation 1524 bis 1527; 1537 bis 1539 gab es Ausgaben der Psalmen, 1547 erschien das letzte deutschsprachige Gesangbuch vor dem Interim, einer kaiserlichen gegen die Protestanten gerichteten Verordnung, die bis zu einem künftigen Konzil gelten sollte.

Unter den Straßburger Reformatoren Martin Bucer (1491–1551) und Matthäus Zell (1477–1548) entwickelte sich in der bedeutenden Stadt ein vielfältiges gottesdienstliches Leben. 1523 waren in Straßburg Luthers Schriften *Von Ordnung Gottesdiensts in der Gemeine* und *Formula missae et communionis* nachgedruckt worden, und am 19. Februar 1524 wurde im Münster erstmals deutsche Messe gehalten, also in der Volkssprache und mit der Austeilung von Brot und Wein an die Kommunikanten. Die erste liturgische Schrift, Gottesdienstordnung und Gesangbuch zugleich, war ein *Teütsch Kirchen ampt*, das 1524 erschien.[1] Es enthält liturgische Stücke und Luthers Lied »Gott sei gelobet und gebenedeiet« (EG 214). 1525 wurde das Erfurter En-

Teütsch Kirchen ampt, Straßburg 1524 (VD16 M 4901)

chiridion in Straßburg nachgedruckt[2]; zu dessen Inhalt kam zusätzlich ein Lied des Straßburgers Matthias Greiter (nach 1490–1550) über Psalm 51 hinzu.

In Straßburg war zudem seit 1524 der Plan für einen vollständigen deutschsprachigen Psalter entstanden. 1526 kam unter dem Titel *Psalmẽ gebett. vnd Kirchen übũg wie sie zů Straßburg gehalten werden*[3] eine Sammlung von Psalmen und Liedern heraus. In der Vorrede einer Nachauflage von 1530 begründete der Buchdrucker Wolf Köpfel seine Auswahl der Lieder, wandte sich dagegen, dass man sein Interesse auf deren Autoren anstatt auf Gottes Wort richte und meinte mit einem schönen Bild: »was ieder für eynen Psalmen fůrnimpt / der kann nit on frucht / so andacht des gemůts und gnad Gottes dabei ist / gehandelt werden / Seitmal [da] an allen orten / das einig lebendig wort Christus Jesus mitt den windeln deß Bůchstabens fůrgetragen ist.«[4]

1537 und 1538 wurde der gesamte Psalter in zwei Teilen gedruckt. Aus eigener Produktion entstandene Lieder über die Psalmen paraphrasierten hier, anders als in Luthers Umkreis, die biblischen Texte, und es konnte auch mehr als ein einziges Lied über denselben Psalm aufgenommen werden. Damit unterschied sich die Straßburger Liederproduktion von der Wittenberger. 1541 wurden die Psalmen mit anderen Liedern zu einem neuen Gesangbuch zusammengefasst: *Psalmen vnd Geistliche lieder / die man zu Straßburg und auch die man inn anderen Kirchen pflågt zu singen.*[5]

Nicht für den gottesdienstlichen, sondern nach Aussage der Herausgeberin eher für den persönlichen häuslichen Gebrauch bestimmt waren vier Gesangbüchlein, die Katharina Zell (1497/98–1562), eine der hervorragendsten Frauengestalten der Reformation, nicht nur in Straßburg, in den Jahren 1534–1536 herausgab.[6] Als Vorlage diente ihr das Gesangbuch der Böhmischen Brüder von 1531.

In ihrer Vorrede rühmt Katharina Zell Michael Weiße, »das dieser mann die gantz Bibel offen in seim hertzen habe«. Ihre Begeisterung zeigt sich in den folgenden Ausführungen: »Ich hab solchen verstandt der werck Gottes inn disem Gsangbuoch funden: das ich winsch: das es alle menschen verstyenden: Ja ich muoß es vil mehr ein Leer: Gebett und danckbuoch (dann ein gsangbuoch) heyssen: wiewol das wörtlin gsang recht und wol geredt ist: Dann das gröst lob Gottes inn gsang außgesprochn ist worden: als da Moises Gott ein herrlich lob sang: da jn der Herr mit seim volck durchs Mör bracht: Exod. xv.«

Psalmen vnd Geistliche lieder, Straßburg 1541 (VD16 P 5187)

Das Newer vnd gemehret Gesangbüchlin, Straßburg 1559
(VD16 N 1155), Bl. A^r.

Die Straßburger rezipierten auch Lieder anderer Autoren wie Luther, Speratus, Zwick, Blarer, ja, sogar Müntzers und Hans Huts, seit 1540 aber vermehrt Lieder Luthers. 1541 erschien ein prachtvolles Gesangbuch im Format von 33 × 48,5 cm[7], das 26 Lieder Luthers enthielt. Es wurde in Rot- und Schwarzdruck hergestellt, war aber nicht für die einzelnen Gemeindeglieder, sondern für die Kirchen und Schulen bestimmt, damit die Schüler gemeinsam aus diesem Buch die Gesänge lernen konnten. Wie man sich diese Praxis vorstellen kann, zeigt ein Holzschnitt aus Theobald Bergers Gesangbuch von 1559.

In der Vorrede stellte Martin Bucer die herausragende Bedeutung der Musik für die Affekte der Menschen dar. Da Gott sich durch Jesus Christus zu erkennen gegeben habe, »So sollte die Music / alles gesang vnd seitenspil (welches vor anderen dingen / das gemût zůbewegen / hefftig vnd hitzig zůmachen / mechtig sind) nirgend anders / dann zů gôtlichem lob / gebet / lehre vnd ermanung gebrauchet werden«.[8] Daher könne die Musik auch missbraucht werden und die Jugend »durch teuffelische bůllieder [Liebeslieder]« – eine Erinnerung an Luthers Vorrede von 1524 – verführt werden. Gegen Ende der Vorrede betonte er, es habe »der Ersam buchtrucker Jôrg Waldmûller / genant Messerschmid / zů gůt den lieben Kirchen / vnd das gotselig gesang inn den Christlichen Versamlungen / Schůlen vnd Lerheusern zů fůrderen [fördern] / nicht mit geringem kosten vnd mûh sich lassen erbetten vnd bestellen / ein Gesangbůch zůtrucken / auch allen fleis an zů wenden / wie das werck selb zeuget / das die Psalmen vnd geistliche Lieder / so hierinn begriffen / auffs seuberlichest / vnd zům besten corrigieret ausgiengen.«

Durch das Interim wurde die Reformation in Straßburg empfindlich gestört. Martin Bucer musste die Stadt verlassen, floh nach England und starb 1551 im Exil in Canterbury. Erst 1559 wurde der evangelische Gottesdienst im Münster erneuert, in diesem Jahr erschien auch ein neues Gesangbuch.[9] Den Liedern vorangestellt sind auch hier die Verse Kolosser 3, 16f. mit einer kurzen Auslegung: 1., dass man überhaupt singen solle und die Lieder aus der Schrift genommen sein sollten, 2., dass man singen solle, um uns selbst zu lehren und zu ermahnen und Gott zu danken, und 3., dass »wir sollich Gesang mit hertzlicher andacht volbringen sollen«, und zwar in der Gesamtheit der Gemeinde und den Gesang nicht – wie früher – den Geistlichen überlassen. »So gehet auch jederman inn der kirchen zů gleich an / was man in gőttlichem Gesang bittet / lehret / vermanet / oder dancksaget.«[10] Nach dem Ende des Interim gab es bis zum Ende des 16. Jahrhunderts noch weitere 45 evangelische Gesangbücher, die nun häufig auch den Namen des Wittenberger Reformators im Titel trugen.

Von den Straßburger Melodien sind etliche durch die Zeiten lebendig geblieben und noch immer im EG vertreten, Wolfgang Dachsteins Melodien zu »Ein Lämmlein geht und trägt die Schuld« (EG 83), »Im Frieden dein, o Herre mein« (EG 222) und eine alternative Melodie zu »Aus tiefer Not schrei ich zu dir« (EG 299); von Matthias Greiter die Melodie zu »O Mensch, bewein dein Sünde groß« (EG 76) und zu »Es wolle Gott uns gnädig sein« (EG 280), außerdem ein »Kyrie eleison« (EG 178.2) und ein »Ehre sei Gott in der Höhe« (EG 180.1), die wahrscheinlich auf ihn zurückzuführen sind.

*

Im Bereich der deutschsprachigen Eidgenossenschaft hatte zuerst Dominik Zili 1533 in St. Gallen ein Gesangbuch herausgegeben; es war das erste von dem Rat einer Stadt in Auftrag gegebene Gesangbuch. Seine Wirkung reichte aber über St. Gallen nicht hinaus. Anders verhielt es sich mit einem *Nüw gsangbüchle von vil schönen Psalmen vnd geistlichen liedern*, das Christoph Froschauer (um 1490–1564), der erste Zürcher Drucker, der die Reformation von Anfang an begleitet und gefördert hatte, im Jahr 1533 oder 1534 in Zürich herausbrachte.[11] Es war, wie die erste Auflage von Luthers Gesangbuch von

1529, lange Zeit verschollen (nur ein Fragment hat sich erhalten); eine Nachauflage erfolgte 1540. Sie bietet, in Text und Noten, »räumlich und theologisch zwischen Wittenberg und Genf stehend, den bedeutsamen Anteil der im Kraftfeld Zwinglis gelegenen reformierten Kirchen der Schweiz und Süddeutschlands am Lied der Reformation.«[12]

Eigentlich ist das Buch ein Konstanzer Gesangbuch, die Frucht der Zusammenarbeit der dortigen Reformatoren Ambrosius (1492–1564) und Thomas Blarer (1499–1567) sowie Johannes Zwick (1496–1542); auch der Musiker Sixt Dietrich (um 1494–1548) dürfte Anteil an dem Werk haben. Das Buch enthält 26 Lieder von Konstanzer Dichtern sowie fünfzehn schweizerische Lieder, daneben 20 Lieder Luthers und zehn aus seinem Umkreis, insgesamt von nicht weniger als 34 Autoren, die in einem eigenen Verzeichnis aufgeführt werden. Es gibt auch ein alphabetisches Register der Liedanfänge; die Vorrede stammt von Zwick.

Schon der Titel ist Programm: »Vorrede zů beschirm vnnd erhaltung des ordenlichen Kirchengsangs« – eine Apologie des geistlichen Singens. Zwick fragt »ob gsang vnder dem Christenlichen volck wider Gott sye oder nit«. Da das Singen von Gott weder geboten noch verboten ist, ist es frei. Auf verschiedene Gegenargumente antwortet er jeweils abwägend, aber stets zugunsten des Gesangs von Psalmen und geistlichen Liedern. Und auf die Frage, ob man beim Singen mit dem Herzen dabei sei, lautet die Antwort: »Wie man nit recht kan mit worten båtten [beten] on das hertz / also kan man auch nit recht singen mit der stimm on das hertz ... Wann nun hertz / wort vnd stimm sich miteinanderen ůbend gegen Gott / vnnd der mensch vsserlich vnnd innerlich gegen Gott redt oder singt / der båttet vnd singt vff die besten wiß [Weise]«.[13] Dem Einwand, es könne mit dem Gesang Missbrauch getrieben werden, begegnet Zwick mit dem Argument, um des Missbrauchs willen solle der gute Brauch nicht unterbleiben. »Vnd sőlte vogelgsang Gottes lob syn mőgen / vnd nit der Christen gsang?« Auch gegen das ausschließliche Singen von

Psalmen wendet sich Zwick. Zwar sei es recht, dass die Lieder sich an der Heiligen Schrift auszurichten hätten, »doch das man darnåbend die gaaben des heiligen geists die er vff mancherley weiß würckt / nit gar verwerffe / vnd das man allweg vil mee vff den innhalt vnd verstand der gschrifft tringe / dann vff die wort. Es mûssend alle menschen des verstands gfangner sin / gleert vnd vngleert / der bůchstab aber vnd die wort sind frey.« Das Singen von Psalmen und geistlichen Liedern unterscheidet sich sowohl von dem Missbrauch unter dem Papsttum als auch von den weltlichen Gesängen. Man müsse das Singen mit den Augen Gottes ansehen. Daher endet die Vorrede mit der Bitte: »Gott mache vnns recht verstendig durch sin wort vnd geist / das wir mit einem mund vnd hertzen allzyt vnd in allen dingen sin lob vnd eer einhelliglich sůchind [suchen]. Amen.«

Zwicks Lieder »All Morgen ist ganz frisch und neu« (EG 440) und »Du höchstes Licht, ewiger Schein« (EG 441), Thomas Blarers »Du hast uns Leib und Seel gespeist« (EG 216) sowie Ambrosius Blarers »Wach auf, wach auf, ´s ist hohe Zeit« (EG 244) sind in diesem Gesangbuch noch nicht enthalten; sein Lied »Jauchzt, Erd und Himmel, juble hell« (EG 127) dagegen schon. Und Luthers Lied »Aus tiefer Not« (EG 299) wird auch hier mit der schönen Melodie Wolfgang Dachsteins unterlegt.

Das *Nüw gsangbůchle* bildete die Grundlage für einige spätere Schweizer Gesangbücher. Um 1552 gab Ambrosius Blarer bei Froschauer in Zürich ein neues Gesangbuch heraus,[14] und um 1560/65 erfolgte abermals eine neue Auflage. Weitere Gesangbücher erschienen bis zum Ende des Jahrhunderts in Basel und Schaffhausen; in Zürich brachte Raphael Egli (1559–1622) nach langer Gesangbuchlosigkeit 1598 das erste offizielle Zürcher Gesangbuch heraus.

IV Gesangbücher der Böhmischen Brüder

Für die Beteiligung der Gemeinde am Gottesdienst durch Gesang waren die Gemeinden der hussitischen Bewegung Vorreiter. Schon im 15. Jahrhundert gab es ein breites Repertoire an Gesängen für die hussitischen Gemeinden in Böhmen; aber erst im 16. Jahrhundert wurden Gesangbücher gedruckt, bis 1541 insgesamt neun. Sie enthielten auch Texte der Böhmischen Brüder. Der erste Gesangbuchdruck aus Böhmen erschien in tschechischer Sprache im Jahr 1501. Er gilt als das älteste »evangelische« Gesangbuch in Europa.[1]

In deutscher Sprache hat das Gesangbuch der Böhmischen Brüder von seiner ersten Ausgabe 1531[2] an breite Wirkung entfaltet. In Wittenberg war es ebenso geschätzt wie in Straßburg. Hier druckte die Reformatorin Katharina Zell das von ihr hochgelobte Gesangbuch 1535/36 in vier Büchlein nach, und in Wittenberg nahm Luther Michael Weißes Lied »Nun lasst uns den Leib begraben« 1542 in sein Begräbnisliederbuch auf und erklärte 1545 in der Vorrede zum Babstschen Gesangbuch, er wolle sich nicht mit fremden Federn schmücken – nicht er, sondern Weiße sei der Verfasser.

Der Autor dieses Gesangbuchs ist Michael Weiße (1488–1534), ein ehemaliger Breslauer Mönch und bei Erscheinen des Gesangbuchs, wie aus der Vorrede hervorgeht, Prediger der »Deutschen Gemein Gotes vnd Christlichen brůderschaft / zur Landtzkron vnd zur Fůllneck«, in lebendigem Kontakt mit Luther und Wittenberg. Die Anordnung des Gesangbuchs folgt zunächst dem Leben Jesu Christi: Menschwerdung, Geburt, Beschneidung, Erscheinung, Wandel und Leiden, Auferstehung und Himmelfahrt. Danach gibt es ein Kapitel »Vom Heiligen geiste«, sodann »Lobgeseng«, »Bethgeseng«, »Leerge-

Ein New Gesengbuchlen, Jungbunzlau 1531 (VD16 XL 8)

seng«, »Sônderliche geseng auf die tagtzeiten«, »Sônderliche Geseng fûr die kinder«, »Fûr die Gefallenenn«, »Zum begrebnis der todten«, »Vom jůngsten tag«, »Von den rechten heiligen«, »Von dem Testament des herren«. Ein Register ist Ausweis dafür, dass die Benutzer sich in dem Buch rasch und sicher zurechtfinden sollten. In einer »Ermanung an den Leser« lauten die ersten Verse:

»Lobet got jnn deutscher zungen
    Preiset jhn jhr alten vnd jungen
Glaubet an jhn aus hertzen grund
    Vnd bekennet jhn mit den [!] mund
Singet jhm ein geistlich gesang
    Vnd opffert jhm lob vnd danck
Dienet dem herrn von hertzen rein
    Vnd rhumet euch jnn jhm allein«.

Zahlreiche Lieder Weißes haben sich bis in das EG erhalten (68, 77, 103, 104, 144, 318, 438, 439, 520), zum Teil mehr oder weniger kräftig bearbeitet. So hat das Osterlied »Gelobt sei Gott im höchsten Thron« (EG 103) in der Fassung von 1531 zwanzig statt sechs Strophen – in den im EG ausgelassenen wird die Ostergeschichte nach der biblischen Vorlage ausführlich erzählt. Solche Erzählungen finden ihre Begründung in Versen, die unter der Überschrift »Zum beschlus« am Ende des Gesangbuchs stehen:

»Got allein zu lob vnd ehr
    Vnd seinn auserwelten zur leer
Jst diss büchlein wol bedacht
    Aus grund der schrieft zusammen bracht
Sůcht jmant der schrieft verstant
    Der mach sich darinnen bekant
Es zeiget jhm christum wol
    Vnd wie er sein geniessen sol
Verstehts aber einer nicht
    Der frag / so wirt er vnterricht
[...]
Der almechtige got verley
    Das diss büchlen zu frucht gedey.«

Unter dem Titel *Das Picardisch Gesangbuch* wurde das Gesangbuch im August 1539 von Hans Zurel in Ulm gedruckt.[3] Der Druckvermerk vom 5. August 1539 am Schluss »Veritate duce, comite Virtute« [Mit der Wahrheit als Führerin und in Begleitung der Tugend] kommt feierlich daher, und im Format weicht es von den Wittenberger Gesangbüchern ab – es handelt sich um ein Querformat von 12,7 × 8,5 cm. *Das Picardisch Gesangbuch* will nach eigener Auskunft auf dem Titelblatt nichts weniger als die ganze Summe des Neuen Testaments bieten. Entsprechend gliedert sich der Inhalt zunächst nach dem Leben Jesu Christi:

»Von der Menschwerdung Christi. – Von der Geburt. – Von der Beschneydung. – Von der Erscheynung. – Vom Wandel vnd Leyden Christi. – Von der aufferstehung. – Von der Himmelfart. – Vom Heyligen geyst. – Lobgeseng. – Beetgeseng. – Leergeseng. – Sonderliche geseng auff die tagzeyten. – Sonderliche geseng für die kinder – Von der offenbarung. – Von der opfferung. – Für die gefallennen – Zum begrebniß der todten – Vom Jüngsten tag – Von den rechten heyligen. – Von allen mårteren – Von dem Testament des Herren.«

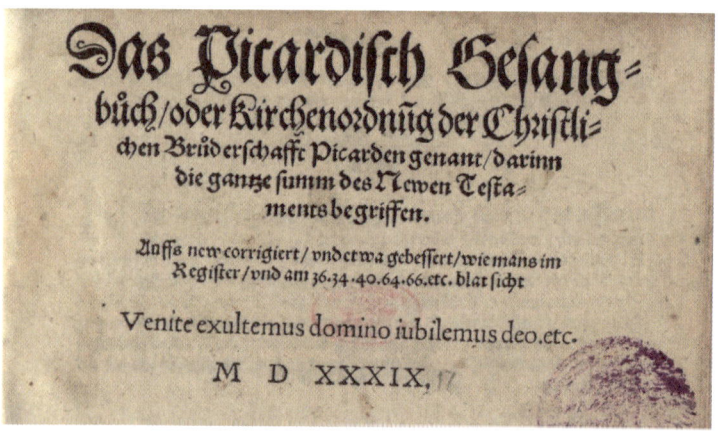

Das Picardisch Gesangbůch, Ulm 1539 (VD16 W 1646)

Das Kapitel »Von der Menschwerdung Jesu Christi« setzt mit dem Initium des Hymnus »Veni redemptor gentium« ein; mit einer lateinischen Paraphrase von Jesaja 40 und einem Empfehlungsgedicht des Dichters Caspar Brusch (1518–1557) endet das Büchlein.

1544 brachte der Vorsteher der Gemeinde, Johannes Horn (gest. 1547) eine überarbeitete, »gebesserte« und mit einem neuen Vorwort versehene Ausgabe des Gesangbuchs heraus, *Ein Gesangbuch der Brüder inn Behemen vnd Merherrn / Die man auß haß vnd neyd / Pickharden / Waldenses / etč. nennet.*[4] Er übte Kritik an seinem Vorgänger Michael Weiße: dieser habe die Abendmahlslieder »vnter andre Geseng gemengt«. Sie seien nunmehr zusammengetragen und einige von ihnen ausgeschieden worden. Die Leser sollten das Büchlein würdigen und die Gesangbuchmacher nicht mit Kritik überziehen, »sonder wőll allein auff den sihn vnd meynung der warheyt acht haben / darauff dann auch vnser fűrnembster fleyß gewesen / Das wir yederman vnsern sihn vnd meynung (so wir bey den Artickeln Christliches glaubens haben) hell vnd klar zuuerstehn geben«. Auch mögliche Nachdrucker möchten bitte nichts an den Texten ändern oder »frembde Geseng« unter sie mischen, »Sonder diss Cancional das vnser lassen sein / zu dem wir vns auch bekennen / als zu dem vnseren«. Schönere Melodien möge man aber gegebenenfalls gern machen.

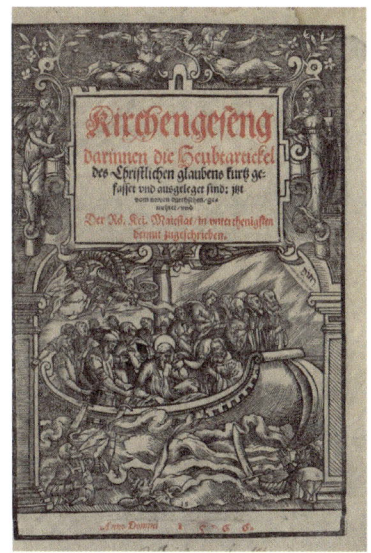

Kirchengeseng, Ivančice 1566
(VD16 XL 117)

Das Buch war erfolgreich – in Nürnberg erschienen zwischen 1544 und 1596 insgesamt elf Ausgaben dieses Gesangbuchs; eine weitere Ausgabe kam 1564 in Breslau[5] heraus.

Stattlich, ja geradezu prachtvoll ist eine Ausgabe der *Kirchengeseng darinnen die Heubtartickel des Christlichen glaubens kurtz gefasset vnd ausgeleget sind: jtzt vom newen durchsehen / gemehret / vnd Der Rő. Kei. Maiestat / in vnterthenigsten demut zugeschrieben*, das 1566 in der Druckerei der böhmischen Brüder in Ivančice entstand.[6] Das mit einer Widmungsvorrede an Kaiser Maximilian II. versehene zweiteilige Werk versammelt in seinem ersten Teil »Gesenge von den wercken Jhesu Christi« und in seinem zweiten »Gesenge von den furnemsten Artickeln Christlicher Lere«. Hinzu kommen »Geistliche

Lieder / deren etliche von alters her in der Kirchen eintrechtiglich gebraucht / vnd etliche zu vnser zeit / von erleuchteten fromen Christen vnd gottseligen Lerern new zugericht sind / nach ordnung der jarzeit«, beginnend mit »Nun komm, der Heiden Heiland« Luthers, von dem auch weitere Lieder sowie solche anderer Reformatoren aufgenommen sind. Die Ausstattung ist ausgesprochen bemerkenswert, Text- und Notendruck ausgezeichnet. Hinzu kommen schöne Initialen und einige Porträts, eines von Jan Hus, ein anderes von Luther sowie ein Titelholzschnitt, der das Schifflein der Kirche auf wogendem Wasser zeigt.

Kirchengeseng, Ivančice 1566
(VD16 XL 117), Bl. 284ʳ

V Der Genfer Psalter

Im Jahre 1562 – mehr als eine Generation nach den ersten lutherischen Gesangbüchern erschien der Genfer Psalter von Clément Marot (1496–1544) und Théodore de Bèze (1519–1605), das bedeutendste Zeugnis der Liedkultur des reformierten Protestantismus. Vorausgegangen war eine erste Sammlung von 19 Psalmen auf bekannte Straßburger Melodien des Reformators Jean Calvin, der 1539 in Straßburg *Aulcuns pseaulmes et cantiques mys en chant* von Marot für den Gemeindegesang herausgegeben hatte, die 1542, 1543 und 1551 in erweiterten Ausgaben erschienen. Das Büchlein enthält auch ein Zehngebotelied und das Canticum Simeonis.

1565 kam eine überarbeitete Ausgabe des Werkes mit insgesamt 123 in der Mehrzahl eigens für diesen Psalter komponierten Melodien heraus, in der die Mehrfachverwendung einiger Melodien der Ausgabe von 1562 vermieden wurde. Die meisten Melodien und Sätze stammen von Claude Goudimel (um 1514–1572), der ein Opfer der Bartholomäusnacht wurde. Die vierstimmigen Sätze sollten aber nicht im Gottesdienst, sondern nur zu Hause Verwendung finden. Goudimels Satz zu EG 140 vermag einen Eindruck von seinen Kompositionen zu geben.

Aulcuns pseaumes et cantiques mys en chant, Straßburg 1539

Über den französischen Sprachraum hinaus wirkte der Genfer Psalter in die benachbarten Länder und über die reformierte Konfession hinaus auch auf die lutherische Liedkultur. Schon 1652 besang der schlesische Dichter Wencel Scherffer von Scherffstein die europäische Ausstrahlung und Wirkung des Genfer Psalters:

»Was *Beza*, was *Marótt* in Reimen vor gethan /
dem haben nachgefolgt mit ruhm' in ihren Zungen
der Spanjer / und der Wahl [Welsche]; der Vngar hat gezwungen
auch seine / wie Latein / auf die Frantzösche bahn.
der Pol' und auch der Böhm' hielt Jhm gelegen an
zubringen in den Reim / was obbenannte sungen.
Es hat es Dän' und Schott' und Flämming auch errungen /
daß aller Mund nunmehr / was Gottes lieber Mann
vorzeiten hat gespielt / einhellig singen kann.«

Ins Deutsche übersetzt wurde der Psalter erstmals durch den neulateinischen Dichter und Komponisten Paul Schede Melissus (1539–1602); 1572 erschien in Heidelberg eine Übertragung von 50 Psalmen.[1] Seinen Erfolg in Deutschland aber verdankt der Genfer Psalter dem Leipziger Juristen Ambrosius Lobwasser (1515–1585). Dessen Übersetzung erschien zuerst 1573[2]; breite Wirkung aber erzielte eine korrigierte Ausgabe von 1576[3]; diese bildete die Grundlage für mehr als 800 Nachdrucke und Neubearbeitungen, die der Psalter bis 1800 erfuhr.

Ambrosius Lobwasser wurde in Schneeberg im Erzgebirge geboren. Nach Schule, Studium und Erhalt der Magisterwürde in Leipzig lehrte er dort von 1538 bis 1549, u. a. Grammatik, Rhetorik und Ethik. Studienaufenthalte führten ihn nach Löwen, Paris und Bourges; für kurze Zeit kehrte er nach Deutschland zurück, reiste 1561 nach Bologna, wo er 1562 zum Doktor beider Rechte promoviert wurde, und lehrte von 1563 bis 1580 an der Universität Königsberg. 1585 ist er dort gestorben.

In Bourges hatte Lobwasser den Psalmengesang der Calvinisten kennengelernt; während einer Pestepidemie 1564/65 übersetzte er den Genfer Psalter, der jedoch, nach einer Revision aufgrund der französischen Ausgabe von 1565, erst 1573 gedruckt wurde.

Lobwasser verstand seine Arbeit als Fortsetzung von Luthers Bemühungen um den Psalter; er wollte die Psalmen gesungen wissen, damit sie stärker zu Herzen gingen. Für alle Psalmen übernahm er das Versmaß und die Melodie der französischen Vorlage. Vor jedem Psalm steht ein kurzes Summarium und eine Bemerkung zu dem Vers, es folgen der vierstimmige, mit dem Text der ersten Strophe unterlegte Satz, anschließend alle Strophen und ein Gebet.

Die Melodien, die in der Mehrzahl der Fälle im Tenor liegen (nur in Ps. 28, 30, 35, 43, 50, 61, 76, 77, 81, 86, 109, 117, 127, 129, 139 und 146 im Superius [Diskant/Sopran]), und Sätze haben eine breite Wirkungsgeschichte; einer der Sätze, der zu Psalm 134, ist im EG 140 noch immer erhalten.

Die in den Genfer Psalter übernommene Straßburger Melodie von Matthias Greiter zu »O Mensch, bewein dein Sünde groß« (EG 76) ist die für den 36. und 68. Psalm; nach der Weise des 42. Psalms wird »Freu dich sehr, o meine Seele« (EG 524) gesungen, auch die Melodie von »Wenn wir in höchsten Nöten sein« (EG 366) hat ihren Ursprung im Genfer Psalter; im EKG waren noch enthalten »Die Sonn hat sich mit ihrem Glanz gewendet« (EKG 362) und »Der Tag ist hin« (EKG 365).

1574 war in Heidelberg eine einstimmige Ausgabe des Werkes erschienen[4], die nur die Melodien enthielt und deshalb für den Gebrauch im reformierten Gottesdienst geeignet war. »Reformiert« war Lobwasser selbst aber nicht, sondern eher lutherisch, und eine konfessionelle Positionierung durch Gesang lag nicht in seiner Absicht.

Mit dem Erfolg von Lobwassers Psalter aber wuchs auch die Gegnerschaft gegen das Werk; sowohl Katholiken als auch Lutheraner wandten sich in Streitschriften und Predigten gegen den vermeintlich reformierten Liedpsalter. Schon Melissus hatte 1577 an Lobwassers Übersetzung Kritik geübt; besonders kräftig und wirkungsvoll

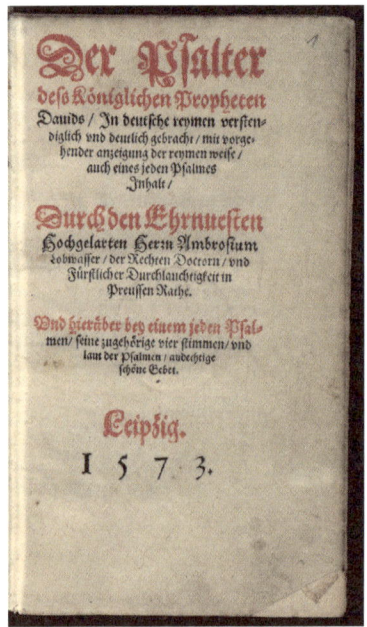 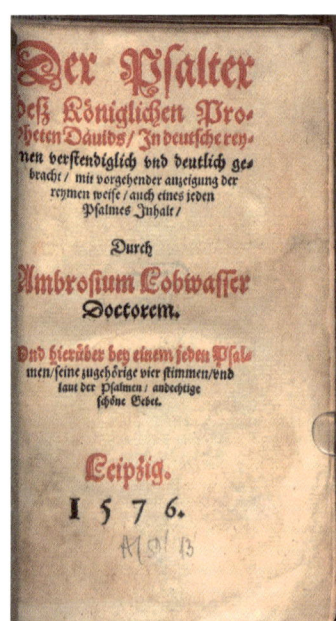

Psalter, Leipzig 1573 (VD16 L 2187)   Psalter, Leipzig 1576 (VD16 L 2189)

aber wurde diejenige des streng lutherischen Leipziger Pfarrers und späteren Theologieprofessors Cornelius Becker (1561–1604). 1601/02 übertrug Becker die Psalmen in deutsche Lieder, die »auff Lutherische art vnd vnsern kirchen bekante Melodeyen vnd weisen«[5] gesungen werden sollten. Etliche Sätze stammten von dem Thomaskantor Seth Calvisius; später vertonten Heinrich Grimm und Heinrich Schütz Sätze zu Beckers Psalter. Von Schützens 92 Sätzen steht der zu Psalm 119 »Wohl denen, die da wandeln« noch immer im EG (295). Beckers Textfassungen achten streng auf die lutherische Lehre. Am Genfer Psalter kritisiert er vor allem die mangelnde Auslegung der Psalmen auf Christus in den Summarien. Er selbst dagegen legt eine größere Zahl von Psalmen auf Christus hin aus und korrigiert auch die Lehre von der Kirche und von der Obrigkeit bzw. vom weltlichen Regiment.

Der Dresdner Hofprediger Polycarp Leyser (1552–1610), einer der bedeutendsten Vertreter der lutherischen Orthodoxie, monierte in seiner Vorrede zu Beckers Psalter:

»[...] Weil Dr. Ambrosius Lobwasser die Psalmen Davids auf fremde, französische und für weltlüsterne Ohren lieblich klingende Melodien gesetzt hat, so dass man sie vierstimmig singen kann, wird der Psalter öffentlich und privat hochgehalten, als ob man nichts Besseres finden könnte – ungeachtet dessen, dass es um die Reime wirklich mäßig bestellt ist, die meistenteils gezwungen, unverständlich und gar nicht nach der Art deutscher Reime, sondern mehr nach der französischen Manier gemacht sind. [...]«[6]

*

Zum Reformationsjubiläum 1617/18 erschien eine weitere lutherische Bearbeitung des Psalters, *Der Lutherisch Lobwasser*. Autor war Johannes Wüstholz (gest. 1626), Pfarrer in Ohrnberg in der Grafschaft Hohenlohe. In seiner Vorrede erklärt Wüstholz, Lobwassers Psalter sei an sich nicht zu verachten; aber er selbst aber habe sich »auff den Scopum CHRJSTUM nach art vnd Weiß des Newen Testaments zurichten / sonderlich was Weissagungen sein / vonn Christo / seinem Reich und Evangelio« – es ging ihm also um die christologische Deutung der Psalmen, und diese »in diesen letzten Zeiten«. In seinem Inhaltsverzeichnis unterscheidet Wüstholz im Alphabet jeweils zwischen »Psalmen« und »Gesäng« – er nahm neben Psalmendichtungen weitere Lieder in sein Gesangbuch auf. Im Unterschied zu Beckers Psalter, der bis 1712 mehr als 25 Auflagen erlebte, gelangte Wüstholz' Werk aber über Rothenburg ob der Tauber und die Grafschaft Hohenlohe wohl kaum hinaus.

Im Lauf des 17. und 18. Jahrhunderts wurde der Lobwasser-Psalter im protestantischen Deutschland weit verbreitet, vor allem, aber nicht nur in den reformierten Territorien. Die Texte wurden immer wieder bearbeitet, und neben ihnen erfuhren auch die Melodien breitere Rezeption. Als Hessen-Kassel am Anfang des 17. Jahrhunderts »niederhessisch-reformiert« wurde, schuf der musikalisch begabte Landgraf Moritz (1572–1632) einen neuen Liedpsalter für den kirchlichen Gebrauch und komponierte für diejenigen Psalmen, die keine eigenen Melodien hatten, selbst neue. Da der Landgraf »ein sonderlicher Liebhaber ist Göttliches Worts vnd der edlen Music«, habe er Lobwassers Psalter nachdrucken lassen »vnd die Psalmen so nicht eigne Melodias gehabt / mit andern lieblichen Melodiis per otium gezieret / vnd mit vier Stimmen componirt, das sie in Kirchen vnd Schulen / auch sonsten beyds zu singen vnd auff allerley Instrumenten zu gebrauchen seind« – zur Ehre Gottes und zur Erbauung seiner Kirche. Deshalb solle man im Gottesdienst auch »alles verstendlich aussingen / das GOTT dardurch gelobet / vnd die Gemeine gebessert werde.«

Während der reformierten Epoche von Hessen-Kassel und der Universität Marburg erschienen zwischen der Mitte des 17. Jahrhunderts bis zum Beginn des Königsreichs Westphalen (1807) weitere Ausgaben des Lobwasser-Psalters, und dem Konfessionsstand entsprechend wurde etwa 1765 der Heidelberger Katechismus samt einem Gebetbuch mit dem Lobwasser-Psalter zusammengebunden.[7]

Gegen Ende des 18. Jahrhunderts nahmen die Pfarrer und Gemeinden zunehmend Abstand von dem »Lobwasser«, der ihnen als altmodisch und unzeitgemäß galt. 1798 erfolgte eine Neutextierung des Genfer Psalters durch Matthias Jorissen (1739–1823), einen Vetter Gerhard Tersteegens; eine zweite Auflage erschien 1806 in Elberfeld. Auf Wunsch seiner Gemeinde im Haag und in Amsterdam, und in Sorge um das reformierte Erbe, unterzog sich Jorissen seiner Aufgabe, und das Ergebnis lässt erkennen, dass er sein Anliegen mit dem Geist der Zeit zu verbinden wusste. Auch die Fortwirkung bis in das EG mag dafür zeugen – »Jauchzt, alle Lande, Gott zu Ehren« (EG 279) und »Singt, singt dem Herren neue Lieder« (EG 286) werden bis in die Gegenwart viel gesungen.

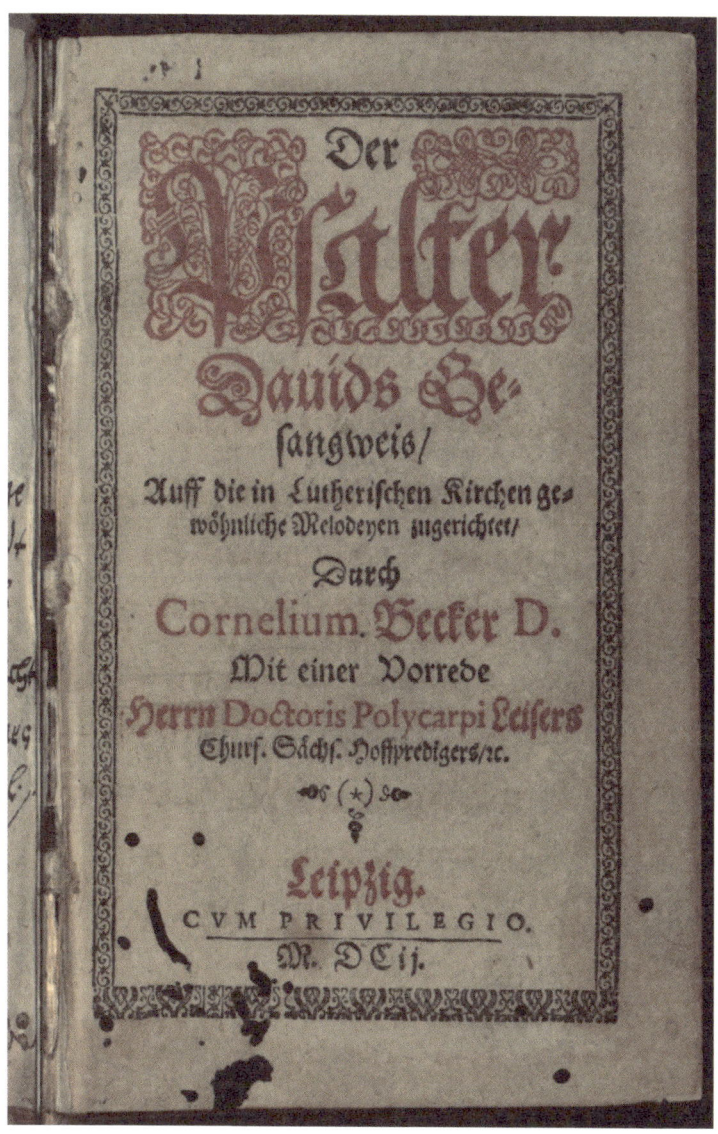

Psalter, Leipzig 1602 (VD17 1:658789E)

Eine eigenartige Zwischenstellung zwischen den Konfessionen nimmt eine *Gesang Postill* ein, die der Stadtpfarrer an St. Egyd in Graz in der Steiermark, Andreas Gigler, 1574 herausgab; sie ist »das älteste gedruckte musikalische Dokument der Steiermark und der älteste steirische Notendruck«:

> »Gesang Postill / Das ist: Euangelia auff alle vnd jede Sontag vnd fůrnemste Feste durchs gantze Jar / in Gesang verfast / vor oder nach der Predig zu singen / Sampt einem Christlichen Gebet. Durch / ANDREAM GIGLERVM Styrum, Pfarherr zu Grătz etc. PSALM, 88. Misericordias Domini in aeternum cantabo. Mit Rôm: Kay: Maiestat etc. Gnad vnd Freyheit nit nachzudrucken. Gedruckt im Fůrstenthum Steyr / in der Hauptstat Grătz / durch Andream Franck. M. D. LXXIIII.«

Gigler erklärt in seinem Vorwort an Erzherzog Matthias von Österreich (1557–1619), er habe seine Reime für den gemeinen Mann gemacht, damit auch dieser Gott loben könne und Freude daran habe. Im Singen – das lehre die Erfahrung – lerne sich das Evangelium viel besser, zumal die jungen Leute gern sängen, »Ich geschweig das die gesang / jnen die gehört Predigt vmb souil mehr vnnd weitleufftiger erkleren werden«. Außerdem gebe es in vielen Dörfern keine Lehrer oder Schüler, aber es gebe zumeist »wo nit vil / doch etlich wenig / die Teutsch lesen kůnnen / vnnd diese auf leicht / vnd zum theil vorbekannte Melodeyen / zugericht vnnd gestellt gesange / neben vnd mit dem Pfarrer oder Priester / vor oder nach der Predigt / auch vnter dem Gottesdienst / biß es die andern auch lernen / singen mögen.« Giglers Anliegen war also primär ein katechetisches: Er wollte das Evangelium durch den Gesang unter die Leute bringen – mit gereimten Liedern auf bekannte Melodien.

VI Gesangbücher nach Luthers Tod

Auch nach Luthers Tod blieb der Reformator in seinen Liedern in den Gesangbüchern lebendig. Gesangbücher erschienen sowohl in hochdeutschen als auch in niederdeutschen Ausgaben, häufig unter dem Titel »Geistliche Lieder und Psalmen durch D. Martin Luther und andere fromme Christen aufs Neue zugerichtet« oder auch mit Zusätzen wie »nach Ordnung der Jahrzeit«, also des Kirchenjahres. Etliche Ausgaben enthielten damit einen liturgischen Kalender mit den Texten für die jeweiligen Sonn- und Festtage des Kirchenjahrs sowie einer Auswahl von zu diesen Texten passenden Liedern.[1] In zahlreichen Gesangbüchern wurde zudem an prominenter Stelle, oft auf dem Titelblatt oder der Titelrückseite, ausdrücklich die Warnung Luthers aus dem Babstschen Gesangbuch samt seinem Portrait vorangestellt: »Viel falscher Meister jetzt Lieder tichten / Sihe dich für / vnd lern sie recht richten / Wo Gott hin bawt sein Kirche vnd Wort / Da will der Teuffel sein mit Trug vnd Mord.«[2]

Das Babstsche Gesangbuch von 1545 wurde zum Modell für diese späteren lutherischen Gesangbücher, und zwar sowohl im Hinblick auf deren Gestaltung als auch und vor allem in der Einrichtung der Rubriken und der Einteilung der Gesänge. Einen solchen Nürnberger Nachdruck aus dem Jahr 1558 erwarb 1569 der Adlige Philipp Jakob von Schwarzenstein (gest. 5.10.1574), wie er auf der Rückseite des Einbands eigenhändig vermerkte.

In der Regel eröffneten Luthers Lieder die jeweiligen Rubriken. Neben Luthers Liedern enthielten diese Gesangbücher Lieder anderer Reformatoren sowie reformatorisch rezipierte bzw. adaptierte vorreformatorische Lieder, biblische Gesänge (Magnificat, Benedictus, Nunc dimittis u. a.), Gebete sowie da und dort Zusätze, Wiegenlieder, Reiselieder, und je nach Druckerei fielen die Ausgaben mehr oder weniger gut ausgestattet aus, mit Holzschnitten, Initialen und Schmuckelementen – die meisten Gesangbücher waren kleinformatig und drucktechnisch von eher bescheidener Qualität.

Zwischen 1555 und 1590 gab es einen regelrechten Gesangbuchboom, nahezu in jedem Jahr erschienen eine oder mehrere Ausgaben. Wichtige Verlagsorte für die hochdeutschen Ausgaben waren Leipzig und Nürnberg, später auch Frankfurt am Main. Aber auch in Magdeburg, Frankfurt an der Oder, Danzig (1587), Breslau (1589), Greifswald (1592) und Wolfenbüttel (1595) oder dem kleinen Eisleben (1598) in der Grafschaft Mansfeld erschienen nun Gesangbücher. Bei den niederdeutschen Drucken nahm Magdeburg mit Abstand den ersten Platz ein. Daneben gab es solche Gesangbücher in Rostock (1525), Lübeck (1545 u. ö.), Parchim (1547), Hamburg und Wittenberg, aber auch im Westen des Reiches, in Wesel (1554) und in Dortmund (1585), sowie im Osten, in Stettin (1576 und 1584) und in der Herzoglichen Druckerei in Barth (1586).

Ein Beispiel für diese Gesangbücher bietet die 1569 bei Johann Eichhorn in Frankfurt an der Oder erschienene Ausgabe.[3]

Die Vorrede wies den »Christlichen Leser« darauf hin, dass man die Ausgabe durch die nach Luthers Tod entstandenen Lieder ergänzt und in eine »richtige ordnung« gebracht habe. Diese Ausgabe umfasst 27 »Titel«, also Kapitel: »1. Von der Menschwerdung Christi 2. Von der Geburt Jhesu Christi 3. Vom Leiden vnd Sterben Christi 4. Von der Aufferstehung Christi. 5. Von der Himmelfart Christi 6. Vom heiligen Geist 7. Von der heiligen Dreyfaltigkeit 8. Von den Zehen Geboten 9. Vom Glauben 10. Vom Vater vnser 11. Von der Tauffe 12. Von der Buss 13. Von der Rechtfertigung 14. Vom Abendmal des HErrn 15. Dancksagung 16. Vom Christlichen leben vnd wandel. 17. Vom Creutz / verfolgung vnd anfechtung 18. Von der Christlichen Kirchen 19. Vom Tod vnd Sterben 20. Vom Begrebnis

21. Vom Jüngsten tag vnd Aufferstehung 22. Frůe so man auffstehet. 23. Am Abend so man zu Bet gehet. 24. Vor dem essen 25. Nach dem Essen 26. Die Deudsche Litaney 27. Christliche Wiegenlieder«.

Ein Register der Liedanfänge verstand sich inzwischen von selbst. Ganz offenbar war auch an einen Gebrauch des Gesangbuchs außerhalb des Gottesdienstes gedacht. Denn da heißt es einmal: »Ein Kinder[lied] Joseph / nit in der Kirchen / sonder im Hause zu singen / die Christen Kinder mit [damit] zu schweigen [zu beruhigen, zum Schweigen zu bringen] / oder einzuwiegen. Im thon / Resonet in laudibus, &c.«[4]

Andere Gesangbuchdrucke fielen in Größe und Aufmachung bescheidener aus. Auch die Anordnung in den Büchern konnte variieren. Eine Regensburger Ausgabe von 1584[5] entspricht weitgehend der des Eichhornschen Gesangbuchs; am Ende des Büchleins findet man »Die Teutsche Litaney / wie sie in der Newen Pfarr zu Regenspurg / gesungen wird« – ein Ausweis der Tatsache, dass dieses Gesangbuch zunächst für eine bestimmte, nämlich die Regensburger Neupfarrgemeinde, gedacht war.

1599 brachte Andreas Raselius, Kantor eben dieser Neupfarrkirche in Regensburg, ein Chorgesangbuch für fünf Stimmen heraus, das so eingerichtet war, dass »jederman«, also auch die Gemeinden die Melodie mitsingen konnten: *Regenspurgischer Kirchen Contra punct, Allerley üblichen vnd in Christlichen Versamlungen/ gebräuchigen Geistlichen Psalmen vnd Lieder D. M. Lutheri / vnd anderer in Gott seligen Männer. Mit 5. Stimmen also gesetzt / daß jederman den Choral vnd | bekandte Melodey ... | wol mit singen kan.*[6] Das Buch enthält (nach Widmungsgedichten und Gebeten) zahlreiche Psalmlieder, sowohl von Luther als auch anderer Autoren, in fünfstimmigen, in Partitur gedruckten Sätzen; ein Exemplar aus der Bibliothek der Thomaskirche in Leipzig lässt erkennen, dass es auch im gottesdienstlichen Gebrauch in der Kirche war.[7]

Nicht für »jederman«, sondern für die Dresdner Hofkirche bestimmt war ein prachtvolles Gesangbuch – der Buchblock misst 15 ×

19,5 cm –, das Gimel Bergen 1593 herstellte und Bernhard Schmidt, Bürger und »Materialist« in Dresden verlegte.[8] Die von dem Hofmusicus Martin Fritzsche und dem Buchdrucker unterzeichnete Widmungsvorrede an Herzog Friedrich Wilhelm I. von Sachsen-Weimar (1562–1602), seit 1591 Regent von Kursachsen und Verfolger der »Kryptocalvinisten«, erklärt, dass das Gesangbuch auf die beiden kursächsischen Hofprediger Doktor Martin Mirus (1532–1593) und Matthäus Tragen zurückging und Gott zum Lob, als Beweis für die Rechtgläubigkeit nach der Confessio Augustana und dem Herrscher zum Ruhm dienen sollte. Die Melodien waren, wie das Titelblatt ausweist, so gesetzt, »wie solche in der Churfürstlichen Såchsischen Schloßkirchen zu Dreßden gesungen werden«. Ein Gebet vor dem Liederteil soll die Nutzer auf den Gottesdienstbesuch einstimmen. Die Ordnung der »Tittel« entspricht mit Abweichungen der geläufigen, vor den neuen Kapiteln finden sich öfters ganzseitige Zwischentitel, und unter den Rubriken findet man auch Unvermutetes, so etwa »Das Lamb Gottes vnschůldig / Mit vier stimmen fůr die Knaben«[9], auf den linken Seiten oben Discantus, unten Bassus, auf den rechten entsprechend Altus und Tenor.

*

Das erste obrigkeitlich eingeführte Gesangbuch – ein solches hatte es in den Grenzen des Reichs zuvor nirgendwo gegeben – findet sich in einer Kirchenordnung für Pfalz-Zweibrücken, bei deren Erarbeitung verschiedene, Wittenberger und Straßburger, Einflüsse zusammenwirkten; sie wurde 1557 in Nürnberg gedruckt. Der umfangreiche Gesangbuchteil in deutscher und lateinischer Sprache ist, seines großen Formates wegen, ein Chorgesangbuch. Man solle sich künftig in der Kirche nur dieser Lieder bedienen, heißt es im »Beschlusz«, um in Gesang, Predigt und Lehre »Christliche bestendige gleychheyt« in den Gemeinden zu erhalten oder zu erzielen. Auf die deutschen folgen lateinische Hymnen und Sequenzen. Allerdings war den Kir-

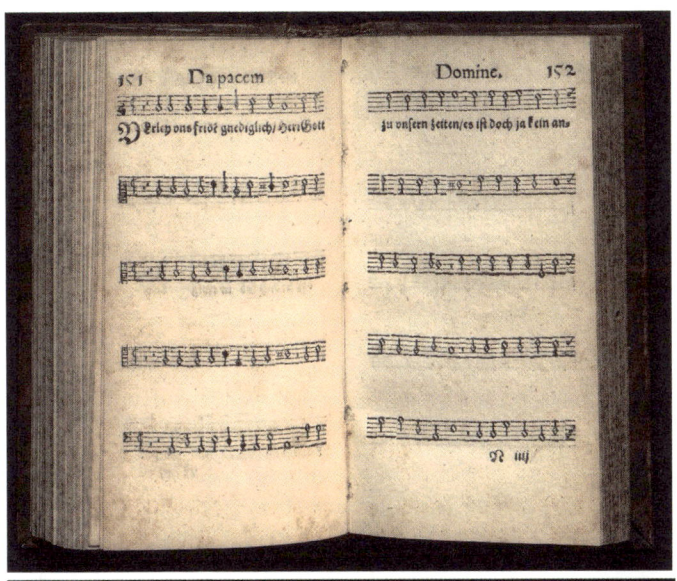

Regenspurgischer Kirchen Contra punct (VD16 ZV 17214), 151–154

chenoberen wohl bewusst, dass man nicht überall werde zweisprachig Gottesdienst feiern können, »in sonderheyt an denen orten / da nicht qualificirte Schuler dazu sind / So ist doch für gut angesehen / die fürnembste alte Lobgeseng / deren sich die Kirch auch vor dieser zeyt gebraucht hat / nicht außzulassen / Vnd sollen die Schulmeyster die selbige in den Schulen die jugendt lehren / damit solche heylsame erinnerung von vilen hohen Artickeln des heyligen Christlichen glaubens der Kirchen nicht entzogen / oder verloren werde.«[10]

Obrigkeitlich verordnet war auch ein Gesangbuch für Württemberg, das 1591 bei dem Tübinger Drucker Georg Gruppenbach erschien.[11] Seine Vorrede wird als von Herzog Ludwig (dem Frommen, 1554–1593) selbst von Amts wegen verfasste vorangestellt. Es obliege der Obrigkeit nicht allein, »die Cantzel mit der reinen Lehr Göttlichs worts / neben dem rechten gebrauch der heiligen Sacrament / wol zubestellen: sonder auch die versehung zuthun / daß der Allmåchtig für seine so vil himmlische vnnd jrdische gutthaten / mit reinen Geistlichen Liedern und Psalmen / gelobt vnd gepreiset / vnnd durch solche gute Gesång die Christliche Gemein gebessert vnd erbawen werde.« Es ergeht daher ausdrücklich der Befehl, dass die Superintendenten, Pfarrer, Kirchendiener und Schulmeister »diese Gesang (nach gelegenheit vnd gewonheit einer jeden Kirchen) auch fürohin gebrauchen / vnd nicht eigens gefallens newe Lieder / vnnd ungewohnliche Compositiones ... einführen.« Alle sollten gemeinsam darauf hinwirken, dass die Schüler und die Ortsgemeinden die Lieder sängen, und die Schulmeister sollten nicht nur den Katechismus unterrichten, »sonder auch die Christliche Gesång bei jhnen fleissig treiben / vnd jhnen wol einbilden«[12], damit Gott gelobt und die Gemeinde auferbaut werde.

Vier Jahre später (1595/96) brachte Gruppenbach ein *Groß Kirchengesangbuch*[13] heraus. Wie schon 1591 wird in der Vorrede die Verbreitung von Gesangbüchern ebenso wie die von Bibeln als Aufgabe der Obrigkeit beschrieben. Nach zwei kleineren Gesangbuchausgaben, einer von 1583 und der von 1591, habe der Drucker sich nun dazu bewegen lassen, ein »Großes« Gesangbuch herauszubringen, das vielleicht auch über die Grenzen Württembergs hinaus in den Kirchen der Augsburgischen Konfession angenommen werden könnte und sollte. Der Inhalt ist in fünf Abteilungen gegliedert: 1. Kirchenjahr und Festtage, 2. Katechismuslieder, 3. ein vollständiger Psalter in Liedern, 4. »Andere Geistliche Lob / Lehr / vnd Betgesäng«, 5. »Christliche Gesäng zum Begråbnus«. Ein alphabetisches Register beschließt den Folioband, der aufgrund seiner Größe und seines Umfangs nicht für den individuellen, sondern für den Gebrauch der Schüler oder einen Chor bestimmt gewesen sein muss.

Die Lieder, heißt es, hätten, wie die Erfahrung zeige, therapeutischen Wert: »Wie dann keinem Christen Menschen zweiffeln soll / da er solche gute Gesäng lernet / vnnd in tåglicher Vbung gebrauchet / daß dardurch bey jhme / vil böser Anfechtungen verhindert / vnd mancherley Sünden vermitten [vermieden] bleiben. In massen [Wie] es auch die Erfahrung gibt / daß sich offtermahlen fromme Christen / in jhren Todsnöten / nicht weniger auß den Teutschen Psalmen / so sie vor vilen Jaren gelernet / als auß den Predigten / so sie gehört / zutrösten Wissen.«[14]

*

Neben der deutschen Sprache war die lateinische in den Gesangbüchern nicht ganz verschwunden. Ein Zeugnis dafür stellt auch das *Neuw Gesangbuch Teutsch vnd Lateinisch / darinn die fürnemste Psalmen und Gesänge der Kirchen Augsp. Confession / mit einerley Melodeyen vnd gleichen Reimen in beyden Sprachen gefaßt / sampt etlichen alten gewöhnlichen geistlichen Liedern in vier Bücher außgetheilet*[15] des Pfarrers und geistlichen Dichters Wolfgang Ammon († 1589) dar. Ammon möchte zwar nicht zur lateinischen Sprache der vorreformatorischen Kirche zurückkehren, sondern weiterhin deutsch singen, aber das verbiete Paulus nicht, »daß einer für sich zu erweckung vnd ermunderung seines Geists vnd andacht / Gott in einer andern sprache mit singen vnd beten diene«. Tatsächlich bietet das Büchlein synoptisch links die deutschen Texte und rechts die entsprechenden lateinischen Übersetzungen; der Anhang enthält »Odae Ecclesiasticae« des damaligen Rektors der Schule in Höxter, Johannes Trost.[16]

*

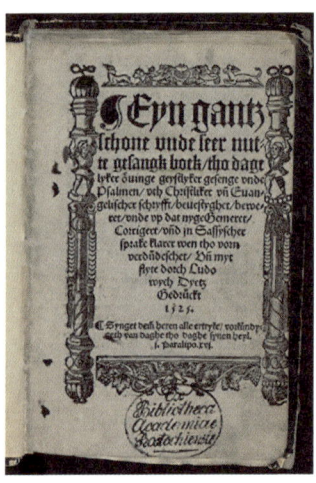

gesangk bock, Rostock 1525,
VD16 E 1166

Alle bisher aufgeführten Gesangbücher waren solche in hochdeutscher Sprache. Aber auch im Niederdeutschen waren evangelische Gesangbücher seit 1525 verbreitet. In diesem Jahr brachte Joachim Slüter (um 1490–1532) ein erstes niederdeutsches Gesangbuch heraus, das in Rostock von Ludwig Dietz gedruckt wurde.[17] Es enthält die bis dahin erschienenen Lieder Luthers sowie andere Lieder in niederdeutschen Übersetzungen Slüters. Von seinen Bearbeitungen hat sich die vierte Strophe von »Allein Gott in der Höh sei Ehr« in hochdeutscher Fassung bis in das EG (179) erhalten. Sie lautet im Original:

»O hyllige geyst / du grôteste guth / du alder heilsammeste trôster. Vor důuels gewalt vordan behůt / de Jesus Christus vorlôsede. Dorch grothe marter vnd bytteren doth / affwende alle vnsen jammer vnnd noeth. Dar tho wy vns vorlaten.« – Zu Vers 1 findet sich am Rand ein Hinweis auf Joh 15, zu Vers 3 und 4 je einer auf Off 5 und 2. Tim. 1 – wie überhaupt zahlreiche Lieder mit biblischen Marginalien versehen sind.

Zahlreiche weitere niederdeutsche Ausgaben folgten. So erschien etwa 1558 in Hamburg in der Folge von Slüters Ausgabe ein Gesangbuch in niederdeutscher Sprache[18], dessen erster Teil dem Babstschen Gesangbuch weitgehend folgte; ein zweiter Teil, »Dat Ander Sangboeck«, umfasste »Geistlike Leder unnd Psalmen van framen Christen gemaket, welkere nicht im Wittembergeschen Sangbõkelin stan«. Selbst die kleine Herzogliche Druckerei in Barth brachte 1586 ein niederdeutsches Gesangbuch heraus.[19] Es enthält Luthers Warnung (»Waringe«) in niederdeutschen Versen, seine Vorrede von 1524 und nach dem Liederteil Gottesdienstformulare für »De důdesche Vesper«, »De důdesche Complet«, De Důdesche Metten«, »De LAVDES«, »De Důdesche Misse« – hier wird die Mitwirkung eines Chores vorausgesetzt – und in ihr »Ein korte Vthlegginge des Vader vnses« sowie am Ende ein Register mit den Liedern für die einzelnen Sonntage des Kirchenjahrs und ein alphabetisches Register der Liedanfänge. Ein Band in der Forschungsbibliothek Gotha verbindet dieses Gesangbuch, wie auch sonst oft, mit einer Ausgabe von Luthers Kleinem Katechismus und einem Gebetbuch, beide ebenfalls in niederdeutscher Sprache, aus derselben Druckerei und dem selben Jahr 1586.[20]

*

Einen eigenen Gesangbuchtyp stellt das Katechismusgesangbuch dar; eine solche Ausgabe brachte der Hamburger Prediger an St. Petri David Wolder (1550–1604) im Jahre 1598 im Verlag seines Bruders Theodosius heraus: *New Catechismus Gesangbůchlein / darinne Mart. Lutheri / vnd anderer Christen geistliche gesenge durch Davidem Wolderum nach Ordnung der Heuptstůcke des Catechismi sein abgetheilet / vnd mit jhren Melodeyen vnd Summarien gedruckt.*[21]

Das König Christian IV. von Dänemark (1577–1648) und dem ersten evangelischen Fürstbischof von Lübeck, Johann Adolf von Schleswig-Holstein-Gottorf (1575–1616), in der Hoffnung auf Verbreitung in ihren Territorien gewidmete Buch enthält insgesamt 250 geistliche Lieder und Gebete nach der Ordnung der Hauptstücke von Luthers Katechismus, also Dekalog/Zehn Gebote, Glaubensbekenntnis, Vater unser, Taufe, Abendmahl und Beichte, dazu am Schluss »noch etliche christliche Gesenge«, die unter den Katechismusstücken keinen Platz fanden, aber offenbar ins das Buch aufgenommen werden sollten. In seiner Vorrede vom 19. Dezember 1597 benennt Wolder Luther, Jonas, Speratus, Spengler und andere als Väter evangelischer Lieder, und er bemerkt: »Wie dann auch ja war ist / und gibts die erfarung bey einem jeglichen / das die kurtzen vnnd in Reime meisterlich gefassten Gesenge mehr frucht schaffen / das Hertz zur Andacht zu erwecken / denn sonst viele vnd weitleufftige Predigten vnd Schrifften«; die Lieder sollten »von vns sollen / die jnnerliche andacht zu erwecken/ gesungen werden«[22]. Drei biblische Motti stehen den Liedern voran: Psalm 96,1; Sirach 40,20 und Epheser 5,9. Die einzelnen Abteilungen werden zumeist mit Liedern Luthers eröffnet: Die Zehn Gebote mit »Dies sind die heilgen zehn Gebot« (EG 231), die nächste Abteilung bringt zuerst »Es ist das Heil uns kommen her« (EG 342) und danach Luthers Credolied »Wir glauben all an einen Gott« (EG 183), die dritte Abteilung wird nach dem Text des Herrengebets durch »Vater unser im Himmelreich« (EG 344) eröffnet; auch unter der Taufe gibt es zunächst ein fünfstrophiges Lied »Da Christus nun hett dreissig Jahr« und dann »Christ, unser Herr, zum Jordan kam« (EG 202), und der Abendmahlsteil beginnt mit »Jesus Christus, unser Heiland, der von uns den Gotteszorn wandt« (EG 215). Unter den Dichtern finden sich u. a. Bartholomäus Ringwaldt, Ludwig Oeler, Matthias Greitter, Erasmus Alberus und Veit Dietrich. Drei Register erschließen das Buch, ein alphabetisches, eines nach der Reihenfolge der Psalmen, ein drittes nach dem Kirchenjahr.

*

Schließlich entstanden auch an den (Sprach-)Grenzen des Reiches Gesangbücher, die auf deutsche Texte zurückgriffen. 1574 veröffentlichte der Straupitzer Pastor Albin Moller in der Druckerei von Michael Wolrab in Bautzen ein Gesangbuch in »wendischer«, d. h. niedersorbischer Sprache. Es handelt sich um die älteste erhaltene

Quelle des Westniedersorbischen.[23] Das Buch enthält nach dem Titelblatt drei Teile, einen Immerwährenden Kalender zur Berechnung der Sonntage (der in dem einzigen erhaltenen Exemplar fehlt), ein »Wendisches Gesangbuch« und Luthers Kleinen Katechismus in sorbischer Sprache. In seiner auf den 6. September 1573 datierten Vorrede erklärt Moller:

> »Darnach hab ich auch / aus betrachtunge hoher not / die Geistliche Lieder / (so in D. Mart. Lut. Gesangbuch begriffen) sampt etlichen Psalmen des Kŏnigs Dauids / Introit. &c. in Wendische Sprache reimweise vertiret / oder verdolmetzschet / dergleichen auch den kleinen Catechismum. Denn weil ich gesehen / wie es auff den Dŏrffern vnordentlichen mit den Gesången vnd Catechismo sich gehalten / also das etliche Wendische Lieder wenig sylben etliche aber zu viel in einerley meinunge gehabt / auch singet man einerley Gesang in der Kirchen mit den Worten / bald in der nhere [Nähe?] mit andern / hat es keine Conuenientz nach [noch] Concordantien gegeben / sondern nur die Einfeltigen Christen jrre gemacht / habe darumb mit meinem gegebenem Pfund vnd dieser Version / der gemeinen Kirchen auff den Dŏrffern / zur anleitunge des Ampts Christi / dienen wollen.«[24].

Dieses Buch »funktioniert« deutsch; Überschriften und Kolumnentitel sowie die »Beschluß Rede« sind auf Deutsch verfasst, ebenso das Register; die Texte der Lieder und Gebete sind sorbisch.

*

Am Ausgang des Jahrhunderts erschien 1599 in Unna in Westfalen ein »Frewdenspiegel des ewigen Lebens«[25]. Der »Frewdenspiegel« ist kein Gesangbuch, aber er enthält im Anhang vier Lieder, von denen die ersten beiden sich bis in das EG gehalten haben: »Ein geistlich Braut-Lied der gläubigen Seelen von Jesu Christo / jrem himmlischen Bräutigam« nach dem 45. Psalm, »Wie schön leuchtet der Morgenstern« (EG 70, vollständig), und »ein anders von der Stimm zu Mitternacht / vnd von den klugen Jungfrauwen / die jhrem himmlischen Bräutigam begegnen / Matth. 25«, »Wachet auf, ruft uns die Stimme« (EG 147, vollständig, und 535), im Erstdruck freilich mit den Schlussversen: »Deß sind wir fro / jo / jo Ewig in dulci jubilo«.

So ging die singende Gemeinde Philipp Nicolais mit einem Lobpreis Gottes und dem Ausblick auf das himmlische Jerusalem in ein neues Jahrhundert.

17.
Jahrhundert

Trost und Stärkung
in schweren Zeiten

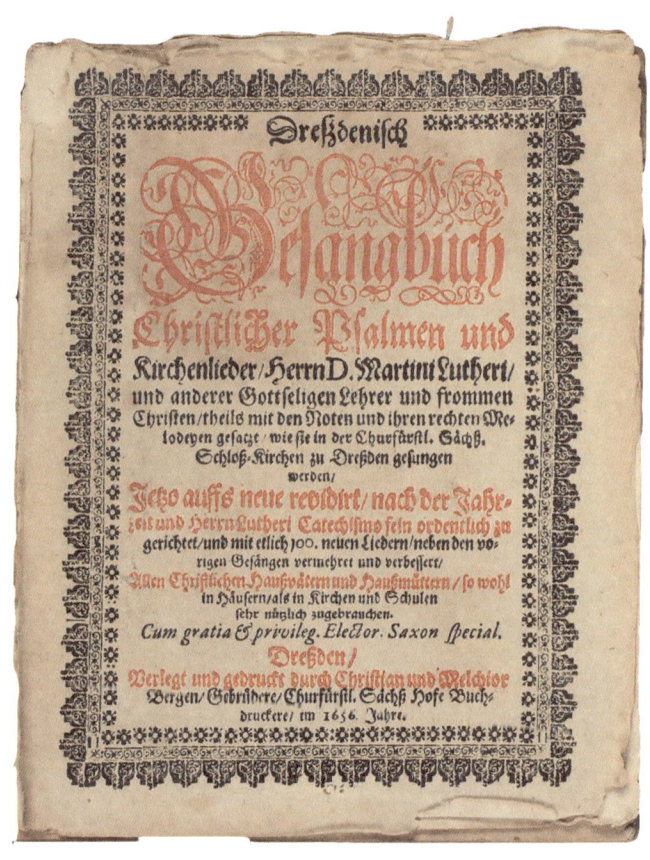

Dreßdenisch Gesangbuch, Dresden 1656 (VD17 3:307441 Z)

VII Bunte Blüten der Gesangbuchkultur

Das 17. Jahrhundert läutete das große Zeitalter der Gesangbücher ein. Im gesamten deutschsprachigen Raum entstand eine kaum überschaubare Menge neuer Lieder und eine schier unübersehbare Anzahl neuer Gesangbücher für den privaten und öffentlichen Gebrauch. Diese Entwicklung geht mit dem raschen Wachstum protestantischer Erbauungsliteratur – also Bücher und Schriften, die keinen liturgischen oder belehrenden Zweck verfolgen, sondern dem Aufbau und der Pflege der individuellen Frömmigkeit dienen sollen – einher. Zu dieser Gattung zählen neben den Gesangbüchern vor allem Gebets-, Andachts- und Meditationsbücher, die die Lücke zwischen der lutherischen Lehre und dem Bedürfnis nach einer frommen Lebens- und Glaubensgestaltung zu schließen suchten. In zahlreichen Gebetsbüchern sind am Ende einzelne bereits bekannte oder neu gedichtete Lieder zu finden, die es zusätzlich erschweren, einen Überblick über die Lieder dieser Zeit zu gewinnen und die literarischen Gattungen voneinander zu unterscheiden.

Besonders hervorzuheben ist die große Menge an Gebets- und Gesangbüchlein, die im 17. Jahrhundert von und für Frauen verfasst wurden. Unter ihnen ist die Gräfin Ämilie Juliane von Schwarzburg-Rudolstadt (1637–1706), die im Laufe ihres Lebens etwa 600 eigene Lieder schrieb, die in verschiedenen Sammlungen veröffentlicht wurden, die prominenteste. Ihr *Geistliches Weiber-Aqua-Vit*[1] (1683) enthält Lieder für Frauen in allen Lebenslagen: Schwangerschaft, Geburten, Fehlgeburten, Krankheit, Tod und Lieder speziell für Hebammen; die Texte spiegeln die theologische Reflexion eigener Erlebnisse der Autorin wider.

Vor allem im Umfeld des Pietismus taten sich zahlreiche Frauen als theologische Dichterinnen und Schriftstellerinnen hervor. Ihre Gebets- und Gesangbücher waren jedoch nicht für den Gottesdienst bestimmt, sondern dienten vorrangig der Förderung der Frömmigkeit und der christlichen Erziehung von Mädchen und Frauen – daher konnten ihre Texte nur selten eine breitere Rezeption und Wirkung entfalten.

Die enorme Anzahl an Werken der Erbauungsliteratur führte zu einem immer schneller wachsenden Liederbestand, und es wurde zunehmend schwer zu erkennen, welche Lieder tatsächlich von einer größeren Anzahl Gläubiger gesungen wurden. Die große Liedervielfalt dieser Zeit spiegelt sich bis in die Gegenwart wider: Der größte Anteil der Lieder im heutigen Evangelischen Gesangbuch stammt aus dem 17. Jahrhundert; auffallend häufig sind sie in den Rubriken »Geborgen in Gottes Liebe« (EG 396–411) und »Sterben und Ewiges Leben« (EG 516–535) zu finden. Angesichts der vorherrschenden Themen im Alltag der Christenmenschen verwundert dies nicht. Neben der Frage nach einer frommen Lebensausrichtung waren es vor allem der Krieg und seine Folgen, welche die Menschen vor die Frage nach Gottes Fügung und Liebe stellten. Zahlreiche Lieder besangen die Lebensfreude gerade im Bewusstsein des Elends und der permanenten Angst um Leib und irdisches Leben. Daneben waren die konfessionelle und territoriale Identität häufig Gegenstand neuer Dichtungen und insbesondere der Gestaltung und Herausgabe neuer Gesangbücher, die bewusst in Tradition oder Abgrenzung zu ihren Vorgängern standen. Die Gesangbuchlandschaft wuchs und wucherte.

Auch der Aufbau der evangelischen Gesangbücher veränderte sich und wurde vielfältiger: Orientierte man sich im 16. Jahrhundert in der Regel am Aufbau des Babstschen Gesangbuchs von 1545 (I. Festlieder, Katechismuslieder, Psalmen, Lobgesang und Litanei; II. Andere der Unsern Lieder; III. Lieder frommer Christen vor unserer Zeit; IV. Heilige Lieder aus der Schrift; V. Begräbnislieder), sind in den ersten Jahrzehnten des 17. Jahrhunderts zunehmend Abweichungen von diesem bewährten Schema zu beobachten.

In der Vorrede der *Geistlichen Lieder vnnd Psalmen* (Frankfurt 1634; auf dem Kupfertitel auch *Helmstättisch Gesangbuchlein* genannt) wird explizit auf die neue Anordnung der Lieder hingewiesen:

»Nach dem die gemeinen Gesangbůchlein bißhero inn vnsern Kirchen gebraucht / vom hochwůrdigen vnnd thewren Mann Gottseliger gedåchtniß / D. Martino Luthero gemacht / auch zum theil von andern frommen und gelehrten Leuten gemehret / Aber nunmehr durch so offt verbessern und mehrung in ein vnordnung / hin vnnd wider vermischt / hab ich durch ein gelehrten Mann dieselben in ein richtige Ordnung / nach den Festen und Jahrzeiten lassen zusammen bringen / Damit auff ein jedes Fest / alle Lieder darauff gehörig / nach einander gefunden werden / vnnd nicht hin vnd wider von nöthen / zu suchen.«[2]

Es entstanden mehr und mehr Rubriken, die immer kleinteiliger den wachsenden Liederbestand sinnvoll zu ordnen versuchten. Im Fall der *Geistlichen Lieder vnnd Psalmen* beginnt die Einteilung wie allgemein üblich mit den Liedern »Von der Menschwerdung Jesu Christi«, und das erste Lied ist wie so oft »Der Hymnus. Veni Redemptor gentium. Durch D. Mart. Luth. verteutscht« (also »Nun komm, der Heiden Heiland« [EG 4]); danach folgen weitere Lieder über Christi Leben, Tod, Auferstehung und Himmelfahrt. Nach Gesängen über den Heiligen Geist und die Dreifaltigkeit stehen Lieder über Sakramente, Buße und Rechtfertigung. Danach wird es zunehmend lebenspraktischer: »Vom Christlichen Leben und Wandel«, »Tischgesånge vorm Essen«, »Umb Regen und schön Wetter«, »Wiegenlieder« und »Der Reisen und Wegfahrenden Lied« sind nur einige Beispiele der folgenden Liederrubriken, in die die etwa 300 Lieder eingeordnet wurden.

Auch im *Dreßdenisch Gesangbuch*[3], das 1656 vom sächsischen Hofdrucker Melchior Bergen verlegt wurde, sind knapp 700 Lieder in 39 Kapitel unterteilt, die den Versuch erkennen lassen, die große Menge alter und neuer Lieder sinnvoll und brauchbar zu ordnen. Die

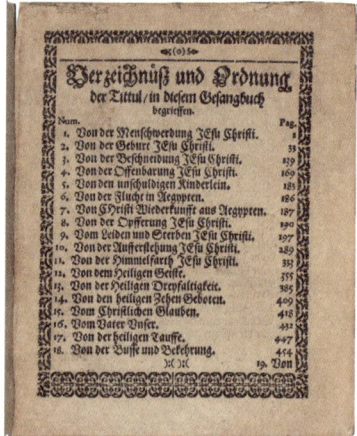 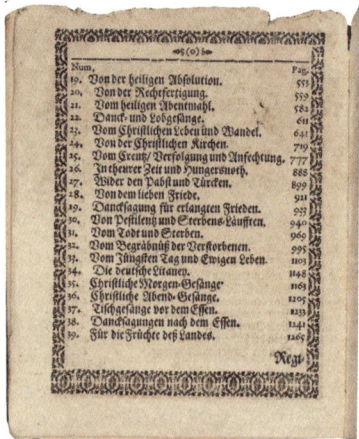

Dresdenisch Gesangbuch, Dresden 1656 (VD17 3:307441Z)

Bezeichnungen der Liederrubriken geben zudem Einblick in die Lebenswelt der Gläubigen im 17. Jahrhundert. Zahlreiche neu entstandene Gesänge in den Abschnitten »In theurer Zeit und Hungersnoth« und »Von Pestilentz und Sterbens-Läufften« lassen das Elend und die Sorgen der Zeit erahnen. Auch die Angst vor anderen Konfessionen und Religionen drückt sich in den Liedern »Wider den Pabst und Türcken« aus. Vor allem lässt sich eine Tendenz zu Liedern beobachten, die sich mit individuellen Empfindungen und den Fragen nach dem eigenen Leben, Sterben und Glauben befassen.

Gesangbücher entstanden im 17. Jahrhundert zumeist noch auf Initiative einzelner Personen, oder durch glückliche Verbindungen engagierter Theologen, Sammler, Kirchenmusiker sowie findiger Buchdrucker. Ein gutes Beispiel hierfür ist ein Gesangbuch, das erstmals 1611 in Görlitz gedruckt wurde. Der Titel lautet programmatisch *Gesangbuch, darinnen 700 geistliche Lieder, Psalmen, Hymni und Gesänge*[4] und zeigt einmal mehr, wie rasch der Liederschatz in diesen Jahrzehnten wuchs. In der Vorrede richtet sich der Drucker und Herausgeber an die Bürger der schlesischen Stadt Bunzlau (heute: Bolesławiec) und erklärt, dass sein Schwager Christoph Buchwalder, der seinerzeit als Lehrer an den örtlichen Schulen tätig war, die Lieder gesammelt, abgeschrieben und darum gebeten habe, seine Sammlung als Gesangbuch zu drucken; »weil ich denn seine grosse Mühe und besonderen Fleiß darinnen gesehen und dass es Kirchen und Schulen ja mannigfaltig nützlich sein würde, befunden, als [deshalb] habe ich solche Arbeit willig auf mich genommen.« Buchwalder hatte das Glück, dass sein Schwager Johannes Rhamba ein bedeutender Buchdrucker war und seiner Bitte bereitwillig nachkam, sodass die Bürgerinnen und Bürger der Stadt Bunzlau, der Geburtsstadt des einflussreichen Barockdichters Martin Opitz, ein eigenes Gesangbuch bekamen.

Neben einzelnen Personen waren es vor allem Druckereien, die vermehrt Einfluss auf die Gesangbuchentwicklung und -kultur nahmen. Besonders bekannt und bis in die Gegenwart tätig ist die »Stern'sche Druckerei« in Lüneburg. Sie wurde bereits 1580 von dem Buchbindermeister Hans Stern als Buchbinderei und -handlung gegründet und Anfang des 17. Jahrhunderts von seinen Söhnen Johann und Heinrich Stern zu einer Druckerei erweitert. Alsbald waren sie für ihre kunstvollen Bibel- und Gesangbuchdrucke im gesamten deutschsprachigen Raum – vor allem in Nordeuropa – bekannt. Die Druckerei trug den offiziellen Namen »Offizin der Sterne«, und die Familie wurde 1645 in das Patriziat der Stadt Lüneburg aufgenommen. Sie druckten zunächst vor allem verschiedene Bibelausgaben, darunter zahlreiche niederdeutsche, bevor sie vornehmlich mit Ausgaben des Beckerschen und des Lobwasser-Psalters in die Gesangbuchproduktion einstiegen. Seit 1659 druckten sie das *Hannoverische / ordentliche / vollständige GEsangbuch*[5], seit 1696 *Das Vollständige grosse Cellische GEsangbuch*[6] und seit 1767 das *Vermehrte Lüneburgische Kirchen-Gesangbuch*.

Wie geschickt die Stern-Brüder ihre Bücher zu vermarkten wussten, zeigt sich an einem Gesangbuch, das sie zuerst 1637 publizierten. Es trug den Titel *Vollständiges Gesangbuch / D. Mart. Luth. D. Philip. Nicolai, Barthol. Ringwalds / vnd anderer geistreicher Männer / Jetzt auffs new wieder gedruckt / vnd mit vielen herrlichen Liedern vermehrt.*

Sampt den 15. BußPsalmen D. Cornelij Beckers / wie die jetziger Zeit im Churf. Sachs. auch anderswo gesungen werden[7] und suggerierte damit eine überregionale Vollständigkeit aller evangelischen Lieder. Der Verweis auf Luther, Philipp Nicolai (1556–1608) und Bartholomäus Ringwaldt (1530–1599), die wohl bekanntesten Liederdichter des 16. Jahrhunderts, sowie auf »andere geistreiche Männer« und die Bußpsalmen von Cornelius Becker (1561–1604) verlieh dem Buch zusätzlich Autorität.

Auch bei der Auswahl der Autoren bewiesen »die Sterne« ein glückliches Händchen: Der damals noch weitgehend unbekannte Barockdichter Johann Rist (1607–1667) ließ seine Werke – darunter die wirkmächtige fünfbändige Sammlung »Himmlische Lieder« – bei ihnen in Lüneburg drucken.[8] Rists Lieder erfreuten sich schnell großer Beliebtheit und wurden in zahlreiche neue Gesangbücher aufgenommen; bis heute stehen »Brich an, du schönes Morgenlicht« (EG 33), »Hilf, Herr Jesu, lass gelingen« (EG 61), »O Traurigkeit, o Herzeleid!« (EG 80, Str. 2–5), »Man lobt dich in der Stille« (EG 323), »Werde munter, mein Gemüte« (EG 475) und »Auf, auf, ihr Christen alle« im *Evangelischen Gesangbuch*. Dagegen wurde das Lied »O Ewigkeit, du Donnerwort«, das noch im EKG (324) stand, nicht in das EG aufgenommen. Die Melodien zu Rists Liedern stammen zum großen Teil von dem damaligen Leiter der Hamburger Ratsmusik Johann Schop (um 1590–1667), der früh damit begann, Rists Gedichte zu vertonen. Alsbald erschienen erste Ausgaben der Texte mit Noten, wie beispielsweise 1643 »Johann Risten Holst. Predigers Himlische Lieder mit sehr anmuthigen von den weitberühmten H. Johan Schopen gesetzte Melodeyen«[9] – natürlich gedruckt und verlegt bei den Sternen in Lüneburg.

Johann Rist und »die Sterne« waren auch über das Geschäftliche hinaus miteinander verbunden, sie pflegten eine persönliche Freundschaft, die sich unter anderem darin äußerte, dass Rist ein Schauspiel für die Freisprechung der Druckergesellen und ein Gedicht auf die Druckerei schrieb. Im Jahr 1651 fand in Lüneburg ein Treffen bedeutender Drucker statt, das Rist in dem Gedicht »An Die allerfürtrefflichste und höchstberühmteste Drukker-Herren in gantz Teutschland« verewigte.

»Glük zu du tapfre Schaar / du Mutter der Gelehrten /
Ihr Helden / hat daß Glük Euch hie zusammen bracht /
Wo zweier Sterne Glantz macht hell die finstre Nacht?
Wilkommen tausend mahl in Lüneburg der wehrten.«[10]

Neue Himlische Lieder, Lüneburg 1657 (VD17 23:249106Q); Himlische Lieder mit [...] Melodeyen, Lüneburg 1643 (VD17 7:685895H)

Nicht nur Form und Inhalt der Gesangbücher, sondern auch ihr Gebrauch veränderten sich im 17. Jahrhundert grundlegend. Wurden die Kirchenlieder am Anfang des Jahrhunderts noch vorwiegend auswendig im Gottesdienst gesungen, sorgten neues Liedgut und steigende Druckauflagen dafür, dass immer mehr Gläubige ihr eigenes Gesangbuch besaßen und dieses auch mit in die Kirche brachten. Im Jahr 1732 schrieb der lutherische Theologe Christian Gerber (1660–1731) aus Sachsen über den praktischen Gebrauch des Gesangbuchs im Gottesdienst:

> »Und da ist bekannt, daß vor 40. und 50. Jahren selten ein Zuhörer ein Gesang-Buch mit in die Kirche gebracht; Und ich habe es gehört und erfahren, daß wenn einer ein Gesang-Buch mit sich nahm, ihm solches von Unverständigen als eine Scheinheiligkeit ausgelegt ward [...] Nunmehro aber hat der barmhertzige GOtt bey Lehrern und Zuhörern ein grösser Licht lassen aufgehen, daß nicht nur die meisten Zuhörer Bücher mit sich nehmen, sondern auch über die alten Lieder viel geistreiche neue und erbauliche eingeführet und gebraucht werden.«[11]

Um der Gemeinde eine Orientierungshilfe im Umgang mit ihren Gesangbüchern zu geben, wurden im Laufe des 17. Jahrhunderts vermehrt die bis heute üblichen Nummerntafeln an den Kirchenwänden eingeführt und montiert. Nichtsdestotrotz wurden Gesangbücher im Gottesdienst hauptsächlich von den Predigern und Chören genutzt; die meisten einfachen Gläubigen gebrauchten sie zu dieser Zeit vornehmlich im privaten Umfeld. So findet sich im *Hannoverischen Gesangbuch* (1668) im Vorwort der Hinweis auf eine Liste, nach der die Lieder zu Hause gesungen werden sollten, ein Liederplan für den privaten Gebrauch:

> »Hinten aber folget erstlich eine solche Außtheilung aller Gesänge / daß der jenige / so zu Hause mit den Seinigen in seiner Hauß-Kirchen devot unnd andächtig seyn wil / das gantze Gesangbuch (ausgenommen etliche wenig Gesänge) alle sieben Wochen oder sonsten unterschiedlich nach dieser Anleitung aussingen und zu Ende bringen könne. Welches eine sehr nützliche und heilsame Gewon-

heit seyn wird für die jenigen / die es mit Verstand / Auffmerckung unnd Andacht fleissig und embsig thun werden.«[12]

Ein besonderes Merkmal der Gebets- und Gesangbuchkultur im 17. (und auch noch im folgenden) Jahrhundert sind die poetischen Titel der Werke, die häufig an Begriffe und Bilder aus der Botanik angelehnt sind. So beispielsweise: *Geistlicher Myrrenpůschel / Sampt allerley edlen Trostlilien vnd Lebensfrůchten*[13] (Leipzig 1642), das Privatgesangbuch *Simon Bornmeisters Geistlicher Lieder Blumenstraus*[14] (Nürnberg 1685), das *Poetisch- und musikalisches Lustwåldchen*[15] (Hamburg 1652) sowie dessen Fortsetzung *Fortgepflanzter musikalisch-poetischer Lustwald*[16] (Jena 1657).

Letzteres Buch ist von besonderer Bedeutung, da in ihm erstmals das Lied »Wer nur den lieben Gott läßt walten« (EG 369) veröffentlicht wurde. Georg Neumark (1621–1681) schrieb es 1642 in Kiel, wo er seinerzeit als junger Mann längere Zeit auf eine Anstellung als Hauslehrer hoffte. Als der örtliche Amtsschreiber ihn endlich einstellte, verfasste er aus Dankbarkeit sein berühmtes Trostlied: »Welches schnelle / und gleichsam vom Himmel gefallene Glůkk / mich hertzlich erfreute / und noch des ersten Tages / meinem lieben Gott zu Ehren / das hin und wieder wohl bekannte Lied: Wer nur den lieben Gott låst walten [...] / aufzusetzen.«[17]

Es dauerte jedoch noch 16 Jahre, bis Neumark das Lied mit dazugehöriger selbstkomponierter Melodie in seiner zweiten Liedersammlung *Fortgepflanzter musikalisch-poetischer Lustwald* unter dem Titel »Trostlied. Das GOTT einen Jeglichen zu seiner Zeit versorgen und erhalten wil [sic!]. Nach dem Spruch: Wirf dein Anliegen auf den HErrn / der wird dich wohl versorgen« [Ps 55,23] publizierte. In dieser Sammlung sind insgesamt 85 geistliche und weltliche Dichtungen enthalten; für seine Liederdichtungen verfasste Neumark fast ausnahmslos eigene Melodien in mehrstimmigen Sätzen. Dadurch entstand eine besondere Verbindung von Melodie und Text, die – auch aufgrund der zeitgemäßen instrumentalen Begleitstimmen und

Einleitungen – hohes Ansehen genießt. Doch nur wenige von Neumarks Liedern verbreiteten sich über die Sammlung hinaus; aber »Wer nur den lieben Gott lässt walten« wurde alsbald in andere prominente Gesangbücher aufgenommen, so in Crügers *Praxis Pietatis Melica* (1672) und in die erste Auflage von Freylinghausens *Geistreiches Gesangbuch* (1704). Auch wenn das Lied im Laufe der Jahre auf zahlreiche andere Melodien gesungen wurde, setzte sich am Ende doch Neumarks eigene Vertonung durch. Sie war so einprägsam, dass in den folgenden Jahrhunderten hunderte weiterer geistlicher Lieder auf sie gedichtet und nach ihr gesungen wurden. Das Lied und die Melodie haben die Zeit überdauert; es ist bis heute nicht nur im *Evangelischen Gesangbuch*, sondern auch im katholischen *Gotteslob* (GL 424) und in zahlreichen freikirchlichen Gesangbüchern zu finden.

VIII Der Dreißigjährige Krieg als Urerfahrung der Zeitgenossen

Kein anderes Ereignis hat die frühe Neuzeit in Mitteleuropa so sehr geprägt wie der Dreißigjährige Krieg in den Jahren 1618 bis 1648. Nicht nur das Kriegsgeschehen selbst, sondern vielmehr seine Folgen haben das Leben über lange Zeit bestimmt und nachhaltig verändert: Plünderungen, Vergewaltigungen, Hungersnöte und Krankheiten gehörten zum Alltag vieler Menschen.

Das spiegelt sich auch in den geistlichen Liedern wider, die damals entstanden. Zum einen wurde in ihnen das Leid, das Bewusstsein der eigenen Vergänglichkeit und die permanente Nähe des Todes thematisiert; zum anderen entstanden zahlreiche Lieder, welche die Sinnesfreuden, die Schönheit der Natur und den irdischen Lebensgenuss besingen. Die Gesänge spendeten Trost im leiderfüllten Leben, gaben Hoffnung auf Gottes Beistand und verliehen der Aussicht auf ein seliges Sterben und paradiesisches Leben nach dem Tod Ausdruck.

Die vielen neu entstandenen Trostlieder sollten den Menschen bekannt gemacht werden. Dies war das erklärte Anliegen des hannoverschen Oberhofpredigers und Generalsuperintendenten Justus Gesenius (1601–1673) und des Konsistorialrats David Denicke (1603–1680). Auf eigene Initiative und zunächst nur für den privaten Gebrauch gedacht, konzipierten sie 1646 das *New Ordentlich Gesang-Buch / Sampt Einer nothwendigen Vorrede vnd Erinnerung Von dessen nützlichem Gebrauch*.[1] In der Vorrede erläutern sie die Intention, aus der heraus sie ein Gesangbuch mit neuen Liedern, namentlich von Johann Heermann (1585–1636), schufen: Die Lieder, die in den letzten Jahren in diversen privaten Sammlungen publiziert worden waren, sollten nun gemeinsam in *einem* Gesangbuch der Öffentlichkeit zugänglich gemacht werden.

> »In Betrachtung solches grossen Nutzens / der aus andächtigem Gesange herrühret / haben sich so wol neben als nach dem Herrn Luthero viel andächtige Männer hin vnd wider / ein jeglicher nach der Gab vnd Maß / die ihm Gott verliehen hatte / beflissen / geistliche Psalmen und Gesänge zumachen / davon ein zimlicher Theil nach vnd nach in die gemeine Gesangbücher eingerücket worden. Etliche aber haben dergleichen Arbeit in absonderlichen [eigenen] Büchern / jedoch nur zu dem Ende außgehen lassen / daß sie ihre eigene vnd anderer frommen Christen Privat andacht dadurch erwecken vnd befördern möchten. [...]«[2]

Mit den Jahren und den neuen Ausgaben stieg die Zahl der Lieder im Hannoverschen Gesangbuch kontinuierlich an: 1646 waren es 222 Lieder, 1648 bereits 250 und in den Auflagen seit 1657 300 Lieder. Neben der großen Anzahl neuer Lieder ist das Gesangbuch von Denicke und Gesenius vor allem für seine Umdichtungen altbekannter Gesänge bekannt geworden. Es war das erklärte Anliegen der Herausgeber, die neuen Regeln deutscher Poetik von Martin Opitz aktiv auf geistliche Gesänge anzuwenden. Zu diesem Zweck dichteten sie selbst zahlreiche bekannte Lieder nach den neuen Vorgaben um. Damit waren sie Vorreiter eines Verfahrens, das vor allem im 18. Jahrhundert praktiziert wurde, um alte Lieder sprachlich und inhaltlich gefälliger zu machen und theologisch zu modifizieren.

Auch aufgrund der äußeren Umstände ist die Geschichte des Hannoverschen Gesangbuches bemerkenswert. Bis zum Erscheinen von Gesenius' und Denickes Gesangbuch war in Hannover (und anderen Teilen Niedersachsens) vornehmlich das Nürnberger Gesangbuch[3] (1599) in Gebrauch. 1646 erschien dann unter dem Titel *New ordentlich Gesangbuch. Mit fürstlichem Privileg* [...] das erste dezidiert für Hannover konzipierte Gesangbuch. Allein das ausdrücklich erwähnte fürstliche Privileg ist bemerkenswert. Als zwei Jahre später die dritte Auflage dieses Buches erschien, hatten sich nicht nur Verleger und Erscheinungsort verändert, sondern auch der Titel: *New ordentlich Gesangbuch zur Beförderung der Privatandacht*. Der Wechsel von Ort und Verleger ist vermutlich damit zu erklären, dass in dieser Zeit eine große Zahl neuer Gesangbücher in der Region erschien: in Celle, Lüneburg, Hannover und Göttingen. Es ist zudem anzunehmen, dass das Hannoversche Gesangbuch mit seinen neuen Liedern und Umdichtungen nicht bei allen Gläubigen wohlwollend aufgenommen wurde. Doch schon in der folgenden vierten Auflage (1652) wurde der Titel erneut geändert; es hieß nun *Das Hannoverische newe ordentliche Gesangbuch*. Grund hierfür war, dass es in der Zwischenzeit in der Region als Schulgesangbuch eingesetzt worden war und sich auf diesem Wege etabliert hatte. Es stand den Pfarrern zunächst frei, das Werk von Gesenius und Denicke in ihren Gottesdiensten zu nutzen, bis es schließlich durch ein kirchliches Konsistorium 1652 als verbindlich eingesetzt wurde. Es blieb fast einhundert Jahre nahezu unverändert in Gebrauch, bis am Anfang des 18. Jahrhunderts der hannoversche Pfarrer Peter Busch (1682–1744) eigenmächtig ein neues Gesangbuch zusammenstellte. Zwar wurde Buschs Werk niemals offiziell in Hannover eingeführt, jedoch gab es den Anstoß zu einer Gesangbuchreform und 1740 zur Einführung des *Vermehrten Hannoverschen Kirchen-Gesang-Buchs*[4].

Das Hannoversche Gesangbuch hat seine Spuren hinterlassen. Zahlreiche Melodien, die dort erstmals veröffentlicht wurden, fanden ihren Weg in andere Gesangbücher und wurden über die Jahrhunderte hinweg weiter überliefert. Auch als Lieddichter waren Gesenius und Denicke aktiv, und auch im EG finden sich noch einige ihrer Texte: Das Passionslied »Wenn meine Sünd' mich kränken« (EG 82) von Gesenius und die Lieder »Gott Vater, dir sei Dank gesagt« (EG 160), »Herr, für dein Wort sei hoch gepreist« (EG 196) sowie die ersten sechs Strophen von »Nun jauchzt dem Herren alle Welt« (EG 288) aus Denickes Feder.

Die Allgegenwart von Krieg, Hunger, Seuchen und Tod ließ in den Menschen im 17. Jahrhundert ein großes Bedürfnis nach göttlichem Trost erwachsen, der sich auch in den Titeln der Gesangbücher erkennen lässt. Beispiele dafür sind: *Ein überauß schönes Newes Geistliches Liederbüchlein / darinnen 50. gar Newe / sehr Trostreiche Geistliche Lieder zu finden seyn* (Nürnberg 1628)[5], *Animae sauciatae medela Das ist: Kräfftiges Labsal einer betrübten Seele / Von Siebenzig Geistlicher schöner anmuthiger vnd Trostreicher Fest- Bet- Buß- vnd Begräbniß Lieder* (Erfurt 1641)[6] oder *Vier und zwanzig Freuden-reiche Trost-Lieder / oder Trost-reiche Freuden-Gesänge / Auff die Stunde des Todes / oder tödtlicher Schmertzen* (Leipzig 1653)[7].

Die Lieder dieser Zeit singen von dem Bedürfnis nach Trost und suchen einen Weg, das tagtägliche Elend mit dem christlichen Glauben in Einklang zu bringen. Ein wohlbekanntes Beispiel ist das Lied »In allen meinen Taten« (EG 368) des Dichters Paul Fleming (1609–1640). Er schrieb den Text 1633/34 auf einer entbehrungsreichen Reise nach Russland, an der er als junger Medizinstudent teilnahm, um dem Kriegsgeschehen in seiner Heimat zu entkommen. Erstmals veröffentlicht wurde das Gedicht 1642 in Flemings Sammlung »Teütsche Poemata«[8]. Aus den Versen sprechen die christliche Hoffnung und fromme Gottergebenheit in ungewissen Zeiten und angesichts großer Sorgen. Seine klaren Gedanken und eindringlichen Worte machen das Lied bis in die Gegenwart aktuell und singbar.

Das Gedicht wurde von Fleming selbst mit der Überschrift »Nach deß vj. Psalmens Weise« versehen, die auf die entsprechende Genfer Psalmenmelodie von Guillaume Franc (1542) verweist, nach der es gesungen werden sollte. Im Laufe der Jahrhunderte wurde das Lied jedoch auf mehrere Melodien bekannter Lieder gesungen, von denen sich schließlich »O Welt, ich muss dich lassen« durchsetzte. Mit dem Hinweis auf diese Singweise wurde »In allen meinen Thaten« erstmals 1668 in Crügers Gesangbuch *Praxis Pietatis Melica* gedruckt.

Von dem gleichen Gottesbild, das aus einem schier unbändigen christlichen Optimismus hervorgeht, zeugt auch das bereits erwähnte

Lied »Wer nur den lieben Gott lässt walten« (EG 369) von Georg Neumark. So heißt es im letzten Vers der siebten Strophe: »Denn welcher, seine Zuversicht / auf Gott setzt, den verlässt er nicht«. Die Lieder »Befiehl du deine Wege« (EG 361) und »Gib dich zufrieden und sei stille« (EG 371) von Paul Gerhardt entstanden ebenfalls kurz nach Kriegsende und vermitteln ein Gottesbild, das von liebevoller Zuwendung und Güte geprägt ist; der Mensch muss sich Gott nur ganz hingeben und ihm sein volles Vertrauen schenken.

*

Die preußische Stadt Königsberg hatte das Glück, von den Unruhen des Dreißigjährigen Krieges verschont zu bleiben. Hier fand sich seit den 1630er Jahren ein Kreis begabter Dichter, Musiker und anderweitig Gelehrter unter dem Namen »Gesellschaft der Sterblichkeit Beflissener« zusammen, um gemeinsam – vornehmlich geistliche – Lyrik vorzutragen und zu diskutieren.

An lauen Sommerabenden trafen sich die Freunde rund um den bekannten Barockdichter Simon Dach (1605–1659) mit Vorliebe in der Laube des Domorganisten Heinrich Albert (1604–1651), die sich am Stadtrand auf einem Feld befand. Aus dieser örtlichen Begebenheit heraus entstand bald der Name »Die Kürbishütte« als Synonym für den Dichterkreis und auch der Titel von Alberts Notenbüchlein: *Musicalische Kůrbs-Hütte: Welche vns erinnert Menschlicher Hinfälligkeit*[9].

Wie begabt und wirkmächtig dieser Königsberger Freundeskreis war, zeigt sich an der hohen Zahl von Dichtungen und Melodien, die bis heute im *Evangelischen Gesangbuch* zu finden sind:
- »Mit Ernst, o Menschenkinder« (EG 10): Das adventliche Bußlied wurde von Valentin Thilo (1607–1662), seinerzeit Professor für Beredsamkeit an der Universität Königsberg, gedichtet. Es erschien erstmals 1642 in der Sammlung »Preußische Festlieder« des Hofkapellmeisters Johannes Stobäus (1580–1646) mit einer kunstvollen Melodie, die sich nicht durchsetzen konnte.

- »Such, wer da will ein ander Ziel« (EG 346) wurde ebenfalls erstmals in den »Preußischen Festliedern« publiziert. Den Text schrieb der Königsberger Pfarrer Georg Weissel (1590–1635) für seine Amtseinführung; Johann Stobäus gab ihm eine Melodie, die er bereits 1613 für ein anderes Lied (»Wie's Gott bestellt, mir wohlgefällt«) komponiert hatte, die aber offenbar so gut auf »Such wer da will ein ander Ziel« passte, dass es bis in die Gegenwart darauf gesungen wird.
- »Macht hoch die Tür« (EG 1): Den Text des altbekannten Adventsliedes schrieb Georg Weissel für die feierliche Einweihung der Altroßgärter Kirche in Königsberg am 2. Advent des Jahres 1623; inspiriert wurde er von Luthers Übersetzung des 24. Psalms. Auch hier schuf Stobäus eine Melodie, die sich nicht durchsetzen konnte – seine heute bekannte Melodie erhielt »Mach hoch die Tür« erst 1704 von Johann Anastasius Freylinghausen.
- »O Tod, wo ist dein Stachel nun?« (EG 113) ist das dritte Lied Weissels, das noch heute weithin bekannt ist – wenn auch nicht in seiner ursprünglichen Form. Weissel schrieb den Text in Königsberg vor 1635, in seiner späteren Form publiziert wurde es jedoch erstmals 1657 in der damaligen Auflage des Hannoverschen Gesangbuchs von Gesenius und Denicke, die das Lied nach ihrem Gutdünken veränderten. Das Osterlied wird heute entweder nach der Melodie von »Es ist uns das Heil kommen her« (1523/24) oder »Nun freut euch, lieben Christen g'mein« (1523) gesungen.
- »Schmücke dich, o liebe Seele« (EG 218): Der Text für dieses Lied wurde in den Jahren 1646–53 von dem damaligen Königsberger Studenten der Rechtswissenschaft Johann Franck (1618–1677) geschrieben, der später Ratsherr und zeit seines Lebens ein hoch geachteter Dichter war. Er veröffentlichte es zunächst in seiner »Hundert-thônigen Vater-Unsers-Harffe« (Wittenberg 1646), bevor es als Lied Einzug in Gesangbücher hielt. Die bis heute gesungene Melodie schrieb Johann Crüger 1649 für seine »Geistlichen Kirchenmelodien«. Das Lied galt lange Zeit als das »Abendmahls-

Musicalische Kürbs-Hütte, Königsberg 1645

lied schlechthin«, bevor es im 20. Jahrhundert aufgrund der veralteten Sprachbilder seine Wertschätzung und Popularität verlor.
- »Jesu, meine Freude, meines Herzens Weide« (EG 396): Auch dieses Lied wurde von Johann Franck geschrieben und 1653 von Johann Crüger für die fünfte Auflage der *Praxis Pietatis Melica* vertont. Franck nahm das Liebesgedicht »Flora, meine Freude, meiner Seele Weide« seines Königsberger Kommilitonen Christoph Kaldenbach (1613–1698), der ebenfalls Teil des Kürbishütten-Kreises war, als Vorlage. Aufgrund dessen verwundert es nicht, dass »Jesu, meine Freude« als eines der bekanntesten Beispiele der sogenannten Jesus-Minne als emotionales, leidenschaftliches Liebeslied für Jesus gilt.
- »Wer nur den lieben Gott lässt walten« (EG 369): Neumarks Lied entstand zwar in Kiel, doch war auch er seit 1640 Mitglied der Königsberger Kürbishütte.

- »Gott des Himmels und der Erden« (EG 445) wurde 1642 von Heinrich Albert gedichtet und vertont. Es erschien erstmals in »Fünffter Theil der Arjen oder Melodeyen Etlicher theils Geistlicher / theils Weltlicher [...] Lieder«, die Albert selbst herausgab. Inspirationsquelle für das Morgenlied war Luthers Morgensegen, der dem Königsberger Organisten aus dem Kleinen Katechismus wohl vertraut war. Das Lied gehört seit Jahrhunderten zum festen Bestandteil protestantischer Gesangbücher und ist in Text und Melodie nahezu unverändert geblieben.

Neben den genannten Gesang- und Melodiebüchern erschienen in Königsberg in diesen Jahren weitere Liedsammlungen, so 1638 bei dem Drucker Lorenz Segebald *Ausserlesene Geistreiche Lieder / Welche auff die fürnembsten Feste des Jahrs / vnd sonsten / in den Kirchen vnd Häusern zu Königsberg gesungen werden*. Daneben wurde 1643 das *New Gesangbuch Lutheri und anderer geistreichen Männer* von Johann Behm (1578–1648), Professor und Oberhofprediger in Königsberg, herausgegeben, der sich vor allem durch zahlreiche Disputationen mit den dort ansässigen Calvinisten einen Namen gemacht hatte. Der Drucker Johann Reusner († 1666) gab 1650 und in einer zweiten Auflage 1657 ein *New Preussisches vollständiges Gesangbuch* heraus.

Der junge Komponist und spätere Kirchenmusiker am Magdeburger Dom, Georg Weber (um 1610–nach 1651), veröffentlichte 1648/49 in Danzig und Königsberg eine eigene siebenbändige Kirchenliedsammlung, die den klingenden Namen »Wohlriechende Lebensfrüchte«[10] trägt. Für rund 100 Lieder komponierte er mehrstimmige Sätze, die von der Gemeinde gesungen werden sollten. Nicht nur Weber – ein in Vergessenheit geratener Komponist –, sondern vor allem seine zahlreichen Lieder sind ein Beispiel dafür, wie vielfältig die Lied- und Gesangbuchkultur des 17. Jahrhunderts war und wie gering die Wahrscheinlichkeit, dass die Verse und Melodien ihre Zeit überdauern und aktiv weitergetragen werden konnten.

IX Konfessionelles Bewusstsein und seine Liedkultur

Das 17. Jahrhundert war in vielerlei Hinsicht ein Jahrhundert der Gegensätze. Dem stetigen Bewusstsein von Tod und Vergänglichkeit durch den Dreißigjährigen Krieg stand eine wachsende Kultur betonter Lebens- und Sinnesfreuden in Dichtung und Gesang gegenüber; der sich verfestigenden protestantischen Theologie wurde eine (wieder) aufblühende Tendenz zur christlichen Mystik entgegengesetzt. Dazwischen war reichlich Platz für individuelle Ausprägungen. Diese polarisierenden Bewegungen und ihre Zwischentöne sind auch in den Gesangbüchern dieser Zeit erkennbar.

Als exemplarisch für die konfessionelle Gewichtung kann der – barocktypisch lange – Titel des 1640 erschienenen Berliner Gesangbuchs von Johann Crüger (1598–1662) betrachtet werden; in ihm werden zudem alle wesentlichen Aspekte der Entwicklung der evangelischen Gesangbücher in dieser Zeit genannt:

Newes vollkömliches Gesangbuch / Augspurgischer Confession, Auff die in der Chur- und Marck Brandenburg Christliche Kirchen / Fürnemlich beyder ResidentzStädte Berlin und Cölln gerichtet: In welchem nicht allein vornemlich des Herrn Lutheri / so bißhero in Christl. Kirchen bräuchlich gewesen sondern auch vielschöne newe Trostgesänge / Insonderheit des vornehmen Theol. und Poeten Herrn Johan Heermans / zu finden / mit aussenlassung hingegen der unnötigen und ungebräuchlichen Lieder / In richtige Ordnung gebracht / und mit beygesetzten Melodien / nebest dem Gen. Bass, Wie auch absonderlich / nach eines oder des andern beliebung in 4. Stimmen verfertiget.[1]

Neben dem expliziten Verweis auf die Confessio Augustana, das verbindliche Bekenntnis der evangelisch-lutherischen Kirchen aus dem Jahr 1530, werden die altvertrauten Lieder Luthers erwähnt, die durch neue Gesänge ergänzt werden und vor allem Trost spenden sollen. Daneben wird auf die neue Ordnung und die beigefügten Melodien hingewiesen, die dafür sorgen sollen, dass das Gesangbuch praktisch genutzt werden kann und die Lieder auch (mehrstimmig) gesungen werden können.

Ähnlich lautet der Titel eines Erfurter Gesangbuchs von 1648:

Groß vnd Vollständig GesangBuch / Darinnen 760. Geistliche Lieder / Psalmen / Hymni / Lytaneyen / Gebet vnd Collecten / welche in den Christlichen Evangelischen Kirchen vnd Gemeinen / so der Augspurgischen Confession zugethan / pflegen gesungen zu werden. Durch Doctor Martin Luther / D. Philipp Nicolai / Barthol Ringwald vnd andere fromme Christen gefertiget. Jetzo Auffs Newe mit vielen schönen in dieser betrübten Zeit nötigen Liedern.[2]

Auch hier fällt die ausdrückliche Erwähnung des lutherischen Bekenntnisses sowie die namentliche Nennung der bekanntesten Liederdichter des reformatorischen Zeitalters auf – ebenfalls angereichert mit neuen Liedern, die vor allem zum Trost in Kriegs- und Trauerzeiten geschrieben wurden.

Die Lieder und Gesangbücher dieser Zeit stifteten Einheit und gemeinschaftlichen Trost unter den Gemeindemitgliedern – und zugleich sorgten sie für Abgrenzung gegenüber anderen Territorien und vor allem gegenüber anderen Konfessionen. Durch die Liedtexte wurden die singenden Christenmenschen nicht nur getröstet und erbaut, sondern auch in den Glaubensinhalten und -unterschieden geschult.

In der Vorrede des ersten Bandes der mehrbändigen Liedersammlung »Andächtiger Seelen geistliches Brand- und Gantz-Opfer« (Leipzig 1697)[3] wird die Wirkung und Aufgabe geistlicher Lieder prägnant zusammengefasst:

Andächtiger Seelen
geistliches
Brand- und Bantz-Opfer,
Das ist
vollständiges
Gesangbuch,
In Acht unterschiedlichen Theilen,
Derer

I. D. Martin. Lutheri und andere in unserer Evangelischen Kirchen gewöhnliche Gesänge.
II. Fest-Lieder durch das gantze Jahr hindurch.
III. Evangeliums- und Epistel-Lieder auf ieden Sonn-Fest- und Apostel-Tag gerichtet / item JEsus-Lieder / von der Christlichen Kirche und Feyrung des Sabbaths/ wie auch Psalm-Lieder nach der Ordnung des gantzen Psalter-Buchs.
IV. Morgen- Abend und -Tisch-Lieder/ ingleichen vom Christlichen Leben und Wandel.
V. Buß- und Catechismus-Lieder/ wie auch vom H. Abendmahl samt einigen Liedern über die vornemsten Texte im JesusSyrach.
VI. Creutz-Trost-Lob und Danck-Lieder.
VII. Stand-Lieder nach den drey Haupt-Ständen eingerichtet/ Reise-Lieder zu Land und Wasser/ item Krieg-Hunger- und Pest-Lieder.
VIII. Krancken und Sterbe-Lieder wie auch vom Jüngsten Gericht/ Himmel und Hölle in sich begreiffet.

Jegliches Theil hat sein eigen/ wie auch das gesamte Werck ein allgemein Register/ welches beym Ende ; wie denn auch beym Achten Theil ein absonderlich Register zu finden über diejenigen Lieder derer Anhang vormahls geändert worden.

Aus vielen Gesangbüchern und andern Autoren mit guter Unterscheidung und Sorgfalt zusammen getragen/ durch eine grosse Menge nie gedruckter Lieder vermehret / insgesamt fleißig übersehen / und was ausser dem ersten Theil / die neuern Lieder betrifft/ mannigfaltig verbessert/ und nun an der Zahl nahe 5000.

Mit approbation der hochlöblichen Theolog. Facult. alhier Zu GOttes Ehren und des Nechsten Erbauung herausgegeben.

LEIPZIG,
Gedruckt und zu finden bey Andreas Zeidlern/ Anno 1697.

Andächtiger Seelen geistliches Brand- und Dank-Opfer, Leipzig 1697
(VD 17 3:313276G)

»Durch die geistlichen Lieder kan man auch denjenigen / welche nicht eben sehr begierig / sondern ziemlich verdrießlich sind etwas geistliches und gôttliches zu lernen / die Heil. Geboth GOttes / wie auch die Glaubens-Articul und himmlischen Geheimnisse gantz angenehme und unvermuthet beybringen. [...]«[4]

Diese Liedersammlung ist ein groß-angelegtes Projekt, möglichst viele, womöglich alle, der bis dahin bekannten deutschsprachigen Kirchenlieder zu ordnen und gemeinsam zu veröffentlichen. Unterstützt wurde das Vorhaben von der Theologischen Fakultät der Universität Leipzig. Die acht Bände tragen die Titel: »D. Martin. Lutheri und andere in unserer Evangelischen Kirchen gewöhnliche Gesånge« (Bd. 1) »Fest-Lieder« (Bd. 2), »Evangeliums- und Epistel-lieder auf jeden Sonn- Fest- und Aposteltag« (Bd. 3), »Morgen- Abend- und Tisch-Lieder« (Bd. 4), »Buß- und Catechismus-Lieder / Wie auch vom Heil. Abendmahl / Rechtfertigung und neuen Gehorsam« (Bd. 5), »Creutz- Trost- Lob- und Danck-Lieder« (Bd. 6), »Stand-Lieder / Nach den drey Haupt-Stånden eingerichtet / Reise-Lieder Zu Land und Wasser / Item Krieg- Hunger und Pest-Lieder« (Bd. 7) und »Krancken- und Sterbe-Lieder / wie auch vom Jüngsten Gericht / Himmel und Hôlle« (Bd. 8). Damit folgen die Bände in etwa den damals üblichen Rubriken in den Gesangbüchern; insgesamt sind rund 5000 Titel enthalten. Die Sammlung trug dank ihres Hauptherausgebers im Volksmund auch den Titel »Wagnerisches Gesangbuch« und erlangte besondere Bekanntheit, da Johann Sebastian Bach (1685–1750) mit ihr gearbeitet hat.

*

Erstaunlicherweise entstand just in Zeiten großer innerchristlicher Spannungen ein Lied, das bald zu den meistgesungenen deutschsprachigen Liedern der Ökumene zählt: »Ach bleib mit deiner Gnade« (EG 347). Der lutherische Theologe und Superintendent Josua Stegmann (1588–1632) schrieb 1627 es inmitten des Dreißigjährigen Krieges für sein »Christliches Gebetbůchlein / Auff die bevorstehende Betrůbte / Krigs / Theurung vnd SterbensZeiten gerichtet / Benebenst Morgen und Abendtsegen [...] vnd andern Gebetlein.«[5] Das Gedicht trug die Überschrift »Gebet umb die Erhaltung der Lehre und Kirche Gottes«.

Stegmann wusste, wovon er schrieb. Seit er 1621 als Professor der Theologie an die neugegründete Universität Rinteln berufen worden war, litt er sowohl unter der kriegsbedingten Besetzung der Stadt als auch dem jahrelangen Wüten der Pest. Schließlich erließ im Jahr 1629 Kaiser Ferdinand II. das Restitutionsedikt, von dem auch Rinteln betroffen war. Das Edikt besagte, dass alle geistlichen Güter, die seinerzeit im Besitz der evangelischen Reichsstände waren, auf den Stand von 1552 zurückgeführt werden sollten. Auch das ehemalige Jakobskloster in Rinteln, das inzwischen zur Universität umgewandelt worden war, sollte wieder an die Benediktiner aus Corvey fallen. Am 13. Juli 1632 fand eine, von den Benediktinern initiierte, öffentliche Disputation statt, die die Nichtigkeit der Berufung evangelischer Prediger und Professoren beweisen sollte. Stegmann wurde als amtierender Professor zur Teilnahme genötigt, obwohl er zu diesem Zeitpunkt schwer erkrankt war. Wann immer er das Wort ergriff und argumentierte, wurde er von Zwischenrufen und Gelächter unterbrochen. Als er sich schließlich auf Grundlage biblischer Zitate gegen das Mönchtum aussprach, wurde die Disputation von katholischer Seite aus mit der Begründung, man müsse jetzt zur Messe gehen, abgebrochen. Kurze Zeit nach dem Vorfall starb Stegmann nach langer Krankheit. Seine überlieferten Lieder und Gebete zeugen von seiner ungebrochenen lutherischen Überzeugung angesichts großer Bedrängung. Neben dem »Christlichen Gebetbüchlein« erschienen mitten im Dreißigjährigen Krieg die Sammlungen »Andächtige Hertzen Seufftzer« (vermutl. 1628)[6] und »Erneuerte Herzensseuffzer« (1629), die den Christinnen und Christen in der schweren Zeit zu Trost und Erbauung gereichen sollte.

Seit dem Dreißigjährigen Krieg gehörte es zu den Privilegien der Landesfürsten, eigene Gesangbücher für ihre Städte und Territorien herauszugeben. Dadurch nahm die Zahl der Gesangbücher in der zweiten Hälfte des 17. Jahrhunderts in großem Ausmaß zu. »Der Gesang-Bücher und Lieder werden fast täglich mehr«, vermerkte der Wittenberger Magister Johann Elias Uhlich (1676–1722), Oberpfarrer in Pretzsch bei Bad Schmiedeberg, 1713 in der Vorrede seines Gesangbuchs, »wie denn wenig Städte sind / welche nicht ihre eigene Gesang-Bücher haben / welche auch von denen Städten den Namen führen. Ob aber deswegen fleißiger und andächtiger gesungen werde / als in denen vorigen Zeiten / da man weniger Lieder und Gesang-Bücher gezehlet / will ich eines jedweden Christen Beurtheilung überlassen.«[7] Bekannte Beispiele sind das Helmstettische Gesangbuch (1634), das Lüneburger (1686) oder das Celler Gesangbuch (1696). Diese kleinteilige Gesangbuchproduktion sorgte zum einen dafür, dass lokale Vorlieben und Besonderheiten berücksichtigt werden konnten, zum anderen behielt die Obrigkeit so den Überblick über Bestand und Inhalte der Lieder.

*

So bekam auch die Stadt Naumburg einige Zeit nach dem Krieg ihr eigenes Gesangbuch. Ein solches Naumburgisches Gesangbuch hatte der dortige Oberpfarrer Johann Martin Schamelius (1668–1742) in zwei Bänden bereits 1712[8] und 1714 herausgebracht; jeweils vermehrte Auflagen erschienen in den Jahren 1715, 1717 und 1735.[9] Das Titelblatt macht klar, worum es sich bei diesem Gesangbuch handelte: *Naumburgisches glossiretes Gesang-Buch bestehend vornehmlich Aus denen Alten Kern- und Kirchen- wie auch vielen Neuen Liedern / Welchem durch und durch die Bibl. Texte, Erklärung der frembden Wörter / nothwendige Prüfungen und andere erbauliche Anmerkungen angefüget werden.* Das bedeutete die Aufnahme historischer Erläuterungen, Worterklärungen und das Nennen der Verfassernamen, für die Musiker die Angabe der Tonarten sowie Anfangs- und Schlusstöne und Verweise auf ein Melodienregister. Mit dieser Anlage und Gestaltung eines Gesangbuchs wurde Schamelius weit über Naumburgs Grenzen hinweg bekannt, und andere Gesangbuchherausgeber eiferten ihm nach, so etwa in Königsberg, Nürnberg, Zittau und Württemberg. Auch in Naumburg selbst erwies sich Schamelius' Gesangbuch als beständiger »Langläufer« – die 13. (und damit augenscheinlich letzte) Auflage erschien 1768/69.

In den Jahren 1724 und 1725 kam in Leipzig Schamelius' *Evangelischer Lieder-Commentarius* heraus, der als Gemeindegesangbuch gedacht war, aber viel mehr als nur die Texte der Lieder bot, nämlich, wie schon 1720, Wort- und Sacherklärungen und hymnologische Einführungen und eine kleine Geschichte der Hymnologie und der Verfasser der Lieder.

Parallel zu seinem Gesangbuch erschienen »Vindiciae cantionum S.[anctae] Ecclesiae Evangelicae«, ausführliche Erläuterungen zu den Liedern. Sein Vorhaben rechtfertigte Schamelius damit, dass neben Bibel und Bekenntnisschriften auch die Gesangbücher das Bekenntnis einer Gemeinde bezeugten – und dass es daher, ebenso wie zu den biblischen Büchern und den Bekenntnissen, Erläuterungen geben könne und solle. Mit seinem Vorhaben war Schamelius nicht der erste, aber er entwickelte diese Methode zu besonderer Feinheit. Strittig war unter den Zeitgenossen, ob Kenntnisse über die Geschichte der Lieder und ihre Verfasser überhaupt von Nutzen seien. Aber es gab im 17. und 18. Jahrhundert durchaus Theologen, die sich mit der Geschichte der Kirchenlieder befassten: George Heinrich Goetze (1667–1728) in Lübeck, Georg Serpilius (1668–1743) in Regensburg und vor allem Johann Christoph Olearius (1668–1747) in Arnstadt, die Schlüsselfigur der frühen hymnologischen Forschung, dessen große Gesangbuchsammlung sich bis heute weitgehend in der Forschungsbibliothek Gotha erhalten hat. Er veröffentlichte einen »Evangelischen Liederschatz« (Jena 1707), eine »Jubilierende Lieder-Freude«

(Arnstadt 1717) und »Evangelische Lieder-Annales über Hundert Gesänge« (Arnstadt 1721).

*

Angesichts der Tendenz des erstarkenden konfessionellen Bewusstseins in Liedern und Gesangbüchern des 17. Jahrhunderts ist die Lebens- und Wirkungsgeschichte eines Mannes besonders bemerkenswert: Johann Schefflers (1624–1677). Scheffler wurde 1624 in Breslau als Sohn eines polnischen Adligen geboren, der aufgrund seines protestantischen Glaubens von Krakau nach Breslau ziehen musste. Nach seiner Schulzeit am örtlichen Gymnasium studierte Scheffler Medizin und Geschichte; zunächst in Straßburg, später in Leiden. Dort kam er mit den Werken Jakob Böhmes und anderer Mystikern in Kontakt und fühlte sich von dieser Art des christlichen Glaubens stark angezogen. 1649 begann er als Leibarzt für den streng lutherischen Herzog Silvius Nimrod zu Württemberg-Oels zu arbeiten. Nach einem heftigen Streit mit dessen Hofprediger um ein mystisches Gebetbüchlein verließ Scheffler den Hof und ließ sich in seiner Heimatstadt Breslau als Arzt nieder.

Im Juni 1653 trat er schließlich – fasziniert von der opulenten Liturgie und dem tiefgreifenden Sakramentsverständnis – zum römisch-katholischen Glauben über und trug fortan den Namen Angelus Silesius: Der schlesische Engel oder Bote. Unter seinem neuen Namen und inspiriert von einer mystisch-frommen Christusliebe schrieb er in den folgenden Jahren zahlreiche geistliche Gedichte. Mehr als zweihundert von ihnen veröffentlichte er in seiner fünfbändigen Sammlung »Heilige Seelen-Lust / Oder Geistliche Hirten Lieder / Der in ihren Jesum verliebten Psyche«[10].

Die Vorrede vermittelt einen Eindruck von der gefühlsbetonten Frömmigkeit, aus der heraus Scheffler seine Texte schrieb: »Verliebte Seele. ICh gebe dir hier die Geistlichen Hirten-Lieder / und liebreiche Begierden der Braut Christi zu ihrem Bräutigam; mit welchen

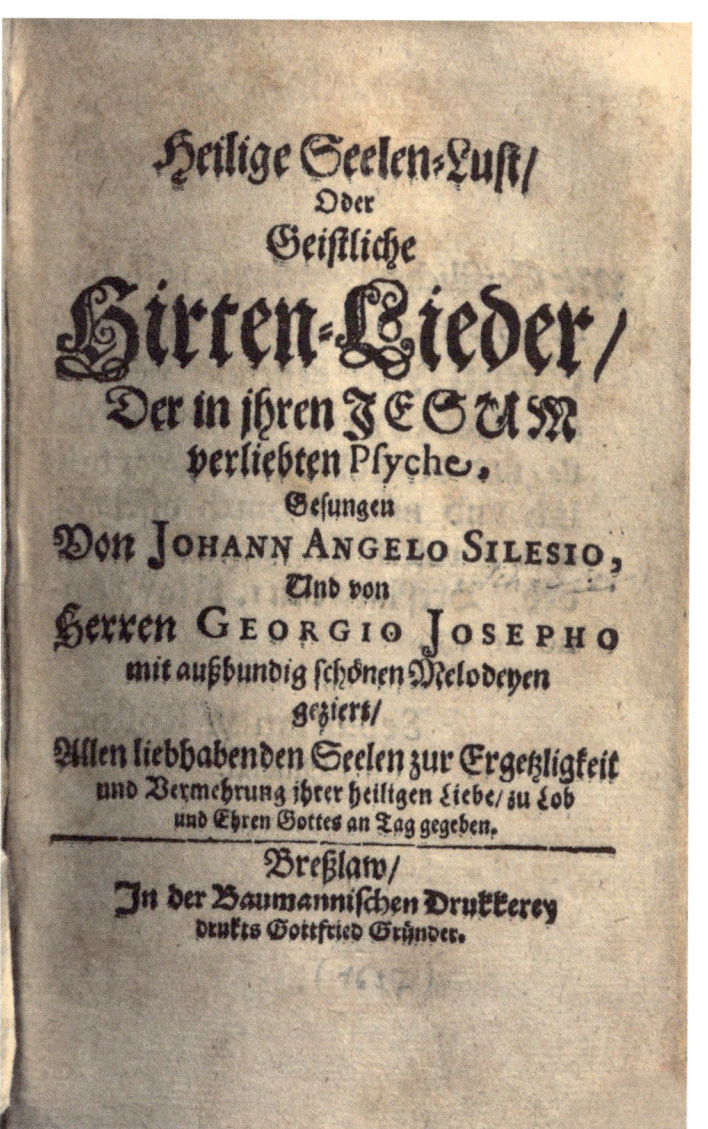

Heilige Seelen-Lust, Breslau 1668 (VD17 15:744614X)

du dich nach deinem Gefallen erlustigen / und in der Wůsten dieser Welt / als ein keusches Turteltåublein nach JEsu deinem Geliebten inniglich und lieblich seufftzen kanst.«[11]

Die mystisch-liebevolle Art zu dichten steht im krassen Gegensatz zur zunehmenden Radikalisierung Schefflers. Nach seinem Übertritt zur katholischen Kirche veröffentlichte er mehr als fünfzig Streitschriften gegen die evangelische Kirche; darunter eine Schrift an den Kaiser in Wien mit dem Titel »Erweis, daß man die Ketzer zum wahren Glauben zwingen könne und solle«.

Zu mehr als 180 von Schefflers Liedern komponierte Georg Joseph (vermutl. 1620–1668), ein Musiker des Breslauer Fürstbischofs, kunstvolle Melodien. Schefflers Texte wurden also mit Noten veröffentlicht und konnten von musikkundigen Gläubigen sogleich angestimmt werden. Es war ihm zudem offenbar ein Anliegen, dass seine Lieder nicht nur privat gesungen werden, sondern auch alsbald Einzug in die Gottesdienste halten sollen: »Werden wir aber verspüren daß dir diese Arbeit gefallen wird / so solt du künfftig unsre meiste Melodeyen mit schönen Symphonien und vollstimmigen Instrumenten zu öffentlichem Kirche-Brauch zu empfangen haben.«[12]

Sein Wunsch wurde erfüllt; zahlreiche von Scheffler Liedern wurden in den folgenden Jahren in Gesangbücher übernommen – bemerkenswerterweise sowohl in katholische als auch in evangelische. Mit seinen kunstvoll-tiefsinnigen Versen, die das Individuum in seiner Gottesebenbildlichkeit und voller Liebe ansprachen, traf er offensichtlich den Nerv der Zeit und sprach vielen Christinnen und Christen unabhängig ihrer Konfession buchstäblich aus der Seele. Bis heute sind im *Evangelischen Gesangbuch* von Scheffler folgende Lieder zu finden: »Mir nach, spricht Christus, unser Held« (EG 385), »Ich will dich lieben, meine Stärke« (EG 400), »Liebe, die du mich zum Bilde« (EG 401), sowie der Text des Kanons »Gott, weil er groß ist« (EG 411).

X Paul Gerhardt – ein Lutheraner im Barock

Paul Gerhardts Name ist seit Jahrhunderten wie kein anderer mit evangelischen Gesangbüchern verbunden. Diesem lutherischen Pfarrer ist es gelungen, mit seinen Versen über die Grenzen der Kirchenlieddichtung hinaus zu gehen – er gilt bis heute als einer der einflussreichsten deutschsprachigen Dichter. Von den etwa 120 geistlichen Liedern, die er im Laufe seines Lebens schrieb, sind noch 26 im *Evangelischen Gesangbuch* zu finden. Damit ist er – neben Martin Luther – der Dichter mit den meisten Liedern im derzeitigen Gesangbuch. Was ist das Besondere an Gerhardt, dass seine Lieder auch rund 400 Jahre nach ihrer Entstehung zu den beliebtesten Gesängen der evangelischen Gemeinden gehören und Gläubige nach wie vor berühren?

Paul Gerhardt wurde am 12. März 1607 als Sohn eines Gastwirts im sächsischen Gräfenhainichen geboren. Wie die meisten Familien litt auch die Familie Gerhardt seit 1618 zunehmend unter den Folgen des Dreißigjährigen Krieges: Hunger, Überfälle und Seuchen. Als Paul Gerhardt 1622 wie sein älterer Bruder an die Fürstenschule nach Grimma kam, waren seine Eltern bereits gestorben. An der Schule wurde er unter humanistisch-lutherischen Grundsätzen unterrichtet und erhielt eine der bestmöglichen Ausbildungen der damaligen Zeit. Im Alter von einundzwanzig Jahren ging Gerhardt an die Wittenberger Universität, um dort zunächst das Grundstudium der artes liberales (Grammatik, Rhetorik, Dialektik, Arithmetik, Geometrie, Musik und Astronomie) zu absolvieren und sich danach der Theologie zu widmen. Die Universität Wittenberg war seinerzeit eine Hochburg lutherischer Orthodoxie. Über sein Studium ist wenig bekannt; aber dort erwarb und gewann er die theologischen Positionen, von denen er sein Leben lang nicht abweichen sollte. Poetisch wurde er in dieser Zeit von August Buchner (1591–1661) geprägt, dem Professor der Beredsamkeit, der zu den renommiertesten Lyrikern im deutschsprachigen Raum gehörte. Insgesamt blieb Gerhardt fünfzehn Jahre in Wittenberg, in denen er neben seinem Studium als Hauslehrer arbeitete, bevor er 1643 nach Berlin zog, um auch dort zunächst als Lehrer in einer wohlhabenden Juristenfamilie tätig zu sein. Vermutlich begann er in dieser Zeit seine ersten Lieder zu schreiben, in denen er vornehmlich die Erlebnisse des Dreißigjährigen Krieges theologisch verarbeitete. 1651 wurde er im Alter von 44 Jahren Probst in Mittenwalde; ab 1657 bekleidete Paul Gerhardt für zehn Jahre sein wohl bekanntestes Amt: Er wurde Pfarrer an der Berliner Nikolaikirche. Dort arbeitete er ziemlich mit großer Liebe für die lutherische Lehre und Kirche für seine Gemeinde. Doch seine Tätigkeit war nach wenigen Jahren überschattet von einer Auseinandersetzung mit dem Kurfürsten. Die Herrscherfamilie gehörte dem reformierten Glauben an, während die Bevölkerung fast vollständig lutherisch war. 1662 berief der Kurfürst daher ein Religionsgespräch ein, für das Gerhardt Schriftsätze zur Verteidigung des lutherischen Bekenntnisses verfasste. Da er sich zudem weigerte, das Brandenburgische Toleranzedikt zu unterschreiben, das die Geltung der evangelisch-lutherischen Bekenntnisschriften einschränkte, wurde Gerhardt 1666 seines Amtes enthoben.

Am 29. Oktober 1668 erhielt Paul Gerhardt nach einer begeisternden Gastpredigt den Ruf als Archidiakon nach Lübben (im Spreewald) an die dortige Nikolaikirche. Hier lebte und wirkte er in bescheidenen Verhältnissen bis zu seinem Tod am 27. Mai 1676 im Alter von 70 Jahren. Er wurde im Chorraum seiner letzten Wirkungsstätte beigesetzt, die seit 1930 den Namen Paul-Gerhardt-Kirche trägt.

Die Entstehungsdaten vieler seiner Lieder lassen sich kaum bestimmen; durch die Erstveröffentlichungen ist nur der Zeitpunkt bekannt, vor dem sie entstanden. Thematisch schrieb Gerhardt sowohl für besondere christliche Festtage, aber auch für Jahreszeiten und Situationen, in denen der christliche Glaube vor Herausforderungen gestellt wird, dichtete er passende Zeilen. Das fühlende, emotionale lyrische Ich, das sich in Fröhlichkeit und Traurigkeit an Gott wendet, ist ein Merkmal seiner Poesie. Bemerkenswert ist Gerhardts Fähigkeit, in seinen Liedern die direkte Ansprache an Herz und Seele der Christinnen und Christen zu richten, ohne dabei zu tief in mystische Gefilde einzutauchen, sondern stets der lutherischen Theologie treu zu bleiben.

Zwei Männer waren am Erfolg von Gerhardts Liedern unmittelbar beteiligt: Johann Crüger (1598–1662) und Johann Georg Ebeling (1637–1676).

Johann Crüger war seit seiner Kindheit musikalisch interessiert, unternahm in seiner Jugend lange Bildungsreisen durch Europa und lernte dort verschiedene Musikstile und Instrumente kennen. Nach einem kurzen Studium in Wittenberg wurde er 1622 – mit gerade einmal 24 Jahren – als Kantor an die Berliner Nikolaikirche berufen. Als Crüger – vermutlich um 1645 – Paul Gerhardt und dessen Dichtungen kennenlernte, erkannte er sogleich das große Potenzial der Texte. Er sorgte dafür, dass die Verse mit passenden und eingängigen Melodien versehen wurden und veröffentlichte 1647 im Gesangbuch *Praxis Pietatis Melica* zum ersten Mal 18 Lieder Gerhardts. Zu diesen ersten bekannten Liedern zählen u. a. die noch heute nach Crügers Melodien gesungenen Stücke »Auf, auf, mein Herz mit Freuden« (EG 112) und »Nun danket all und bringet Ehr« (EG 322).

Mit jeder Auflage des Erfolgsgesangbuchs wuchs die Anzahl von Gerhardt-Liedern: In der fünften Auflage 1653 waren es bereits 82. Crüger war Entdecker, Editor und Melodist Paul Gerhardts und ist in seiner Rolle für die Gesangbuchgeschichte kaum zu unterschätzen.

Als Crüger 1662 starb, wurde Johann Georg Ebeling sein direkter Nachfolger als Kantor an der Berliner Nikolaikirche. Ebeling wurde in Lüneburg geboren und war als Sohn eines Buchdruckers früh mit der zeitgenössischen Musikkultur und Erbauungsliteratur in Berührung gekommen. Nach einem Studium in Helmstedt und einer Mitgliedschaft im »Collegium Musicum« in Hamburg kam Ebeling 1662 nach Berlin und bekleidete dort das kirchenmusikalisch angesehenste Amt in Kurbrandenburg. Er setzte nicht nur die alltägliche Arbeit an der St. Nikolaikirche in Crügers Sinne fort, sondern auch die Zusammenarbeit mit Paul Gerhardt. 1666/67 gab Ebeling die erste Gesamtausgabe der Lieder Gerhardts heraus: *PAULI GERHARDI Geistliche Andachten*. Zunächst erschienen die 120 Stücke in zehn einzelnen Heften, im folgenden Jahr fasste er die Hefte in einem Band zusammen.[1] Seit 1671 trägt die Sammlung den schönen Namen *Evangelischer Lust-Garten Hn. Pauli Gerhards*.[2] Dass Paul Gerhardt selbst kein Vorwort zu dieser Ausgabe verfasste, zeugt wohl weniger von Desinteresse als eher von evangelischer Bescheidenheit und dem Wunsch, die Lieder und ihre Texte in den Mittelpunkt zu stellen.

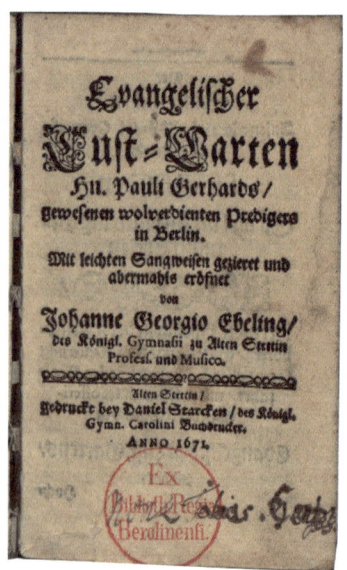

Evangelischer Lust-Garten, Berlin 1671 (VD 17 1:040694S)

Alle Lieder versah Ebeling mit (meist mehrstimmigen) Notensätzen, von denen etwa 110 nach seinen eigenen Melodien gesetzt sind. Mit seinen sorgfältigen Editionen wurde Ebelings Ausgabe die Grundlage zahlreicher Gerhardt-Ausgaben in den kommenden Jahrhunderten. Seine Melodien hingegen hatten es schwer, sich gegen die bekannten Crüger'schen durchzusetzen. Durch seine Vorliebe für Taktwechsel innerhalb eines Liedes und die Nähe zur Arie waren Ebelings Sätze für den Gemeindegesang nur bedingt geeignet und konnten daher bis auf einige Ausnahmen keine breite Rezeption entfalten. Aber noch immer werden Gerhardts Lieder »Du meine Seele, singe« (EG 302), »Warum sollt ich mich denn grämen?« (EG 370) und »Die güldne Sonne« (EG 449) nach seinen Melodien gesungen.

In kürzester Zeit verbreiteten sich Gerhardts Lieder im gesamten deutschsprachigen Raum. Teilweise noch vor Erscheinen der Gesamtausgabe sind seine Texte in zahlreichen Gesangbüchern in großer Anzahl zu finden. Im Jahr 1659 befinden sich im Hannoverischen Gesangbuch[3] bereits 31 von Gerhardts Liedern; im Rostocker Gesangbuch *Seelen-Music* sind es im gleichen Jahr sogar bereits 53.[4] Im Stralsunder *Geistreichen Gesang-Buch* sind 1665 ebenfalls schon viele verschiedene Lieder Gerhardts abgedruckt, z. B. »Auf, auf mein Herz mit Freuden«, »Befiehl du deine Wege« und »Du meine Seele singe«. Doch nicht nur im Norden, sondern auch im Südwesten kamen Gerhardts Verse bei den Gläubigen gut an: Das *Große Cantional oder Kirchen-Gesangbuch*[5], das 1687 in Darmstadt erschien, enthielt 36 Lieder Paul Gerhardts – bei insgesamt 400 Liedern immerhin ein Anteil von 9 %. In vielen Gesangbüchern wuchs die Zahl mit jeder weiteren Auflage an: So waren in der ersten Ausgabe des *Geistlichen Kleinod* (1683)[6] des badischen Pfarrers Johann Jeremias Gmelin (1613–1698) 17 Lieder von Paul Gerhardt zu finden; in der sechsten (und letzten Auflage) 1744 sogar 40.

Bis ins zweite Drittel des 18. Jahrhunderts hinein erfreuten sich Paul Gerhardts Gesänge großer Beliebtheit und waren in nahezu allen deutschsprachigen Gesangbüchern zu finden. Erst im Zuge der rationalistischen Überarbeitung wurde ein Großteil seiner Lieder aus den Gesangbüchern entfernt oder stark umgedichtet. Erst im Lauf des 19. Jahrhunderts wurden die originalen Texte wieder entdeckt und erfuhren eine große Renaissance.

Vor allem Gerhardts »Geh' aus, mein Herz« (EG 503) hat es in das kollektive Bewusstsein der deutschsprachigen Kultur geschafft und ist bis in die Gegenwart auch zahlreichen Menschen bekannt, die keinen Bezug mehr zur christlichen Kirche haben. 2021 wurde es bei einer Umfrage der EKD von mehr als 10.000 Teilnehmenden auf Platz zwei der »persönlichen Lieblings-Kirchenlieder fürs Evangelische Gesangbuch« gewählt.

XI Barocke Lebenslust und Memento mori

Der Begriff »Barock« ist in der Geschichtsschreibung sowohl hinsichtlich seiner Datierung als auch seiner inhaltlichen Füllung nach wie vor umstritten, in der Kunst- und Literaturgeschichte – und damit auch in der (Lied-)Dichtkunst – hingegen fest etabliert. Man assoziiert in der Kunst und Architektur »barock« zumeist mit pummeligen Putten, reicher Kirchenausstattung mit goldenen Verzierungen, in der Literatur womöglich mit kunstvollen Sonetten, die vor allem den Tod und die Vergänglichkeit des Menschen und der Welt thematisieren. Beides, sowohl die lustvoll spielenden Engel als auch die beständige Gegenwart des Todes, fand Einzug in die damalige Kirchenlieddichtung.

Mit seinem Buch »Von der teutschen Poeterey« legte Martin Opitz (1597–1639) im Jahr 1624 sowohl den Grundstein als auch das Gerüst für die deutschsprachige Dichtung und Prosa im 17. Jahrhundert. Neben der Aufwertung bestimmter Gedichtformen wie des Sonetts und Versformen wie des Alexandriners schuf er Regeln dafür, wie ein gutes Gedicht bestellt sein sollte: keine unreinen Reime, keine Fremdwörter, die natürliche Betonung von Worten sollte auch in den Versen beibehalten, und es sollten keine Verkürzungen oder Zusammenziehungen zugunsten des Versmaßes durchgeführt werden.

Auf Basis dieser neuen Regeln bearbeiteten einige Dichter ihre eigenen Verse –, und viele Gesangbuchherausgeber verbesserten altbekannte Lieder. Die Trennung zwischen Volkslied und geistlichem Lied existierte noch nicht, und so fanden sich in beiden Gattungen die gleichen neuen Sprachformen, Rhythmen und Bilder. Thematisch oszilliert die Barocklyrik zwischen dem ängstlichen Bewusstsein der eigenen Endlichkeit und einer Lebensfreude, die dem Angesicht des Todes trotzt, verbunden mit einem Gottvertrauen, das diesen Gott in sich ruhend über allem stehen sieht und dem sich der Mensch in seiner ganzen Existenz ergeben muss und kann.

Einer der prominentesten Vertreter des lyrischen Barock ist Andreas Gryphius (1616–1664), der inmitten der Wirren des Dreißigjährigen Krieges die schönsten und formreinsten Gedichte schrieb. Als Sohn eines lutherischen Pfarrers wurde er in der kleinen Stadt Glogau in Schlesien geboren und bereits als Jugendlicher Vollwaise. Tod, Pest und Vertreibung prägten das Leben des jungen Gryphius, der schließlich, trotz aller Widrigkeiten, 1634 in Danzig am Akademischen Gymnasium studierte. Bereits in dieser Zeit veröffentliche er erste lateinische Gedichte und erwarb sich nach und nach den Ruf eines Universalgelehrten. 1639 kam in Leiden eine Sammlung seiner Sonn- und Feiertagssonette heraus, die er in vorbildlicher Weise nach den Opitz'schen Regeln geschrieben hatte.[1] Seit den 1640er Jahren erschienen neben verschiedenen Trauer- und Lustspielen viele weitere poetische Sammlungen. Gryphius' eindrucksvolle Verse stehen wie wenige andere für die Lyrik im Angesicht des Leidens in den Zeiten des Dreißigjährigen Krieges. Mit dem bezeichnenden Titel »Vanitas! Vanitatum Vanitas« (»Nichtigkeit! Nichtigkeit der Nichtigkeiten«, angelehnt an Prediger 1,2) erschien 1643 in »ANDREA GRYPHII. ODEN. Das erste Buch«[2] das Gedicht

»[1.] Die Herrlichkeit auf Erden / muss Rauch und Asche werden, / kein Fels, kein Erz kann stehn. / Dies, was uns kann ergötzen, / was wir für ewig schätzen, / wird als ein leichter Traum vergehn.«

Die Schrecken der Welt werden nicht beschönigt, sondern eindrücklich geschildert. Die Menschen müssen großes Leid auf Erden erdulden, und im Tod sind alle gleich – kein Reichtum und keine Mühe kann davor schützen. Einzig die Aussicht auf ein Leben nach dem Tod kann Stärke und Trost in Aussicht stellen.

Mit der Melodie »O Welt, ich muss dich lassen« steht das Gedicht noch heute – in von 15 auf zehn Strophen gekürzter Form – im *Evangelischen Gesangbuch* (EG 527). Zusammen mit »Ach wie flüchtig, ach wie nichtig« (EG 528) des Dichters und Musiklehrers Michael Franck (1609–1667) und Paul Gerhardts »Ich bin ein Gast auf Erden« (EG 529) bildet es den lutherischen Barock ab, in dem die Theologie Luthers unter dem barocken Dichtungsideal ihren ästhetischen Höhepunkt erreichte.

Im Zusammenhang mit dem neugewonnenen poetisch-ästhetischen Anspruch an geistliche Lieder rückte auch die Frage nach der Autorschaft in den Vordergrund. Wurden zuvor in der Regel nur Luthers Lieder mit dem Namen ihres Verfassers genannt, wird seit der Mitte des 17. Jahrhunderts ein gesteigertes Interesse an der Urheberschaft geistlicher Texte erkennbar.

Ein Gesangbuch, das vor allem in Mecklenburg entscheidend zur Etablierung neuer Dichter und zur Verbreitung neuer Lieder nach dem Opitz'schen Ideal beigetragen hat, ist die *Geistliche SeelenMusik*[3] (1659) des Rostocker Theologieprofessors und Pfarrers Heinrich Müller (1631–1675). Das Buch enthält rund 400 Lieder, von denen etwa zwei Drittel von zeitgenössischen Dichterinnen und Dichtern stammen.

Aus der Vorrede geht hervor, dass Müller zur Anordnung und teilweise auch zur Auswahl der Lieder von dem Nürnbergischen Gesangbuch (1599)[4] inspiriert wurde. Die dort vorhandenen Gesänge habe er jedoch nach eigenem Ermessen verbessert und mit neuen Stücken angereichert:

> »Darnach habe ich hinzu gethan viele bewegliche Gesänge aus Johan Heermanns / Schlesischen Pfarherrns Gesangbuch. Weil auch bey den newen Scribenten / als Herrn Johann Risten / S. Betulia / D. Wulffern / J. Angelo / S. Dach / J. Crüger etc. Viele schöne / geistreiche Gesänge gefunden werden / hab ich aus denselben die anmuthigste [!] heraus gezogen […] Endlich seyn auch etliche hinzu-

gekommen / so vor diesem von keinem in Druck gegeben / und aus eigner Andacht geflossen.«[5]

In der *Geistlichen SeelenMusik* sind auffallend früh viele Lieder Paul Gerhardts zu finden: 53 an der Zahl – und damit nur 32 weniger als in der Berliner *Praxis Pietatis Melica* von 1656. Auch die drei großen »Johanns« der Lieddichtung des 17. Jahrhunderts: Johann Heermann (25 Lieder), Johann Franck (22) und Johann Rist (56) sind mit vielen Liedern vertreten. Dazu dichtete Müller zehn eigene Lieder, die in einem gesonderten Teil »Himlische Liebes-Flamme / angezůndet von HENRICO Müllern« vor dem eigentlichen Anfang des Gesangbuchs abgedruckt sind.

Unter den meisten der Lieder findet sich die Angabe des Urhebers oder der Urheberin, meist abgekürzt durch die Initialen, die in einem Register am Ende des Buches aufgelöst werden. Diese Praxis trug erheblich zur Popularität der neuen Dichter und Dichterinnen, in diesem Fall vor allem der Kurfürstin Louise Henriette von Brandenburg (1627–1667), bei. Daneben begeisterte die *Geistliche SeelenMusik* durch die zahlreichen den Liedern beigefügten Melodien – was in den Gesangbüchern der Zeit so nicht üblich war. Rund 125 Lieder wurden mit Noten im Generalbass versehen und ermöglichten eine unmittelbare musikalische Ausführung. Die Melodien übernahm Müller zum Teil aus anderen Gesangbüchern (z. B. der *Praxis Pietatis Melica*); teilweise wurden sie auch von Nicolaus Hasse (vermutl. 1600–1670), dem Kantor der Rostocker Kirche St. Marien, neu komponiert.

Seinen besonderen Charakter erhält das Gesangbuch dadurch, dass Müller den Liedern insgesamt zehn theoretische Texte (»Betrachtungen«) voranstellt: »Von dem Uhrsprung geistlicher Lieder«, »Von der Materia der geistlichen Lieder«, »Von der Abtheilung der geistlichen Lieder«, »Von den Zugehörigen Stükken der geistlichen Lieder«, »Von dem Nutzen der geistlichen Lieder«, »Von den Geistlichen Sing-Stunden«, »Von dem Geistlichen Singe-Platz«, »Von der Vorbereitung des Hertzens zum singen«, »Von der weise im inwendigen Menschen zu singen« und »Von der Weise nach dem auswendigen Menschen zu singen«. Müller bietet auf rund 200 Seiten eine kurze Geschichte der Kirchenlieder und ihrer Entwicklung bis in die jüngste Zeit, angereichert mit zahlreichen Bibelversen und eigenen Beobachtungen.

Aus den Betrachtungen kann man einen Eindruck gewinnen, wie übel es seinerzeit um den Gemeindegesang in den Kirchen bestellt gewesen sein soll:

> »Aber es ist / leyder! heute mit der Kirchen-Andacht so ein jämmerlich zerissen Ding / das man Blut darüber weinen möchte. Die meisten gehen zur Kirchen / nicht daß sie in heiliger / hertzlicher Andacht mit Singen und Beten für Gott treten; den[n] sie erscheinen nicht / ehe der Prediger auff die Kanzel trit / behalten also / wie sie hatten / ein kaltes und zerstreutes Hertz: daß sie zur Kirchen kommen / geschicht nur aus Gewonheit / oder daß sie mit ihren bunten Kleidern prangen.«[6]

Müllers Wunsch war es, dass die Christinnen und Christen wieder erkennen sollten, welch herzerwärmende Rolle der Gesang in ihrer Glaubensausübung und Frömmigkeit spielt:

> »So gehe nu in dein Hertz / lieber Christ / wann du singen und beten wilst: da findestu den rechten Singmeister / den Heil. Geist. [...] Gott wohnet in deinem Hertzen / sol Gott deinen Gesang hören / so kehre in dich / und singe ihm in deinem eignem Hertzen. Fürwahr es ist vergebens / daß du viele Worte machest im Singen / wann kein Hertz dabey ist / daß ist doch nur ein Krafftlooses brüllen.«[7]

Zwei Frankfurter Drucke der *Geistlichen SeelenMusik*[8] aus den Jahren 1668 und 1684 beweisen das anhaltende große Interesse an der neuen Liedauswahl Müllers – sein Buch wurde also auch außerhalb Mecklenburgs von sangesfreudigen Christenmenschen genutzt.

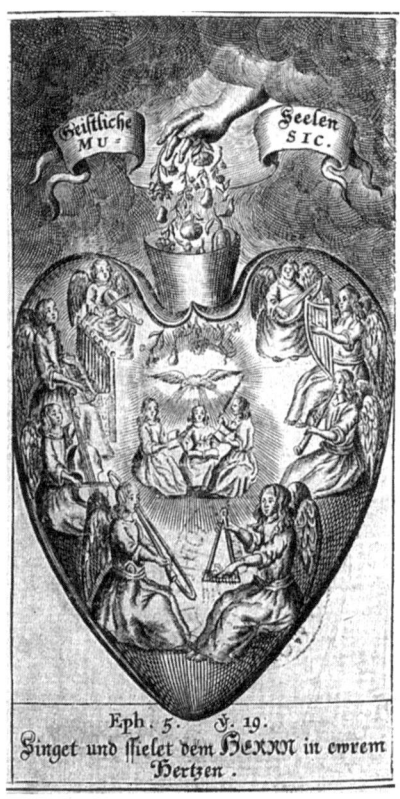

Geistliche Seelen Music, Rostock 1659 (VD17 547:627211G)

Als Musterstück der lutherischen Ars Moriendi im 17. Jahrhundert gilt das Lied »Wer weiß, wie nahe mir mein Ende« (EG 530). Sein Text erschien erstmals öffentlich 1695 im »Kirchen-Echo«[9] des lutherischen Pfarrers Johann Heinrich Hävecker (1640–1722); ein Autograph des Liedes weist den 17. September 1686 als Entstehungsdatum auf. Die Autorschaft war zunächst umstritten – seit dem 19. Jahrhundert ist jedoch sicher, dass es von der Reichsgräfin Ämilie Juliane von Schwarzburg-Rudolstadt (1637–1706) geschrieben wurde. Die trug es handschriftlich auf die letzte Seite ihres Gesangbuches *Die Stimme der Freundin* (Rudolstadt 1687)[10] ein, das ihre enge Vertraute Ludaemilia Elisabeth von Schwarzburg-Rudolstadt (1640–1672) ausdrücklich für Christinnen zur Stärkung ihres Glaubens hatte drucken lassen.

Gräfin Ämilie Juliane musste früh lernen, dass der Tod allgegenwärtig ist. Bereits mit fünf Jahren war sie Vollwaise und verlor kurz darauf auch ihren Pflegevater und ihren Bruder, später ein Kind und mehrere Pflegeschwestern. Einzig ihr Ehemann, Graf Albert Anton (1641–1710) überlebte sie um wenige Jahre. Durch diese Schicksalsschläge entwickelte sie eine bemerkenswerte (Sterbe-)Frömmigkeit, die sich in vielen Gedichten und Liedern ausdrückte – wie in »Wer weiß, wie nahe mir mein Ende«.

Die Melodie, nach der das Lied gegenwärtig gesungen wird, ist eine im Laufe der Jahrhunderte entstandene Kombination zweier verschiedener Melodien. Der erste Strophenteil wird auf eine schlicht strukturierte Tonfolge gesungen, die ihren Ursprung im 17. Jahrhundert hat; der zweite Teil stammt aus dem 18. Jahrhundert und ist deutlich kunstvoller gestaltet. Erstmals belegt in ihrer Gesamtform ist die Melodie 1805 im Elberfelder Gesangbuch *Christliche Gesänge zur Beförderung eines frommen Sinnes und Wandels*; es ist jedoch anzunehmen, dass es eine ältere Quelle geben muss. Das Lied ist ein bemerkenswertes Beispiel dafür, welch lange Wege nicht nur die Texte, sondern auch die Melodien durch die zahlreichen Gesangbücher der Jahrhunderte zurückgelegt haben, um zu ihrer heute bekannten Form zu finden.

*

Ein ebenso gutes Exempel für die Dialektik von Lebensfreude und Endzeitbewusstsein im Spiegel lutherischer Theologie ist das Lied »Valet will ich dir geben« (EG 523). Autor ist der Dichtertheologe Valerius Herberger (1562–1627). Er schrieb das Lied als Pfarrer in Fraustadt (Schlesien), als die Stadt von einer verheerenden Pestwel-

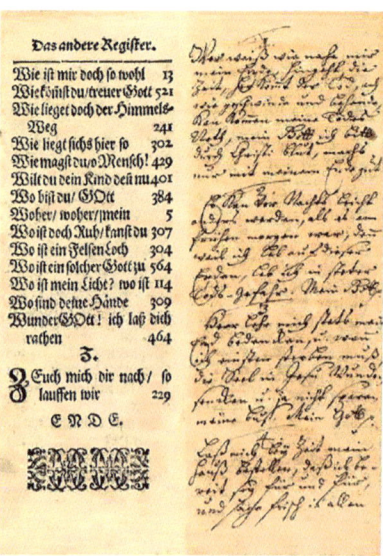

Handschriftl. Eintrag von Ämilie Juliane von Schwarzburg-Rudolstadt in:
Die Stimme der Freundin, Rudolstadt 1687 (VD17 39:146955T)

le heimgesucht wurde. Veröffentlicht wurde »Valet will ich dir geben« erstmals am Schluss des dritten Teils der *Geistlichen Trawrbinden* (Leipzig 1614), einer Sammlung von Leichenpredigten und Gebeten.[11] Herberger traf mit seinen Texten augenscheinlich Herz und Sinn der Menschen, denn alsbald war er als »Pestpfarrer von Fraustadt« bekannt und geschätzt. Die Melodie zu »Valet will ich dir geben« komponierte im selben Jahr der Theologe und Kirchenmusiker Melchior Teschner (1584–1635), Kantor an der »Kripplein Christi«-Kirche in Fraustadt –, und bis heute wird das Lied nach dieser ursprünglichen Melodie gesungen. Seine Verse spendeten unzähligen Gläubigen Trost angesichts der allgegenwärtigen Pest und dem ungewissen eigenen Überleben. Nicht zuletzt als Choral in Johann Sebastian Bachs Johannes-Passion (1724) rührten und rühren die bildmächtigen Verse Herbergers christliche Gemüter mit ihrer trotzigen Freude und der Aussicht auf ewigen Trost bei Christus.

XII Ausblick auf das himmlische Jerusalem

Der Ausblick auf den Einzug frommer Christinnen und Christen in das himmlische Jerusalem nach ihrem Tod, der in zahlreichen Liedern des 17. Jahrhunderts ausführlich beschrieben wird, ist ein heute meist befremdlich wirkender Topos. Die poetischen Beschreibungen der kommenden Stadt gehen vor allem auf die Schilderungen in der Offenbarung des Johannes zurück. In dem apokalyptischen Buch wird das neue Jerusalem, das nach dem Untergang Babels, dem Tausendjährigen Reich, dem letzten Kampf gegen Satan und dem Weltgericht auf die Erde kommt, beschrieben: »Und ich sah einen neuen Himmel und eine neue Erde; denn der erste Himmel und die erste Erde sind vergangen, und das Meer ist nicht mehr. Und ich sah die heilige Stadt, das neue Jerusalem, von Gott aus dem Himmel herabkommen, bereitet wie eine geschmückte Braut für ihren Mann« (Offenbarung 21,1f.).

Ausführlich werden sowohl die Maße als auch die Ausstattung der kommenden Stadt beschrieben; Edelsteine, Gold und Perlen bestimmen das Bild und lassen prachtvolle Bilder vor dem inneren Auge der Gläubigen entstehen: »Und die zwölf Tore waren aus einer einzigen Perle, ein jedes Tor war aus einer einzigen Perle, und der Marktplatz der Stadt war aus reinem Gold wie durchscheinendes Glas« (Offenbarung 21,21). Die zukünftige Stadt werde, im Unterschied zu dem historischen Jerusalem, keinen Tempel haben, sondern Gott selbst werde der Tempel sein: »der Herr, der allmächtige Gott, ist ihr Tempel, er und das Lamm.« (Offenbarung 21,22)

Eng mit dem Motiv des himmlischen Jerusalem verbunden ist die Brautmetaphorik, nach der die Stadt als »Braut des Lammes«, also Christus, bezeichnet wird (Offenbarung 21,9). Dieser Metapher liegt die Vorstellung einer dauerhaften Vereinigung von Christus und den Gläubigen am Jüngsten Tag zugrunde.

Die ausdrucksstarken Darstellungen einer künftigen Stadt, in der fromme Gläubige ein ewiges Zuhause finden und für immer mit Christus vereint sein werden, haben die Menschen der frühen Neuzeit fasziniert und zahlreiche Dichterinnen und Dichter zu sehnsuchtsvollen Versen inspiriert. Gerade der explizite Verweis auf Christus fügt sich in die zentrale Stellung, die Christus in den Trost- und Sterbeliedern der damaligen Zeit zugeschrieben wurde.

Insbesondere von pietistisch geprägten Dichtern und Theologen wurde das himmlische Jerusalem und die damit verknüpfte Vorstellung von Braut und Bräutigam aufgenommen und in poetischer Form rezipiert. So griff der Pietist Gottfried Arnold (1666–1714) das Motiv in gleich mehreren Texten seiner Sammlung »Göttliche Liebes-Funken« (1697) auf. In zahlreichen Gesangbüchern des 17. und 18. Jahrhunderts ist – mit verschiedenen Melodieangaben – sein Lied »Wie schön ist unsers Königs Braut«, das ursprünglich den Titel »Das himmlische Jerusalem« trug, zu finden.

Großer Beliebtheit erfreute sich seinerzeit auch das Lied »O Gottes Stadt, o güldnes Licht« (1652) des Wedeler Dichterpfarrers Johann Rist (1607–1667), das in einer früheren Version noch »O Gottes Stadt, o himmlisch Liecht« hieß. Es wurde erstmals 1642 im dritten Band von Rists Sammlung »Himmlischer Lieder« veröffentlicht und verband eindrucksvoll die Sehnsucht nach der kommenden Stadt mit dem – durchaus erotisch konnotierten – Brautmotiv.

In Rists »Himmlischen Liedern« wurde auch »Brich an, du schönes Morgenlicht« (EG 33) zum ersten Mal gedruckt, eine Strophe, die als Choral in Bachs Weihnachtsoratorium Berühmtheit erlangte. Das Lied »Ermuntre dich, mein schwacher Geist« mit einer Melodie von Johann Schop (um 1590–1667) bestand ursprünglich aus zwölf Strophen und trug den Titel »Lob-Gesang. Von der frewdenreichen Geburt und Menschwerdung vnsers HErrn und Heylandes JEsu Christi«.

Noch immer im *Evangelischen Gesangbuch* steht das Lied »Jerusalem, du hochgebaute Stadt« (EG 150) des sächsischen Gymnasialrektors und späteren Theologieprofessors Johann Matthäus Meyfart

(1590–1642). Es wurde 1626 inmitten der Wirren und Gräueltaten des Dreißigjährigen Krieges geschrieben und zeugt eindrucksvoll von den Wünschen und dem lebendigen Glauben damaliger Christinnen und Christen an eine Zukunft ohne Leid und Tod.

Die Aussicht auf eine schmerzfreie und glückliche Existenz in einer gottgeschaffenen himmlischen und prächtigen Stadt nach all dem Leid und der beständigen Allgegenwart des Todes im irdischen Leben wurde für die Menschen im 17. Jahrhundert zu einem gedanklichen Zufluchtsort, der sich in Meyfarts Versen widerspiegelt:

»[3.] O Ehrenburg, / nun sei gegrüßet mir, / tu auf der Gnaden Pfort! / Wie große Zeit / hat mich verlangt nach dir, / eh ich bin kommen fort / aus jenem bösen Leben, / aus jener Nichtigkeit / und Gott hat mir gegeben / das Erb der Ewigkeit.«

Ursprünglich wurde das Lied 1626 als Anhang einer Predigt Meyfarts veröffentlicht[1]; 1663 war es erstmals in einem Gesangbuch zu finden. Das *Christlich vermehrt und gebessertes Gesangbuch*[2], herausgegeben von dem Erfurter Theologen Nicolaus Stenger (1609–1680) und in dessen Heimatstadt gedruckt, bietet es unter dem Titel »Ein Lied vom Himmelischen Jerusalem«, mit acht Strophen. Es steht als eines der letzten Lieder im letzten Abschnitt »Vom Jüngsten Tage und ewigen Leben« – noch ohne Noten oder Angabe einer Melodie. Rund drei Jahrzehnte später, im 1698 erschienenen *Geistreichen Gesangbuch*[3] tauchte das Lied erstmals mit Noten auf. Hier ist es indes nicht bei den Liedern zum Jüngsten Tag, sondern unter den »Bitt-Gesänge[n]. Umb Befreyung von Sünden« zu finden.

Die Melodie des Liedes geht vermutlich auf eine Vorlage des Kantors Melchior Franck (1580–1639) in Coburg zurück, wo auch Meyfart lebte und wirkte; sie wurde jedoch im Laufe der Jahrhunderte immer wieder verändert, bis sie ihre endgültige Form erhielt. »Jerusalem, du hochgebaute Stadt« war zunächst vor allem regional verbreitet und geriet im 18. Jahrhundert im Zuge der damaligen Gesangbuchbearbeitungen nahezu in Vergessenheit. Erst im 19. Jahrhundert wurde das Lied wiederentdeckt und in zahlreiche Gesangbücher aufgenommen.

Auch das an der Schwelle zum 17. Jahrhundert entstandene Lied »Wachet auf, ruft uns die Stimme« (EG 147.535) von Philipp Nicolai (1556–1608) thematisiert die Aussicht auf das himmlische Jerusalem auf Grundlage der Johannesoffenbarung; insbesondere die dritte Strophe greift die bekannten Bilder auf:

> »Gloria sei dir gesungen / mit Menschen. und mit Engelzungen / mit Harfen und mit Zimbeln schön. / Von zwölf Perlen sind die Tore / an deiner Stadt; wir stehn im Chore / der Engel hoch um deinen Thron. / Kein Aug hat je gespürt, / kein Ohr hat mehr gehört / solche Freude. / Des jauchzen wir und singen dir / das Halleluja für und für.«

Das himmlische Jerusalem war, vor allem in pietistischen Gesangbüchern, noch eine Zeit lang sehr präsent, doch brach das Interesse um die Mitte des 18. Jahrhunderts allmählich ab. Gut ersichtlich ist dies im »Geistlichen Würz- Kräuter- und Blumengarten«, dem Versuch des radikalen Pietisten Christoph Schütz (1689–1750), alle bis dahin bekannten geistlichen Lieder konfessionsübergreifend zu sammeln und zu kategorisieren.[4] Von seinem ambitionierten Vorhaben, 30.000 Gesänge in insgesamt 30 Bänden zu veröffentlichen, sind immerhin die ersten fünf Bände erschienen und geben einen guten Überblick über das Liedgut und die verschiedenen Themen.

Auch in den neueren Gesangbüchern taucht die Kategorie des himmlischen Jerusalem nicht mehr auf; das Motiv lebt lediglich in einzelnen Liedern weiter. Grund dafür mag sein, dass die detaillierten Schilderungen einer Stadt, die sinnbildlich für das Leben nach der Endzeit steht, auf heutige Gläubige fremd oder gar befremdlich wirken – damals jedoch spendete der Ausblick auf das prachtvolle himmlische Jerusalem in aussichtslos erscheinenden Zeiten Trost und Hoffnung.

18. Jahrhundert

Pietistische und aufgeklärte
Frömmigkeit

Neuvermehrtes und Verbessertes Gesang-Buch, Eisleben 1724 (VD18 10923349)

XIII Praxis Pietatis Melica

Viele Entwicklungen im Bereich der evangelischen Gesangbücher, die im 17. Jahrhundert begonnen hatten, wurden im folgenden Jahrhundert fortgesetzt, weiter ausgebaut, »gebessert« und teilweise auf die Spitze getrieben. Die Liedersammlungen wurden noch umfangreicher, die regionale Verbreitung noch kleinteiliger, altbekannte Lieder wurden noch stärker umgedichtet und einzelne Gesangbücher waren noch länger im Gebrauch.

Neben dem anhaltenden Einfluss der lutherischen Orthodoxie waren zwei theologische Strömungen für das 18. Jahrhundert besonders prägend: der Pietismus und die Aufklärung. Beide Richtungen haben große Namen der Christentumsgeschichte hervorgebracht und Gesellschaft und Kultur, Theologie und Kirche nachhaltig verändert. Eine Abhängigkeits- und Verhältnisbestimmung sowie die exakte zeitliche Einordnung der verschiedenen Ausrichtungen fällt schwer. Was jedoch mit Sicherheit gesagt werden kann, ist, dass der Pietismus als die wirkungsvollste Frömmigkeitsbewegung nach der Reformation in den letzten 500 Jahren den größten Einfluss auf die Entwicklung der deutschsprachigen Gesangbücher hatte.

1675 veröffentlichte der Theologe Philipp Jacob Spener (1635–1705) in Frankfurt am Main seine Schrift »Pia Desideria«, die schnell zum theologischen Programm des neuaufgekommenen Pietismus wurde und als wichtigste Quelle für das pietistische Denken galt. Der Untertitel »Hertzliches Verlangen nach gottgefälliger Besserung der wahren evangelischen Kirche« macht sein Ansinnen deutlich, das vor allem durch die Stärkung privater Zusammenkünfte sowie durch ein dynamisches Kirchen- und Frömmigkeitsverständnis erreicht werden sollte.

Durch die Einwirkung der pietistischen Glaubensrichtung relativierten sich im Laufe des 18. Jahrhunderts die konfessionellen Grenzen, die im Jahrhundert zuvor noch klar gezogen waren und sich in den Gesangbüchern manifestiert hatten. Volkskirchliche Konventionen und Traditionen wurden zum Teil zugunsten von Privatandachten und an die einzelnen Gläubigen gerichtete Erbauungsliteratur, die sich auch in den Liedersammlungen und -texten der Zeit widerspiegelt, aufgegeben, Gesangbuchtitel wie *Devoti Musica Cordis. Hauß- und Hertz-Musica*[1] (1630) oder *Geistliche Seelenmusik*[2] (1659) zeugen von der besonderen Stellung des Gesangs zur geistlichen Erbauung von Herz und Seele. Neben zahlreichen privaten Liedersammlungen dieser Zeit, die vorrangig in Hauskreisen und Singstunden Verwendung fanden, erschienen auch Gesangbücher speziell für den Gottesdienst, die über die pietistischen Gemeinden hinaus wahrgenommen und verbreitet wurden.

Eines der wirkmächtigsten Gesangbücher mit pietistischen Wurzeln ist die *Praxis Pietatis Melica* (dt. Übung der Frömmigkeit, gesangsweise). Sie hat ihren Ursprung schon Mitte des 17. Jahrhunderts, gehört jedoch auch in den folgenden Jahrhunderten unbestritten zu den wichtigsten und einflussreichsten Liedersammlungen des Protestantismus. Herausgeber war der Berliner Kantor Johann Crüger (1598–1662), der vor allem durch seine Zusammenarbeit mit Paul Gerhardt berühmt geworden und geblieben ist.

Bereits 1640 veröffentlichte er das *Newe vollkömliche Gesangbuch*, das besonders durch seine durchdachte Anlage und die Aufnahme neuer Dichtungen auffiel. Seit seiner zweiten Auflage 1647 trug das Gesangbuch dann den einschlägigen Titel *Praxis Pietatis Melica. Das ist vbung der Gottseligkeit in Christlichen und Trostreichen Gesängen / Herrn D. Martini Lutheri fürnehmlich / und denn auch anderer vornehmer und gelehrter Leute. Ordentlich zusammen gebracht / und Mit vielen schönen außerlesenen newen Gesängen gezieret: Auch zu Befo-*

derung des KirchenGottesdienstes mit beygesetzten Melodien.[3] Die Herkunft des Titels ist nicht eindeutig zu klären; Spener selbst vermutete, der Titel sei von dem weit verbreiteten Erbauungsbuch des puritanischen Pietisten Lewis Bayly (ca. 1573–1631) »The Practice of Pietie« (1613), das 1628 in Basel unter dem Titel »Praxis Pietatis: Das ist / Vbung der Gottseligkeit« erstmals auf deutsch und 1631 auch bei »den Sternen« in Lüneburg erschienen war, inspiriert worden.[4]

Die im Titel angelegte »Übung der Gottseligkeit in Christlichen und Trostreichen Gesängen« war eine Aufgabe, die Crüger nicht nur im Gottesdienst, sondern vielmehr im Privaten und Alltäglichen sah. Statt wie die meisten Gesangbücher seinerzeit beginnt die *Praxis Pietatis Melica* nicht mit Festliedern zum Kirchenjahr – angefangen im Advent, häufig mit Luthers »Nun komm der Heiden Heiland« –, sondern mit der Rubrik »Tägeliche Morgen- Abend- vnd Bußgesänge: Jtem von der Rechtfertigung«. Erst darauf folgen »Ander theil dieses Büchleins. Darinnen zu finden Hohe Fest- und Dancklieder«, »Dritter Theil dieses büchleins: Jn welchem begriffen Die Catechismusgesänge. Jtem vom Worte GOttes und der Christlichen Kirchen«, »Vierter theil dieses Büchleins begreiffend Christliches lebens und wandels Wie auch gemeiner noth lieder«, »Fünfter theil dieses Büchleins Darinnen begriffen Sterbegesänge. Jtem Von Auferstehung der Todten«.[5]

Bis zu Crügers Tod erschienen zehn Ausgaben des Gesangbuchs, die von ihm selbst verantwortet wurden; danach wurden andere Personen mit der Herausgeberschaft betraut. Mit dem Wechsel gingen auch einige Veränderungen einher: Sowohl die Schrift als auch das Format der »PPM« wurden vergrößert, damit sie sich noch besser für den gottesdienstlichen Gebrauch eignete; zuvor war das Büchlein im Duodez-Format (7x16 cm) erschienen. Der neue Herausgeber Christoph Runge (1619–1681) erläuterte die Änderung in der Vorrede:

»In Betrachtung solcher grossen und hohen Gnade / habe ich nunmehro zum Zwölfftenmale dieses Buch / so ich von seinem Auctore erblich erkauffet / hinwiederumb auffzulegen mich unternommen / und zwar in einem sothanen Format / und mit solcher Schrifft / dergleichen vor nie heraus kommen / daß es so ein fügliches Kirchenbuch / oder auch für alte Leute / und bey dem Hauß-Gottesdienste / hätte seyn können.«[6]

Insgesamt erfuhr die *Praxis Pietatis Melica* 45 Auflagen; die letzte erschien 1736, rund 90 Jahre nach der ersten, ebenfalls in Berlin. Unter all den Auflagen ist die 29. aus dem Jahr 1702 besonders hervorzuheben. Philipp Jacob Spener, nunmehr Propst und Konsistorialrat an der Berliner Nikolaikirche, verfasste für diese Ausgabe eine umfangreiche Vorrede. Auf insgesamt 16 Seiten gibt er einen Überblick der Geschichte des geistlichen Gesangs, in dem er vor allem die Wirkung des Singens auf die Herausbildung des Glaubens und die Förderung der Gemeinschaft hervorhebt. Für die neuste Entwicklung des lutherischen Gesangs betont Spener die herausragende Rolle Paul Gerhardts, der es geschafft habe, die sprachästhetischen Ideale mit anregenden Inhalten zu verbinden.

Nebst Gerhardts Liedern überzeugte die *Praxis Pietatis Melica* als Gesangbuch mit der gelungenen Verbindung von Text und Noten, ihrer ansprechenden Erscheinungsform und dem stringenten Aufbau. Es darf auch nicht außer Acht gelassen werden, dass die erste Auflage noch zu Zeiten des Dreißigjährigen Krieges erschienen und die »PPM« somit zuvorderst als Trostbuch für Christinnen und Christen angelegt war. Überschriften wie »In Pestzeiten« oder der umfangreiche »Fünfte theil dieses Büchleins. Darinnen begriffen Sterbegesänge. Item Von der Auferstehung der Todten« sowie die vielen Gesänge Heermanns, Rists und Gerhardts, die in dieser Zeit geschrieben wurden, geben Einblicke in die entbehrungsreiche Lebenswelt, in der das Gesangbuch entstanden war.

Im Laufe der Jahrhunderte änderte sich nicht nur das Format, sondern auch der Liederbestand der »PPM«. Vor allem durch die von Auflage zu Auflage wachsende Zahl der Texte Paul Gerhardts – 1647 sind in der »PPM« 19 Lieder Gerhardts zu finden, 1653 sind es bereits 83 und 1661 in der letzten von Crüger verantworteten Ausgabe 90 Lieder – wird ersichtlich, dass das Gesangbuch ein dynamisches Werk war, das sich seiner Glaubens- und Lebensumwelt anpasste.

Crüger schuf nicht nur eines der langlebigsten und bedeutendsten Gesangbücher der Neuzeit, sondern komponierte auch zahlreiche Melodien, die die Jahrhunderte überdauern sollten. Neben den vielen bekannten Stücken Paul Gerhardts wie »Wie soll ich dich empfangen« (EG 11) werden z. B. auch »Jesu, meine Freude« (EG 396) von Johann Franck oder Michael Francks »Ach wie flüchtig, ach wie nichtig« (EG 528) noch immer nach Crügers Vertonungen gesungen.

Die *Praxis Pietatis Melica* genoss im ausgehenden 17. und zu Beginn des 18. Jahrhunderts nahezu eine Monopolstellung unter den lutherischen Gesangbüchern in Berlin und Kurbrandenburg; doch auch darüber hinaus erfreute sich das Buch zunehmender Beliebtheit, wie verschiedene Nachdrucke u. a. aus Wittenberg[7], Frankfurt am Main[8], Stettin[9] und Gotha[10] zeigen. Eine Besonderheit des Frankfurter Drucks sind die eindrucksvollen Kupferstiche zu Beginn der einzelnen Abschnitte.

*

Abgelöst wurde die »PPM« im Laufe des 18. Jahrhunderts von den *Geistlichen und Lieblichen Liedern*[11]. Dieses Gesangbuch wurde erstmals 1709 von Johann Porst (1668–1728), einem Nachfolger Philipp Jacob Speners als Propst an der Berliner Nikolaikirche, herausgegeben. Spätestens seit Porst 1713 für die zweite Auflage der *Geistlichen und Lieblichen Lieder* eine pathetische Vorrede verfasste, wurde das Gesangbuch im Volksmund nur noch als »der Porst« oder »das Porst'sche Gesangbuch« bezeichnet. Porst beschrieb darin eindrücklich die nicht zu unterschätzende und bleibende Bedeutung des Gesangs für die Glaubenspraxis und das eigene Wohlbefinden.

Johann Crügers Neu zugerichtete Praxis Pietatis Melica, Franckfurt am Mayn 1674 (VD17 12:120312D)

Das Gesangbuch war ebenfalls pietistisch geprägt, ließ jedoch auch Elemente der lutherischen Orthodoxie zu und genoss alsbald hohes Ansehen in der evangelischen Bevölkerung. Anders als in seinem Vorgänger wurden im »Porst« die Texte jedoch ohne Noten, sondern nur mit dem vorausgehenden Verweis auf die zu singende Melodie wiedergegeben. Am Ende der zweiten Auflage zählt ein Register 62 verschiedene Melodien auf, nach denen die insgesamt 910 Lieder gesungen werden können. Es fällt auf, dass – wie im 18. Jahrhundert häufig zu beobachten – einige Melodien besonders häufig vertreten waren. So wurden 74 verschiedene Lieder auf die Melodie von »O Jesu Christ, du höchstes Gut« und 33 Lieder nach »Wer nur den lieben Gott lässt walten« gesungen.

Die Rubriken lassen erkennen, dass »der Porst« – anders als die »PPM« oder das »Freylinghausen'sche Gesangbuch« (Halle 1704) –

seinen Gebrauchsort nicht im Privaten, sondern vornehmlich im evangelisch-lutherischen Gottesdienst sah. Er beginnt mit Liedern »Vom Uhrheber [!] unsers Heyls. Von GOtt und der Heiligen Dreyeinigkeit«, das erste Lied ist »Allein GOTT in der Höh' sey Ehr«. Der explizite Verweis auf Luther, Heermann und Gerhardt auf dem Titelblatt sowie die ausführliche Zitation Luthers in der Vorrede sind Anzeichen der konfessionellen Identität des »Porst'schen Gesangbuchs«.

Im Laufe des 19. Jahrhunderts erfuhr »der Porst« einige Änderungen in der Konzeption, die vom Berliner Konsistorium verantwortet wurde. Bei der Neuauflage wurden auch praktische Hinweise zur Anwendung im Gottesdienst gegeben. Damit keine Verwirrung in der Gemeinde entstünde, weil einige Gemeindeglieder die neue Auflage, andere noch eine alte hatten, wurden neu hinzugefügte Lieder in der Neuauflage mit einem Stern versehen. Zudem sollten sich diejenigen, die eine alte Auflage besaßen, einen preisgünstigen Extradruck der neuen Lieder anschaffen.

Sowohl die Änderungen als auch das Inkrafttreten neuer Gesangbücher in Berlin, wie des »Mylius« (1780) oder Schleiermachers »Berliner Gesangbuch« (1829), taten der Popularität des »Porst« keinen Abbruch: Es wurde zu einem der beliebtesten und langlebigsten Gesangbücher seit der Reformation. Bis zum Anfang des 20. Jahrhunderts erschienen nicht weniger als 90 Auflagen bzw. Nachdrucke. Bemerkenswert ist, dass über all die Jahre die (Haupt-)Stadt Berlin Erscheinungs-, Entstehungs- und Druckort geblieben ist – womöglich einer der Faktoren für seine Langlebig- und Beständigkeit. Die letzte Auflage wurde 1908 publiziert, doch ist davon auszugehen, dass auch in den folgenden Jahren viele Christinnen und Christen an ihrem »Porst« hingen und sein gemäßigter Pietismus noch lange im kollektiven Bewusstsein der Gemeinden lebendig blieb.

Geistliche und Liebliche Lieder, »der Porst«, Berlin 1709 (VD18 10526137), erste Ausgabe

Geistliche und liebliche Lieder, »der Porst«, Berlin 1908, letzte Ausgabe

XIV Halle, der Pietismus und das Freylinghausensche Gesangbuch

Neben Berlin und Frankfurt am Main wurde vor allem Halle ein Zentrum des Pietismus: Kaum eine andere neuzeitliche Stadtgeschichte ist so eng wie diese mit einer Glaubensbewegung verflochten. Dabei war es zunächst die Vorstadt Glaucha, in der die pietistischen Ideen in Gestalt August Hermann Franckes (1663–1727) Fuß fassten. Am 7. Februar 1692 hielt Francke dort seine Antrittspredigt, und spätestens seit 1701 das Waisenhaus (die »Glauchaschen Anstalten«) fertiggestellt wurde, galt die Vorstadt als »pietistisches Spielfeld«, auf dem sich neue Formen der pädagogischen und geistlichen Gestaltung des christlichen Glaubens entwickeln konnten.

Der überzeugte Pietist und Buchhändler Andreas Luppius (1654–1731) erkannte am Ende des 17. Jahrhunderts das zunehmende Bedürfnis nach einer Sammlung neuer Lieder für das Umfeld August Hermann Franckes und seine Sing- und Erbauungsstunden. Nachdem Luppius zunächst eine neue Ausgabe von Joachim Neanders *Glaub- und Liebes-Uebung*[1] herausgegeben hatte, die er mit einer eigenen Vorrede und Anhang versah, folgte 1692 das Gesangbuch *A & O Andächtig singender Christen-Mund*[2].

Luppius' Gesangbücher hatten nur mäßigen Erfolg, und die namentliche Widmung an sieben prominente und wirkungsvolle Pietisten, u. a. Spener und Francke, kam diesen in den damaligen politisch und theologisch aufgewühlten Zeiten eher ungelegen. Also war der Bedarf nach einer brauchbaren Sammlung neuer Lieder der pietistischen Bewegung in und um Halle nach wie vor vorhanden und wurde auch von anderen Theologen erkannt, so auch von Johann Anastasius

Freylinghausen (1670–1739). Nach ersten Versuchen kleinerer Gesangbücher, die ausschließlich neue Lieder enthielten (*Geistreiches Gesang-Buch,* Darmstadt 1697 / ²1698), schuf er schließlich neben der *Praxis Pietatis Melica* das zweite maßgebende Werk für die Liederkultur der pietistischen Bewegung im 18. Jahrhundert: das *Geist-reiche Gesangbuch,* das bald nur noch als »das Freylinghausen'sche« oder »der Freylinghausen« bekannt war.

Frelyinghausen war nicht nur Schüler Franckes, sondern nach dessen Tod sein direkter Nachfolger als Direktor der Stiftungen. Im Jahr 1704 erschien die erste Auflage seines *Geistreichen Gesangbuchs*[3], dessen Titelzusatz »Zur Erweckung heiliger Andacht und Erbauung im Glauben und gottseeligem Wesen« die Absicht der Liedersammlung deutlich macht. Bis zum Jahr 1759 wurde das Buch immer wieder erweitert, überarbeitet und neu herausgegeben; insgesamt gibt es 19 bzw. 20 Auflagen. Vereinzelt erschienen zudem im Laufe der Jahre Separatausgaben, die zusätzliche Melodien enthielten.

Einige Jahre später veröffentlichte Freylinghausen einen zweiten Teil: sein *Neues Geistreiches Gesangbuch,* das immerhin vier Auflagen (1714–1733) erfuhr.

Während die Texte der Lieder in beiden Werken über die Jahre hinweg verhältnismäßig wenig verändert wurden, gibt es in den Notensätzen deutliche Unterschiede. Dies ist der Grund, weshalb das Gesangbuch gelegentlich als »work in progress« beschrieben wird, da es sich bei zeitgleicher Benutzung stetig weiterentwickelte. Bereits in der zweiten Auflage (1705) ist eine »Zugabe« von mehr als 70 Liedern enthalten, die in den folgenden Ausgaben ebenfalls ständig überarbeitet wurde. Eine hervorgehobene Stellung nimmt die vierte Auflage (1708) ein, da sie besonderen Wert auf die Wiedergabe der Melodien legt und in ihr viele Fehler der ersten Editionen verbessert wurden. So liest man im Vorwort:

»Wegen der Melodeyen ist allbereit bey den vorhergehenden Editionen erinnert worden / was massen man für unnöthig erachtet /

solche denen alten und gewöhnlichen Kirchen-Liedern / weil sie fast überall bekannt sind / in Noten vorzusetzen / hingegen die neuern / zum Theil auch einige unbekannt gewordene alte damit versehen seyn. [...] Was aber diese vierte Edition betrifft / so ist dem der Music erfahrnen Leser zu seiner Nachricht nicht zu verschweigen / welcher gestalt alle und iede Melodeyen nach den Regeln der Composition von Christlichen und erfahrnen Musicis aufs neue fleißig untersuchet / und an sehr vielen Orthen verbessert sind.«[4]

Das Freylinghausensche Gesangbuch war nicht nur der gelungene Versuch, ein Gesangbuch für die pietistische Bewegung zu etablieren, sondern es leistete durch seine neuen, eingängigen Melodien, die stets in unmittelbarer Verbindung mit den Liedertexten standen, einen epochalen Beitrag zur Entwicklung der protestantischen Lieder- und Gesangbuchkultur.

Freylinghausen ordnete die Lieder nach dem Aufbau seiner eigenen Dogmatik »Grundlegung der Theologie«[5] an:

»Dieses / geliebte Leser! ist die Ordnung / deren man sich in der Einrichtung dieses Gesang-Buchs bedienen wollen; welche nicht nur an sich selbst viel gutes und nützliches zu deinem Unterricht und Besserung dich lehren kan / sondern auch diesen Vortheil mit sich bringet / daß du die Lieder / welche sich zu ieglicher Materie des Christentums schicken / desto leichter und ohne mühsames Nachsinnen und Aufschlagen finden kanst.«[6]

Die mehr als 50 Rubriken folgen zwar weitgehend der erwartbaren Reihenfolge des Kirchenjahres vom Advent über das Leiden und Sterben Christi, die Trinität, die Sakramente und das gelebte Christentum bis hin zu Liedern über den Tod und das himmlische Jerusalem; doch eingestreut finden sich auch Besonderheiten wie »Von der Keuschheit«, »Vom Geheimniß des Creutzes« oder »Vom hohen Adel der Gläubigen«. Rubriktitel wie »Von der Begierde zu GOtt und Christo«, »Von der Liebe zu JEsu« und »Von der Uebergabe des Herzens an GOtt« zeugen eindeutig von der pietistisch-typischen Herzensfrömmigkeit, die bis zur Leidenschaft reicht.

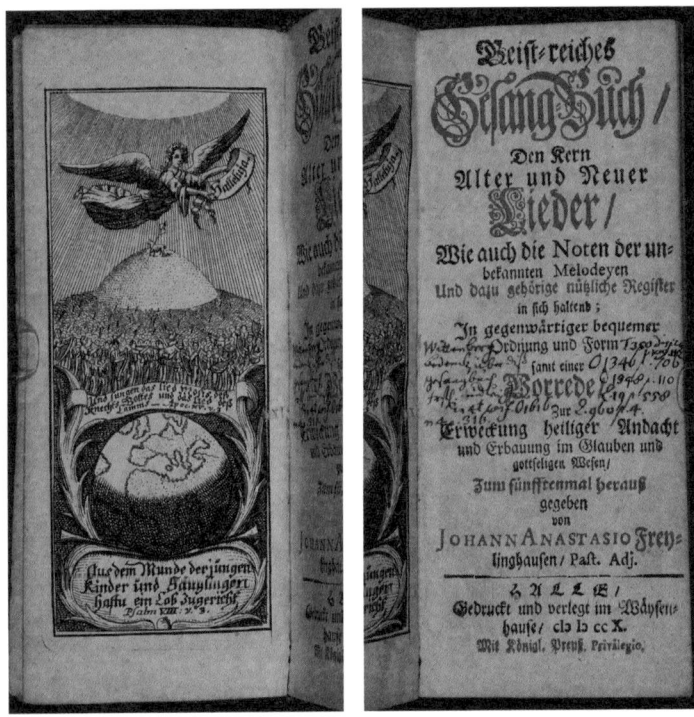

Geist-reiches Gesang-Buch, »das Freylinghausensche«, Halle 1710
(VD 18 10929126)

Kritisiert wurde das Freylinghausensche Gesangbuch vor allem von Vertretern der lutherischen Orthodoxie. Sie empfanden die neuen Melodien und zumal die Dreiertakte gegenüber den christlichen Texten als unangemessen und befürchtet, dass Gläubige beim Singen der schwungvollen Lieder »in eine empfindliche Veränderung / und Anfang einer Raserey gebracht werden.«[7] Es sollten doch die theologischen Aussagen im Vordergrund stehen und ihr Verstehen nicht durch kunstvolle Melodien gemindert werden.

Bleibende Bedeutung hat das Freylinghausensche Gesangbuch, da viele bekannte Lieder wie »Macht hoch die Tür« (EG 1) oder »Morgenglanz der Ewigkeit« (EG 450) hier zum ersten Mal mit derjenigen Melodie zu finden sind, nach der sie bis in die Gegenwart gesungen werden. Stets gelobt wurden darüber hinaus das äußere Erscheinungsbild, die übersichtliche Darstellung und die gelungene Auswahl der Lieder; auch das handliche Duodez-Format (7×16 cm) war sehr beliebt. Bis weit in das 19. Jahrhundert hinein galt das Freylinghausensche Gesangbuch als eine der gelungensten evangelischen Liedersammlungen und wurde Grundlage und Vorbild für zahlreiche andere Gesangbücher.

Als Liederdichter hingegen ist Anastasius Freylinghausen hingegen fast in Vergessenheit geraten; lediglich die erste Strophe des Liedes »Es ist in keinem andern Heil« (EG 356) ist von ihm noch im *Evangelischen Gesangbuch* zu finden.

*

Andere Lieddichter haben es mit ihren Texten und Melodien geschafft, auch über die pietistischen Gemeinden hinaus langanhaltende Wirkung zu entfalten. So hielten die Lieder des aus dem reformierten Pietismus stammenden Laientheologen und Schriftstellers Gerhard Tersteegen (1697–1769) alsbald Einzug in zahlreiche Gesangbücher im gesamten deutschsprachigen Raum.

Tersteegen wurde als eines von vielen Kindern einer frommen Kaufmannsfamilie in Moers geboren. Da seiner Familie die finanziellen Mittel für das gewünschte Theologiestudium fehlten, ergriff auch er zunächst handwerkliche Berufe, bevor er sich mehr und mehr der Tätigkeit als Laienprediger hingab. Schließlich konnte er von Zuwendungen anderer Gläubiger leben und sich voll und ganz der Vertiefung und Verbreitung seines Glaubens widmen. Alsbald wurde er als einziger Mystiker des reformierten Pietismus bekannt und beeinflusste die noch junge protestantische Erweckungsbewegung maßgeblich. 1729 veröffentlichte Tersteegen in seinem Erbauungsbuch »Geistliches Blumengärtlein inniger Seelen«[8] neben aphoristisch-meditativ angelegten Gedichten und Gebeten auch eigene Lieder. Die Anzahl wuchs mit den kommenden Auflagen stetig: Waren es in der ersten nur 33, fanden sich in der siebten und letzten von Tersteegen selbst betreuten Auflage 1768 insgesamt 111 seiner Lieder. Einige Jahre nach seinem Tod erschienen die Lieder gesammelt in: »Des geistlichen Blumengärtleins drittes Büchlein oder, geistliche Lieder und Andachten mit Noten versehen« (Achte Auflage, Leipzig und Frankfurt 1779).

Seit 1736 war Tersteegen zudem mit der Redaktion und Neuauflagen des bekannten Gesangbuchs *Glaubens- und Liebesübungen* des reformierten Kirchenlieddichters Joachim Neander (1650–1680) betraut. 1760 gab er die Liedersammlung erstmals unter dem neuen Titel »Gottgeheiligtes Harfen-Spiel der Kinder Zion«[9] heraus. Den Liedern Neanders fügte Tersteegen auch viele eigene hinzu, die auf diese Weise große Wirkung entfalten konnten.

Zahlreiche von Tersteegens Texten haben die Jahrhunderte überdauert, wie sich bei einem Blick in das *Evangelischen Gesangbuch* zeigt: »Jauchzet, ihr Himmel« (EG 41), »Brunn alles Heils« (EG 140), »Gott ist gegenwärtig« (EG 165), »Jesu, der du bist alleine« (EG 252), »Gott rufet noch« (EG 392), »Kommt, Kinder, lasst uns gehen« (EG 393), »Nun schläfet man« (EG 480), »Nun sich der Tag geendet« (EG 481).

Eine ganz besondere Wirkungsgeschichte hat Tersteegens Lied »Für dich sey gantz mein Hertz und Leben« erfahren. Seine vierte Strophe, die mit dem eingängigen Vers »Ich bete an die Macht der Liebe« beginnt, wird seit dem 19. Jahrhundert traditionell beim »Großen Zapfenstreich«, dem höchsten militärischen Zeremoniell zur Ehrung oder Verabschiedung einzelner Personen, gespielt. Die dadurch bekannt gewordene Melodie schrieb 1822 der ukrainische Komponist Dmitri Stepanowitsch Bortnjanski (1751–1825) ursprünglich

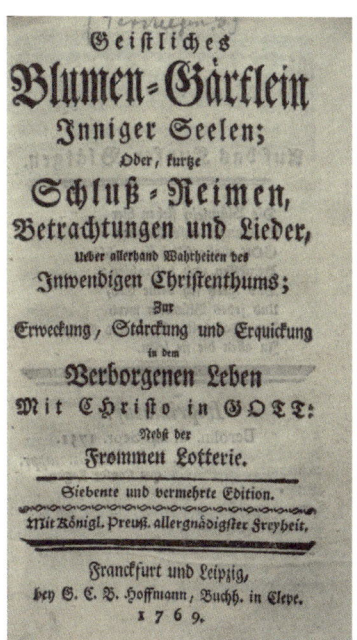

Geistliches Blumen-Gärtlein, Frankfurt/Leipzig ⁷1769

für ein anderes Lied; doch schon drei Jahre später tauchte sie erstmals im »Choralbuch. Enthaltend die Melodien zu der Sammlung auserlesener Lieder von der erlösenden Liebe und den Liedern im Schatzkästchen von Johannes Gossner« (Leipzig 1825) zusammen mit Tersteegens Text auf. Der ehemalige Pfarrer und Missionar Johannes Evangelista Goßner (1773–1858) lernte die Melodie während seiner Zeit in St. Petersburg kennen, führte sie mit Tersteegens Versen zusammen und machte sie in Preußen am Hof Friedrich Wilhelms III. bekannt – von dort aus begann die (militärische) Rezeption des Liedes bis in die Gegenwart.

*

Als bedeutendster Liederdichter des schwäbischen Pietismus gilt Philipp Friedrich Hiller (1699–1769). Er wurde als Sohn eines Pfarrers geboren und wurde nach seinem Studium und einer Zeit als Hauslehrer selbst evangelischer Pfarrer in Württemberg. Während seiner Schulzeit in Denkendorf wurde Hiller besonders von Johann Albrecht Bengel (1687–1752)[10], dem bedeutendsten Vertreter des württembergischen Pietismus, geprägt.

1762 publizierte Hiller, der 1751 seine Stimme verloren hatte, sein »Geistliches Liederkåstlein zum Lobe Gottes, bestehend aus 366 kleinen Oden über so viele biblische Sprůche«[11] – für jeden Tag im Jahr sollte man darin ein passendes Lied finden können. Anders als viele pietistische Dichterinnen und Dichter grenzte er sich in seinen Texten bewusst von der erotisch angehauchten Jesusminne und infantilen Verniedlichungen des Christuskindes ab.

Hillers nüchterne und doch fromme Sprache fand und findet großen Anklang. Das »Geistliche Liederkästlein« wurde mehrfach neu aufgelegt und erhielt 1767 eine Fortsetzung: »Betrachtung des Todes, der Zukunft Christi und der Ewigkeit auf alle Tage des Jahres«. Bis in die Gegenwart und über die Württembergischen Landesgrenzen hinaus bekannt sind seine Lieder »Jesus Christus herrscht als König« (EG 123), »Wir warten dein, o Gottes Sohn« (EG 152), »Ich glaube, dass die Heiligen« (EG 253) und »Mir ist Erbarmung widerfahren« (EG 355).

XV Herrnhut und die Gesangbücher der Brüdergemeine

Eine in vielerlei Hinsicht besondere Stellung in den evangelischen Gemeinden des 18. Jahrhunderts nimmt die Herrnhuter Brüdergemeine rund um Nikolaus Ludwig Reichsgraf von Zinzendorf (1700–1760) ein. Der gebürtige Dresdner Adlige studierte zunächst Jura in Wittenberg und nahm anschließend eine Stelle als Justizrat an. In dieser Zeit heiratete er Erdmuthe Dorothea von Reuß-Ebersdorf, die aus einem philadelphisch, also mystisch-spirituell mit Blick auf die endzeitliche Allversöhnung, geprägten Elternhaus stammte. 1722 nahm das Ehepaar Zinzendorf auf seinem Gut in Berthelsdorf bei Herrnhut in Sachsen Exulanten aus Mähren auf, die aufgrund ihres Glaubens ihre Heimat verlassen mussten. Sie gehörten der Gemeinschaft der Böhmischen Brüder an, die auf den tschechischen Reformator Jan Hus (etwa 1370–1415) zurückgeht. Im Zusammenleben mit den Geflüchteten entstand im Laufe der Jahre die Idee einer ökumenischen Brüdergemeinschaft im Sinne einer »Ekklesiola«, einer Kleinen Kirche, wie Spener sie in seinen »Pia Desideria« (1675) angedacht hatte. 1727 gab Zinzendorf seine Stelle als Justizrat in Dresden auf und widmete sich gänzlich der neuen Gemeinde; er entwickelte neue Regeln für das Zusammenleben, verfasste theologische Schriften und schrieb zur praktischen Glaubensausübung geistliche Lieder und Gedichte.

Der Sonntag Kantate 1727 war zugleich die Geburtsstunde der Herrnhuter »Singstunden«, die fortan regelmäßig, später sogar täglich stattfanden und zu einem festen Bestandteil der Glaubensübungen der Brüdergemeine wurden.

Charakteristisch für den Herrnhuter Lebensstil ist ebenfalls der Blick hin auf eine lebendige überkonfessionelle Gemeinschaft von

Männern, Frauen und Kindern, deren Alltag durch feste Dienst- und Gottesdienstordnungen mit dem Abendmahl als liturgischem Höhepunkt und unmittelbarer Vereinigung mit Christus, sowie die weltweite Mission vor allem armer Menschen gekennzeichnet ist.

Zinzendorfs Idee und Konzeption der ökumenischen Brüder(und Schwestern-)gemeinde, die in sogenannten Chören – geordnet nach Alter, Geschlecht und Familienstand – zusammenlebt, breitete sich rasch aus. Bereits Mitte des 18. Jahrhunderts gab es zahlreiche Freundeskreise und Tochtergemeinden in verschiedenen europäischen Ländern, in Afrika und Nordamerika, die Zinzendorf teilweise persönlich besuchte. Gegenwärtig gehören rund eine Million Gläubige den Brüdergemeinen auf der ganzen Welt an; die größte Gemeinde befindet sich in Tansania.

Auch in der Lebenswelt vieler anderer christlichen Konfessionen und Gemeinschaften ist Zinzendorf noch heute in Gestalt der (Tages-)Losungen präsent, die er seinerzeit in Abendgottesdiensten der Brüdergemeine als »Parole für den (morgigen) Tag« etablierte. 1731 erschien das erste gedruckte Losungsbuch; seitdem erscheinen in jedem Jahr die »Losungen« – inzwischen in mehr als 50 verschiedenen Sprachen.

Auch durch seine Lieder, eindrückliche Zeugnisse seiner herzensfrommen und christuszentrierten Theologie, bleibt Zinzendorf im Bewusstsein evangelischer Gemeinden. Am bekanntesten ist wohl »Jesu, geh voran auf der Lebensbahn!« (EG 391). Weitere Lieder, die noch im EG stehen, sind »Herr, dein Wort, die edle Gabe« (EG 198, Str. 1), »Herz und Herz vereint zusammen« (EG 251), »Wir wolln uns gerne wagen« (EG 254) und »Christi Blut und Gerechtigkeit« (EG 350).

Zeit seines Lebens wusste Zinzendorf um den hohen Wert geistlicher Gedichte und Lieder für die Ausprägung individueller Frömmigkeit. Zu Gesangbüchern hingegen hatte er ein ambivalentes Verhältnis. Einerseits wusste er um die Notwendigkeit, neue und alte christliche Lieder in Sammlungen festzuhalten, um sie zu etablieren und zu verbreiten. Andererseits empfand er das Absingen aus Büchern als widersprüchlich zum Wesen des Gesangs, der doch eine innige, unmittelbare Erfahrung sei: Die Worte und Empfindungen der Gläubigen beim Singen sollten aus dem Herzen, nicht aus Büchern kommen. Zudem sah Zinzendorf im Singen geistlicher Lieder das Potential einer besonderen Verbindung der Gemeinde mit dem himmlischen Lobgesang. Seine Vorstellung eines gemeinsamen Lobgesangs der irdischen Gläubigen mit den himmlischen Heerscharen ist auf dem Titelbild des ersten Herrnhuter Gesangbuchs (1735) abgebildet:

Das Gesang-Buch der Gemeine in Herrn-Huth, Herrnhut ³1741 (VD18 10189165)

Über die Singpraxis der Herrnhuter Brüdergemeine erfährt man in der Vorrede des Gesangbuches:

»Die meisten Gesänge, welche man hier siehet, werden in unsrer Gemeine gebraucht, nicht aber eben wie sie da stehen, sondern nach unsrer Sing-Art, da man die Materien, welche vorkommen, durch den Gesang praepariert oder wiederholet, und da singt man nicht gantze Lieder von 10. 20. Versen, sondern aus so vielen Liedern halbe und gantze Verse, wie sie der Zusammenhang der Sache erfordert.«[1]

Zinzendorf erklärt, Gesangbücher seien in Herrnhuter Gottesdiensten kaum erforderlich, da die meisten Gemeindemitglieder »sogleich und ohne Buch mit [...] singen, weil ihnen GOTT die Gnade thut, alles, was unter uns zum Gebrauch dienet, gar leicht ins Hertz und Gedächtniß zu fassen.« In diesem Sinne verzichtete Zinzendorf sowohl auf Noten als auch häufig auf die Angabe von Melodien in seinem Gesangbuch. Stattdessen fügte er am Ende des Buches ein Melodienregister ein, in dem er die Lieder in insgesamt 141 Arten einteilte, die jeweils in gleicher Melodie gesungen werden können. »Diejenigen aber welche mit gröberer Schrift gedruckt, sind allhier in Herrnhut die eigentlichen Grund-Melodien.« Weiterhin findet sich der Hinweis auf das Freylinghausensche Gesangbuch, in dem »die meisten unbekannten Melodien [...] in Noten zu finden [sind], und welche nicht dort anzutreffen kan man in Herrnhut abgeschrieben bekommen.«[2]

Die Liedtexte hingegen teilte Zinzendorf in drei große Kapitel, die jeweils weiter untergliedert sind. Das erste Kapitel ist lediglich mit »Von GOTT« überschrieben und enthält 170 Lieder, die sich nicht nur mit Gott Vater, sondern insbesondere mit der Menschwerdung, dem Leben, Leiden und der Auferstehung Christi befassen. Im zweiten Kapitel »Von dem Bilde GOttes in dem Menschen« steht die Beziehung zwischen Gott und den Menschen im Vordergrund; mit 526 Liedern machen diese Lieder den größten Teil des Gesangbuches aus. Nicht nur Gesänge über das Beten, die wirksame Liebe und Nachfolge, sondern auch Morgen-, Abend- und Danklieder sind in dieser Rubrik zu finden. Das letzte Kapitel umfasst 271 Lieder, die mit der Überschrift »Von dem Leibe Christi, der Kirche« versehen sind. Die meisten Lieder thematisieren dabei nicht die irdische Kirche, sondern die zukünftige im Reich Gottes. In vier Anhängen sind weitere Lieder aus den verschiedenen Rubriken abgedruckt, so dass das Herrnhuter Gesangbuch 1735 insgesamt 1104 Lieder beinhaltet. In späteren Ausgaben sind es durch weitere Anhänge sogar mehr als 1300 Lieder.

Einen Großteil der Lieder für sein Gesangbuch übernahm Zinzendorf aus dem Freylinghausenschen Gesangbuch; vornehmlich Lieder Luthers (z. B. »Verleih uns Frieden gnädiglich« [Nr. 283]; »Nun komm der Heiden Heiland« [Nr. 50]); auch von Paul Gerhardt (z. B. »Fröhlich soll mein Herze springen« [Nr. 58]; »Geh' aus, mein Herz« [Nr. 32]) sind zahlreiche Lieder zu finden. Von den zeitgenössischen Dichtern sind vor allem die pietistisch geprägten vertreten: Gottfried Arnold (»O Durchbrecher aller Bande« [Nr. 365]), Gerhard Tersteegen (»Gott ist gegenwärtig« [Nr. 581]) sowie Johann Anastasius Freylinghausen (»Auf, auf, weil der Tag erschienen« [Nr. 921]). Eine große Anzahl der neuen Lieder hat Zinzendorf jedoch selbst geschrieben, um sicher zu sein, dass sie seinen Vorstellungen eines erbaulichen geistlichen Liedes entsprechen. Die Lieder sollten sich vor allem durch einen sanften, bedachtsamen Stil auszeichnen, der zur feierlichen Empfindung anregt. Die vorgesehenen Melodien sollten dieser Absicht entsprechen. Die Orgel- bzw. Instrumentalbegleitung ist eher verhalten und übernimmt lediglich eine den Gesang unterstützende Funktion.

In einem Brief an den Preußischen König Friedrich Wilhelm I., in dem er sich vornehmlich zu Vorwürfen gegenüber seiner Brüdergemeine äußert, fasst Zinzendorf den Aufbau des Herrnhuter Gesangbuchs selbst folgendermaßen zusammen:

»Es bestehet 1.) Aus den alten Kirchen-Liedern der Böhmischen Brüder, 2.) Aus den alten Liedern der Evangelischen Kirchen, 3.) Aus Liedern, die in des Hållischen Gesangbuchs 2. Theilen befindlich sind, 4.) Aus gereinigten, gebesserten und von den Irrlehren gesäuberten Liedern vielerley Sektirer, 5.) Aus denen von mir und denen Gliedern der Herrnhutischen Gemeine selbst verfertigten Gesängen.«[3]

*

Bemerkenswert ist auch das so bezeichnete »Londoner Gesangbuch«, das Zinzendorf 1753 in zwei Bänden veröffentlichte. Es ist sein Versuch, eine benutzbare historische Sammlung christlicher Gesänge in chronologischer Reihenfolge zusammenzustellen. Beginnend mit biblischen Texten und Liedern aus dem Hebräischen, Griechischen und Lateinischen über reformatorische Gesänge bis zu gegenwärtigen Liedern der Herrnhuter Gemeine beinhalten die beiden Bände insgesamt 3627 Lieder. In Gottesdiensten benutzt worden ist das »Londoner Gesangbuch« jedoch nie; es gilt als Entwurf und wird gemeinhin nicht als anerkanntes Gesangbuch der Brüdergemeine bewertet.

Nach Zinzendorfs Tod übernahm der schlesische Geistliche und Kirchenmusiker Christian Gregor (1723–1801) die Aufgabe, sich um die Pflege der Herrnhuter Gesangs- und Liedkultur zu kümmern. Unter dem schlichten Titel *Gesangbuch zum Gebrauch der evangelischen Brüdergemeine* stellte der »Assaph der Brüdergemeine« 1778 eine Auswahl von 1750 Liedern zusammen. Im Vorwort erläutert er, dass es seine Absicht gewesen sei, »ein Gesangbuch zu liefern, welches die wichtigsten, und dem Herzen und Gedächtnisse nie genug einzuprägenden Gotteswahrheiten, nach der heiligen Schrift, einfältig, deutlich, und zugleich lebhaft und erfahrungsmäßig in sich fasse.«[4]

Gregors größte Leistung war es, die Lieder Zinzendorfs so zu bearbeiten, dass sie eingängiger und singbarer wurden. Sein Gesangbuch wurde, nach fast hundertjahrelanger Nutzung, 1870 durch das *Kleine Gesangbuch der evangelischen Brüdergemeine* ersetzt, das in seiner Anlage ein verbesserter Auszug seines Vorgängers war. Erst 1927 entstand ein völlig neues *Gesangbuch der evangelischen Brüdergemeine*, das sich zum Ziel gesetzt hat, »sich der Bewegung auf Vereinheitlichung unseres evangelischen Kirchengesangs anzuschließen«.[5] Etwa ein Drittel der Lieder aus dem vorhergehenden Gesangbuch wurden entfernt und sind »ersetzt worden durch Lieder aus dem reichen Schatz, den Gott der evangelischen Kirche geschenkt hat.«[6] Seit 2007 ist das *Gesangbuch der Evangelischen Brüdergemeine* in Gebrauch – es ist das erste Gesangbuch der Herrnhuter Gemeine, das mit Noten gedruckt wurde. Eine zweite Auflage erschien 2020.

Neben Zinzendorf und Gregor sorgen auch andere Dichter wie Karl Bernhard Garve (1763–1841) mit seinem Lied »Liebe, du ans Kreuz für uns erhöhte« (EG 415) oder Christian David (1692–1751) mit der ersten und sechsten Strophe von »Sonne der Gerechtigkeit« (EG 263) dafür, dass der Einfluss und die herzensfromme Theologie der Herrnhuter Gemeinde im sicht- und singbaren Bewusstsein der evangelischen Christenheit bleibt.

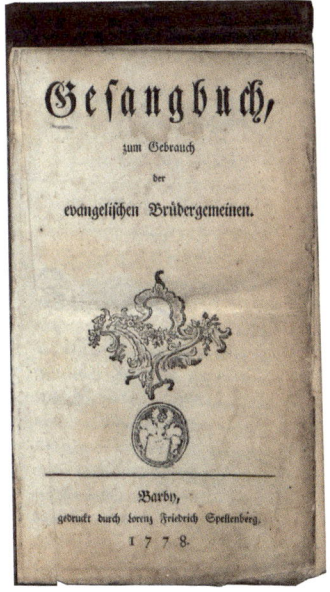
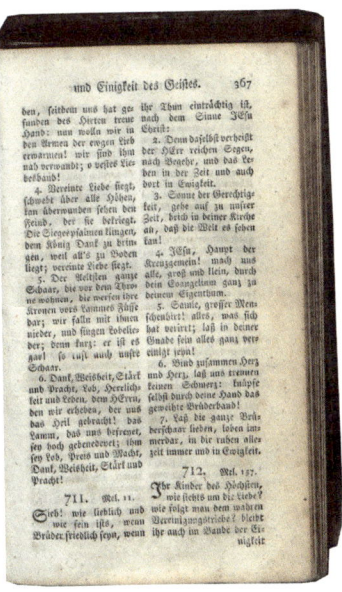

Gesangbuch, zum Gebrauch der evangelischen Brüdergemeine, Barby 1778
(VD18 11140070)

Inhalt
dieser Sammlung.

Die erste Abtheilung
fasset die zur Christlichen Glaubens-Lehre gehörige Lieder in sich.

1. Vom Wesen GOttes.
2. Von den Eigenschaften GOttes.
3. Von der Heiligen Dreyeinigkeit.
4. Von der Schöpfung.
5. Von den Engeln.
6. Von der Regierung und Vorsorge GOttes.
7. Von dem Wesen des Menschen.
8. Von der Bestimmung des Menschen.
9. Von der Verdorbenheit des Menschen.

10. Von

Inhalt.

Die zweyte Abtheilung
fasset die zur Christlichen Sitten-Lehre gehörigen Lieder in sich.

27. Von der Buße.
28. Vom Glauben.
29. Vom Christlichen Wandel überhaupt.
30. Von der Erkenntnis GOttes.
31. Von der Liebe und Dankbarkeit gegen GOtt.
32. Von der Furcht vor GOtt.
33. Von dem Vertrauen auf GOtt.
34. Vom Gebet.
35. Vom Lobe GOttes.
36. Vom öffentlichen Gottesdienst.
37. Von der Selbsterkenntnis und Demuth.
38. Von der Selbstliebe.
39. Von der Sorge für die Seele.
40. Von der Leibespflege.
41. Vom rechten Verhalten gegen die zeitlichen Güter.
42. Von der Arbeitsamkeit und Treue im zeitlichen Beruf.

43. Vom

Lieder für den öffentlichen Gottesdienst, Berlin 1765 (VD18 11146664)

XVI Anweisungen zum gottgefälligen Leben

Angesichts der Vielzahl der Gesangbücher, die im 18. Jahrhundert aus den verschiedenen Glaubens- und Frömmigkeitsrichtungen heraus entstanden sind, fällt es nicht leicht, den Überblick zu behalten. Doch es gibt e i n eindeutiges Indiz, welcher Geisteshaltung ein Gesangbuch entsprungen ist: die Rubrizierung, also die Einteilung des Inhalts einer Liedersammlung. Während die meisten pietistisch oder lutherisch-orthodox ausgerichteten Gesangbücher die klassische Reihenfolge nach Kirchenjahr, Katechismus, Liedern für besondere Anlässe bis zum Ewigen Leben beibehielten, setzte sich auf Seiten der aufgeklärten Gesangbuchmacher eine neue Einteilung durch.

1765 erschienen in Berlin die *Lieder für den öffentlichen Gottesdienst*[1]. Ihr Herausgeber war der Pfarrer und Kirchenlieddichter Johann Samuel Diterich (1721–1797). Er war einer der ersten, der sein Gesangbuch in zwei Hauptteile gliederte: »Die erste Abtheilung fasset die zur Christlichen Glaubens-Lehre gehörige Lieder in sich« und »Die zweyte Abtheilung fasset die zur Christlichen Sitten-Lehre gehörigen Lieder in sich«. Diese Trennung von Liedern mit dogmatischen Inhalten und solchen, die ethische und glaubenspraktische Themen behandeln, ist von den 1760er Jahren bis in das 19. Jahrhundert hinein in zahlreichen rationalistisch orientierten Gesangbüchern zu finden. Gelegentlich wurden noch weitere Teile hinzugefügt, die Lieder für besondere Anlässe, Stände oder Zeiten enthalten.

Die einzelnen Rubriken wurden zudem meist noch kleingliedriger unterteilt. So schuf Diterich in den *Liedern für den öffentlichen Gottesdienst* in der Glaubenslehre Unterkapitel wie »Von den Eigenschaften GOttes«, »Von der Vergebung der Sünden und ihren seligen Folgen«, »Vom Trost des Christen bey der Unvollkommenheit dieses Lebens«;

in der Sittenlehre z. B. »Vom Christlichen Wandel überhaupt«, »Von der Arbeitsamkeit und Treue im zeitlichen Beruf«, »Von der Friedfertigkeit und Sanftmuth«.

Zahlreiche Lieder für seine neu geschaffenen Kapitel innerhalb der Sittenlehre schrieb Diterich selbst, so ein Lied in dem Kapitel »Von der Sorge für die Seele«:

> »1. HErr, meiner Seele großen Werth / den mir dein theures Wort erklärt, / laß mich mit Ernst bedenken; / und auf die Sorge für ihr Wohl / so unermüdet, als ich soll, / den größten Eifer lenken. [...]
>
> 5. Mit dir, o GOtt, vereint zu seyn, / mich ewig deiner Huld zu freun, / und dich zum Trost zu wählen; / das sey mein Fleiß und höchster Zweck! / Laß mich dazu den rechten Weg / aus Leichtsinn nie verfehlen. [...]
>
> 7. Gieb, daß ich dir mich ganz ergeb; / und, was ich hier im Fleisch noch leb, / laß mich im Glauben leben / an dich, Sohn GOttes, der du mich / so hoch geliebet hast, und dich / für mich dahin gegeben.«[2]

In den folgenden Jahren wurde auch von anderen Dichterinnen und Dichtern vermehrt das Potenzial erkannt, geistliche Lieder nicht nur zur Erbauung, sondern auch zur Unterrichtung in der christlichen Lehre und in moralischen Fragen zu nutzen. Viele Gesangbücher folgten Diterichs Beispiel und fügten eigene Rubriken zur Sitten- oder Tugendlehre ein. Die Liedtexte waren meist nahe an der Lebenswelt der Gläubigen und sollten ihnen ethische Orientierung für ein christliches Leben geben. So schrieb der Kieler Theologe Johann Andreas Cramer 1780 in seinem Vorbericht zum *Allgemeinen Gesangbuch*[3] über den Zweck geistlicher Lieder:

»Einen besondern und vorzüglichen Theil der öffentlichen und geheimen Verehrung Gottes machen unstreitig die Gesänge aus, die entweder zu lebhaftern Darstellungen aller der Gesinnungen und Empfindungen, welche die Lehren des Christenthums erwecken und unterhalten sollen, bestimmt, oder zu gemeinschaftlichen Belehrungen, Ermahnungen, Warnungen und Tröstungen eingerichtet sind.«[4]

Dahinter stand auch der Wunsch, dass Christinnen und Christen im Gesangbuch für alle ihre Fragen und Bedürfnisse ein Lied finden, das sie erbauen und zum richtigen Tun anleiten sollte. Für zahlreiche Anlässe und moralische Fragen, für die es bislang dahin kein passendes Lied gegeben hatte, dichtete Cramer für sein Gesangbuch selbst einen Text auf eine bereits bekannte Melodie, so »Von der Friedfertigkeit und Einträchtigkeit« auf die Melodie »O (original: Herz-)liebster Jesu, was hast du verbrochen«:

»1. Wer leben will, und glücklich, der betrübe / Nie seine brüder, fliehe zank und liebe / Stets selbst die eintracht; herzlich, treu, verschwiegen, / Ein feind von lüge [...]

12. Frohlockend geht er, und empfängt am throne / Des sohnes, dem er folgte, seine krone. / Da wohnt er, Gott, in einem höhern frieden / In deinem frieden!«[5]

*

Der prominenteste Dichter moralischer Lehrlieder im 18. Jahrhundert ist Christian Fürchtegott Gellert (1715–1769). Er wurde als fünfter Sohn einer Pfarrersfamilie im sächsischen Hainichen geboren und begann nach seiner Schulzeit in Leipzig Theologie und Philosophie zu studieren. Nach dem Abschluss seines Studiums hielt er seit 1744 selbst Vorlesungen über Poesie, Beredsamkeit und Moral an der Leipziger Universität. Durch seine sehr gut besuchten Vorlesungen, die im gesamten deutschsprachigen Raum bekannt waren und u. a. vom jungen Goethe gehört wurden, war Gellert bald als moralische und kulturelle Instanz bekannt.

1757 veröffentliche Gellert seine »Geistlichen Oden und Lieder«[6]. In der Vorrede erklärte er sein Verständnis aufgeklärter geistlicher Dichtung und die Zielsetzung seiner Lieder. Es sei die Pflicht des Dichters, sein Talent und die Kraft der Poesie auf die Verbreitung der religiösen Lehren auszurichten. Die Verbindung von lehrreichen Inhalten und gefühlsbetonter Sprache könne bei den Menschen zu ganzheitlicher Erbauung und Förderung der Religion führen. Dazu sei es besonders notwendig, angemessene Worte zu wählen und die Gesänge sorgsam einzurichten.

Gellert teilt die geistlichen Lieder in zwei Gattungen ein: eine, die den Verstand berührt, und eine, die vornehmlich für das Herz bestimmt ist. Je nach dem, welchen Zweck man mit einer Ode erfüllen möchte, müsse die Sprache entsprechend angeglichen werden:

»In den Lehroden wird Deutlichkeit und Kürze vornehmlich herrschen müssen; in der andern Gattung die Sprache des Herzens, die lebhafte, gedrungne, feurige und doch stets verständliche Sprache. Daß der Verstand in den Liedern unterrichtet und genährt werde, ist eine sehr nothwendige Pflicht [...]«[7]

Die Lieder aus den »Geistlichen Liedern und Oden« erfreuten sich großer Beliebtheit, sowohl bei Gebildeten als auch bei einfachen Gläubigen. Sie wurden alsbald in zahlreiche neue Gesangbücher aufgenommen und in andere Sprachen übersetzt. Auch die vielen Vertonungen, die in den folgenden Jahren – unter anderem von Carl Philipp Emanuel Bach (1758) und Ludwig van Beethoven (1803) – publiziert wurden, zeigen, wie sehr Gellert mit seinen Texten die Menschen berührte und im wahrsten Sinne des Wortes den richtigen Ton traf. Seine Dichtung »So jemand spricht: ›Ich liebe Gott‹« (EG 412) lässt den lehrhaften und zugleich eingängigen Charakter seiner Lieder gut erkennen. Das Lied ist ein – bis in die Gegenwart inhaltlich und sprachlich anschlussfähiges – Plädoyer für Nächsten- und Feindesliebe. Das christliche Doppelgebot der Liebe wird poetisch aufbereitet und mithilfe von Beispielen, rhetorischen Fragen und Wiederholungen lebensnah und anschaulich ausgebreitet.

Anhand von Gellerts Liedern, die bis in die Gegenwart im *Evangelischen Gesangbuch* zu finden sind, wird zudem die Praxis deutlich, neue Texte auf vertraute, leicht zugängliche Melodien zu dichten, um die Konzentration auf den Text zu erhöhen:
- »Dies ist der Tag, den Gott gemacht« (EG 42) – Melodie »Vom Himmel hoch«
- »Herr, stärke mich, dein Leiden zu bedenken« (EG 91) – Melodie »Herzliebster Jesu«
- »Jesus lebt, mit ihm auch ich!« (EG 115) – Melodie »Jesus, meine Zuversicht«
- »So jemand spricht: ›Ich liebe Gott‹« (EG 412) – Melodie »Mach's mit mir, Gott, nach deiner Güt«
- »Mein erst Gefühl sei Preis und Dank« (EG 451) – Melodie »Ich dank dir schon durch deinen Sohn«
- »Wenn ich, o Schöpfer, deine Macht« (EG 506) – Melodie »Bis hierher hat mich Gott gebracht«.

*

Bereits in der ersten Hälfte des 18. Jahrhunderts lässt sich in vielen Gesangbüchern der Wunsch erkennen, möglichst für alle Lebenslagen und -fragen ein passendes Lied im Gesangbuch anführen zu können. Diese Bestrebungen führten zu einer stetig wachsenden Anzahl an Liedern bis zu absurden Ausmaßen: Das 1744 erschienene *Allgemeine und vollständige Evangelisches Gesang-Buch, für die Königl. Preuß. Schlesisch. Lande*[8] – nach seinem Herausgeber Johann Friedrich Burg (1689–1766) auch als »Burgsches Gesangbuch« bekannt – enthält in der dritten Auflage insgesamt 1927 Lieder, geordnet in 38 Kategorien. Die einzelnen Lieder sind zudem mit den Adressaten oder konkreten Anlässen wie »Lied eines Richters«, »Lied eines Handwerkers«, »Buß-Seufzer bey der Abend-Glocke« oder »Bey zweyter Heyrath nach dem Wittwer-Stande« überschrieben. Diese Überschriften waren seinerzeit ein Alleinstellungsmerkmal des »Burgschen Gesangbuchs« und dienten angesichts der wachsenden Liederzahl der Benutzerfreundlichkeit.

Die immer größer werdende Zahl neuer Gesänge und die Tatsache, dass ein Großteil der Gesangbücher seinerzeit ohne Noten gedruckt wurde, führten bald dazu, dass die zugeschriebenen Melodien immer unübersichtlicher wurden. Schließlich waren von über mehr als 200 Liedern bald keine Melodien mehr bekannt, und es gab keine überlieferten Noten, sodass von den vielen Liedern nur noch wenige und auch diese auf noch weniger unterschiedliche Melodien gesungen wurden. Dies geht aus dem Vorbericht des Nachfolgers *Neues Evangelisches Gesangbuch für die Königl. Preuß. Schlesischen Lande zur öffentlichen und häuslichen Gottesverehrung* (Breslau 1815) hervor:

»Das alte Gesangbuch nehmlich, von D. Burg herausgegeben, konnte nach 50 Jahren, obgleich es aus 1929 Liedern bestand, von denen über 200, weil sie keine Melodieen hatten oder dieselben nicht mehr bekannt waren, auch nicht mehr gesungen werden konnten, diejenigen Bedürfnisse und Ansprüche keineswegs befriedigen, welche der fortschreitende Geist der Zeit herbeygeführt hatte; […].«

Das *Neue Evangelische Gesangbuch für die Königl. Preuß. Schlesischen Lande zur öffentlichen und häuslichen Gottesverehrung* wurde erstmals 1800 publiziert. Herausgeber war der lutherische Pfarrer und Konsistorialoberrat David Gottfried Gerhard (1734–1808), der zusammen mit ortsansässigen Pfarrern die Gesänge des alten Gesangbuchs hinsichtlich ihrer Singbarkeit und Anschlussfähigkeit überprüft hatte. Auch wenn der Liederbestand in diesem Prozess um knapp 800 Lieder gekürzt worden war, enthielt das Gesangbuch noch immer 1186 Lieder. In ihrer Anordnung ist der Geist der Aufklärung erkennbar: Den unveränderten »vornehmsten Lieder D. Martin Luthers. Nr. 1–30« folgen die »Erste Abtheilung. Christliche Glaubenslehren«, »Zweite Abtheilung. Christliche Sittenlehren«, »Dritte Abtheilung. Lieder für besondere Zeiten, Ereignisse, Umstände und Personen.« Die Rubriken sind weiterhin in Unterkapitel geteilt, deren Bezeichnungen erkennen lassen, dass es ein großes Ansinnen war, den Christenmenschen durch Lieder ethische Inhalte zu vermitteln. So gibt es Lieder über die »Sorge für den guten Namen, Ehre und Stand«, »Beförderung des Seelenglücks Andrer«, »Sanftmuth, Friedfertigkeit, Versöhnlichkeit und Feindesliebe« sowie über die »Christliche Gesinnungen gegen andre Religionsverwandte«.

*

Die große Bedeutung, die geistlichen Liedern und den Gesangbüchern im Hinblick auf die Vermittlung christlicher Lehren seinerzeit zugesprochen wurde, wird im Vorbericht des *Wirtembergischen Gesangbuchs* (1791)[9] pointiert zusammengefasst:

> »Gleichwie der Kirchengesang, dieses laute und langsame Gebet der ganzen Gemeine, zur öffentlichen Anbetung Gottes gehört: also sind geistliche Lieder, besonders die in Kirchen und Schulen eingeführt, und in der Jugend oder durch den vielen Gebrauch meistens auswendig gelernt werden, ein leichtes und sehr wirksames Mittel, die Religion auszubreiten und zu erhalten, und christliche Einsichten und Kenntnisse, christliche Empfindungen, Entschlüsse, Tröstungen, Hoffnungen und Freuden zu befördern.«[10]

Sowohl hinsichtlich der Glaubens- als auch der Sittenlehren, die den Gläubigen durch geistliche Lieder in Kirche und Schule vermittelt werden sollten, wurde darauf geachtet, die Texte nicht ausschließlich lehrreich, sondern auch mit der Absicht auf die Anrührung der Seele auszuwählen. Nur in der Verbindung von Verstand und Gefühl, von Kopf und Herz, könnten die Lieder ihre volle Wirkung entfalten.

Eine unverzichtbare Rolle für die Unterrichtung mittels Gesangbüchern nahmen seinerzeit die Pfarrer und Lehrer ein. Durch ihre wohlüberlegte Auswahl der zu singenden Lieder sowie ihre Anleitung und Begleitung konnten die Lieder hinsichtlich ihrer Inhalte fruchten und den Christinnen und Christen zur Besserung dienen.

»Ohne Treue und Gewissen muß derjenige Lehrer seyn, der nicht alle Gelegenheit sucht, seiner Gemeine den Verstand der Kirchenlieder zu erklären, ihr das Wichtige und Beseligende ihres Inhalts zu zeigen, und sie ihren rechten Gebrauch zu lehren.«[11]

Die schier unüberschaubare Menge an Gesangbüchern, die in den letzten Jahrzehnten des 18. Jahrhunderts im gesamten deutschsprachigen Raum erschien, spiegelt zum einen die Zersplitterung der Herrschaftsgebiete, in denen jeweils der Wunsch nach einem eigenen Gesangbuch erfüllt wurde, wider; zum anderen wird an ihr der rasche Anwuchs neuer Lieder – oder vielmehr Liedertexte – ersichtlich, die zumeist dem unbändigen Glauben an die »Besserung« des Menschen durch die Vermittlung von Wissen und den Gebrauch des Verstandes entsprangen. Sowohl die pietistischen als auch die aufklärerischen Glaubensbewegungen waren getrieben von dem Wunsch, die evangelische Lehre nachhaltig zu verändern – und das auch mittels neuer Lieder und Gesangbücher.

XVII Umdichtungen bekannter Lieder

Schon im 17. Jahrhundert hatten Gesangbuchherausgeber und Kirchenlieddichter begonnen, bereits bekannte Lieder zu bearbeiten, um sie an ihren Sprachgebrauch und ihre theologischen Vorstellungen anzupassen, allen voran David Denicke und Justus Gesenius im Hannoverschen Gesangbuch von 1646.[1] Im 18. Jahrhundert wurde im Zuge der Aufklärung diese Praxis jedoch grundlegender und rigoroser aufgegriffen und verfolgt. Viele Theologen und Dichter wähnten sich dazu berufen, die alten Gesänge umzudichten, und nahezu alle Gesangbücher, die in der zweiten Hälfte des 18. Jahrhunderts erschienen, enthielten alte Lieder in neuen Bearbeitungen.

Einer der bekanntesten Lieder(um)dichter dieser Zeit war der Berliner Pfarrer Johann Samuel Diterich (1721–1797). Seine neuen Versionen altbekannter Lieder waren so grob und gravierend, dass Diterich als »Geiserich unter den Gesangbuch-Vandalen« in die hymnologische Geschichte einging.

In der Vorrede seiner *Lieder für den öffentlichen Gottesdienst*[2], die er 1765 herausgab, erläutert Diterich die »Veränderungen« der Lieder und die Verbindung zwischen Text und Musik. Einige Lieder hätten unbekannte Melodien gehabt, die man mit einer alternativen Melodie versehen habe,

> »[...] Andre schienen mehr für die Privatandacht, als für den öffentlichen Gottesdienst zu seyn; und die hat man zum Gebrauch in der Kirche bequem zu machen gesucht. Verschiedne waren bloß in einem lehrenden Ton abgefaßt; und die sind in die Form des Gebets, oder doch der Selbstermunterung eingekleidet worden, weil solches in der That erbaulicher, und für Kirchengesänge

schicklicher ist. Bey manchen ältern Liedern hat wegen der Art des Ausdrucks, die sich seit der Zeit ihrer Verfassung sehr geändert, auch verschiednes geändert werden müssen, um, so viel möglich, alles hinwegzuräumen, was etwa anstößig seyn, und die Erbauung hindern könnte. Bey allen diesen Veränderungen hat man so, wie bey der ganzen Sammlung sich angelegen seyn lassen, alles aufs gewissenhafteste so einzurichten, daß der vernünftigen Andacht dadurch zu reinen, und der Religion JEsu würdigen Gedanken und Empfindungen Anlaß verschafft werden möchte.«[3]

Diterich war einige Jahre später auch an der Konzeption und Herausgabe des *Gesangbuchs zum gottesdienstlichen Gebrauch in den Königlich-Preußischen Landen* (Berlin 1780)[4], dem so genannten »Mylius«, beteiligt. Dieses Gesangbuch wurde im Volksmund nach dem Buchhändler August Mylius benannt, der das königliche Druckprivileg erhalten hatte; eigentlich aber standen drei andere Männer hinter dem ambitionierten Projekt, in Berlin ein rationalistisch ausgerichtetes Gesangbuch zu etablieren: Johann Samuel Diterich, Johann Joachim Spalding (1714–1804) und Wilhelm Abraham Teller (1734–1804).

Das *Gesangbuch zum gottesdienstlichen Gebrauch* sollte die *Geistlichen und Lieblichen Lieder*[5], den so bezeichneten »Porst«, ersetzen, der für einen gemäßigten Pietismus stand und in der Bevölkerung sehr beliebt war. Statt die singenden Gemeinden mit kindlich-frommer Sprache und anrührenden Metaphern eine emotionale Verbindung zu Gott und Christus spüren zu lassen, war es das Ziel des »Mylius«, die Gläubigen theologische Inhalte zu lehren und sie nicht mit naiven Vorstellungen und Verniedlichungen zu infantilisieren. Zu diesem Zweck wurde sowohl eine große Anzahl neuer Lieder aufgenommen als auch die bereits vorhandenen Gesänge entsprechend angepasst. Die Eingriffe in die Originaltexte waren gravierend, wie die Umdichtung von Luthers Lied »Aus tiefer Not schrei ich zu dir« (EG 299) eindrücklich zeigt:

»Aus tieffer noth schrey ich zu dir«	»Aus tiefer Noth ruf ich zu dir«
(Martin Luther, 1524)	(Umdichtung im »Mylius«, 1780)

»Aus tieffer not schrey ich zu dir	»Aus tiefer Noth ruf ich zu dir,
HERR Gott erhör mein ruffen	der du ins Herz kannst sehen.
Dein gnedig ohren ker zu mir	Entzeuch nicht dein Erbarmen mir,
vnd meiner bit sie öffen	Gott, laß mich Gnad erflehen!
Denn so du wilt das sehen an	Ach, siehest du, als Richter, an
was sund und vnrecht ist gethan	was wir nicht recht vor dir gethan,
wer kan HERR für dir bleiben?«[6]	wer kann vor dir bestehen?«[7]

Schon kurz nach der Einführung des Gesangbuches regte sich Widerstand in der Bevölkerung: Zahlreiche Gemeinden wollten ihr altes Gesangbuch behalten und weigerten sich, aus dem neuen zu singen. Als vier Berliner Gemeinden eine Petition an König Friedrich II. (1712–1786) schrieben, in der sie darum baten, ihr bisheriges Gesangbuch, den »Porst«, weiterhin nutzen zu dürfen, sah sich der König genötigt, eine amtliche Stellungnahme zur Gesangbuchfrage zu veröffentlichen. Darin äußert er sich um Toleranz bemüht, jedoch mit einer eindeutigen Meinung:

> »Ein jeder kann bei mir glauben, was er will, wenn er nur ehrlich ist. Was die Gesangbücher angehet, so steht einem Jeden frei, zu singen: Nun ruhen alle Wälder oder dergleichen dummes und törichtes Zeug mehr. Aber die Priester müssen die Toleranz nicht vergessen, denn ihnen wird keine Verfolgung gestattet.«[8]

Wie groß die Abneigung der Gläubigen gegen den »Mylius« tatsächlich gewesen sein muss, wird eindrücklich in einer Anekdote Theodor Fontanes (1819–1898) geschildert. In der zweiten Auflage seiner »Wanderungen durch die Mark Brandenburg« im Kapitel »Sacrow unter Baron Fouque von 1779 bis 1787« liest man:

»1781, am 10. Januar, fand man zu Berlin folgendes, als Beitrag zum Gesangbuchstreit bemerkenswertes Pasquill an den Galgen angeschlagen: ›So hat uns der Teufel abermals drei Apostel auf den Hals geschickt, die unser Gesangbuch gotteslästerlich verdorben haben. Spalding, Teller, Dietrich. [...] Verwerfen die alten Lieder, auch die, welche Lutherus gemacht. Verdrehen, zerstümmeln, zerhacken die alten schönen Lieder, daß sie aussehen, als hätten sie die Henkersknechte auf ihre Fleischklötze gelegt. Dies alles tun die drei Höllenbrände: Spalding, Teller, Dietrich.‹«[9]

Doch nicht nur Diterich und seine Kollegen, sondern auch zahlreiche andere Theologen, Dichter und Kirchenmusiker machten sich in der zweiten Hälfte des 18. Jahrhunderts daran, Lieder nach ihrem eigenen theologischen und moralischen Empfinden sowie neuen sprachlichen Ansprüchen zu verändern. Im selben Jahr wie »der Mylius« in Berlin erschien in Kiel das *Allgemeine Gesangbuch, auf Königlichen Allergnädigsten Befehl zum öffentlichen und häuslichen Gebrauche*[10]. Der Herausgeber war Johann Andreas Cramer (1723–1788), ein lutherischer Theologe, der bereits durch eine »Poetische Übersetzung der Psalmen«, mehrere Predigtbände und die Publikation verschiedener moralischer Wochenschriften auf sich aufmerksam gemacht hatte. Im *Allgemeinen Gesangbuch* verband er die theologischen Ansichten eines aufgeklärten Luthertums mit seinem poetischen Ideal.

Bemerkenswert ist vor allem der durchdachte Aufbau dieses Gesangbuches. Cramer teilt es in drei große Abteilungen ein: »Erste Abtheilung. Zeitlieder«, »Zweite Abtheilung. Lieder über die Lehren des christlichen Glaubens«, »Dritte Abtheilung. Lieder über die Tugendlehren des Christenthums«. In der ersten Abteilung sind Morgen- und Abendlieder sowie Gesänge zum Anfang des Kirchenjahrs oder Neujahr zu finden. Die zweite und dritte Abteilung wird durch »Lehrsätze« strukturiert, in denen Cramer in komprimierter Form seine Theologie präsentiert. Es gibt 16 Lehrsätze über die Glaubenslehren und sieben über die Tugendlehren des Christentums. Diese

Lehrsätze sind sowohl zu Beginn des Gesangbuchs gesammelt abgedruckt als auch vor den jeweiligen Rubriken im Gesangbuch noch einmal zu lesen; dadurch sind sie für die Gläubigen nicht zu übersehen. So lautet ein katechetischer Lehrsatz:

> »II. Von GOtt selbst und von seinen Eigenschaften. GOtt, der Schöpfer aller Dinge, ist der allerhöchste Geist, ewig und unveränderlich, allwissend, allweise, allmächtig, vollkommen gütig, heilig, gerecht, wahrhaftig und selig, ein allgegenwärtiger Erhalter und Beherrscher aller seiner Geschöpfe«[11];

oder in der Abteilung der Tugendlehren:

> »V. Von den Pflichten der Christen in allen Gesellschaften, besondern Zeiten, Lebensarten und Umständen. Wahre Christen suchen allezeit das Beste der häuslichen, bürgerlichen, und kirchlichen Gesellschaften, worinnen sie leben; und thun nach den Vorschriften GOttes in allen besondern Aemtern, Lebensarten, Zeiten und Umständen zu seiner Ehre alles Gute, wozu sie Vermögen und Gelegenheit haben.«[12]

Augenscheinlich sah Cramer sein *Allgemeines Gesangbuch* nicht bloß als eine Liedersammlung, sondern zugleich als didaktisch angelegtes Lehrwerk, das die Gläubigen ihr ganzes Leben lang im christlichen Glauben schulen sollte.

Den Lehrsätzen folgen thematisch passende Lieder, die Cramer nicht nur sorgfältig auswählte, sondern auch selbst bearbeitete. Wie er bei der Liederauswahl und Konzeption seines Gesangbuches vorging, erörtert er ausführlich in der Vorrede. Zusammengefasst befolgte er drei Arbeitsschritte:

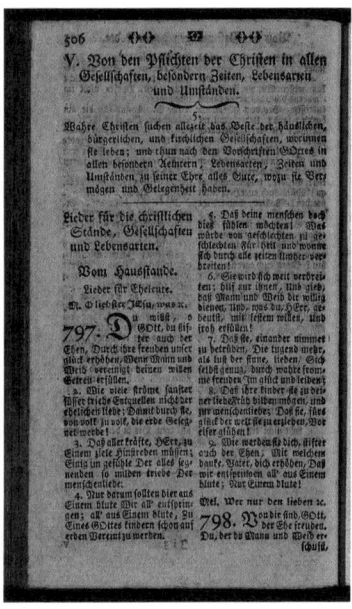

Allgemeines Gesangbuch, Altona 1781 (VD18 10165096)

»[1.] die bereits vorhandenen Gesänge [...] verbessern;
[2.] diejenigen, welche ihrer Bestimmung nicht genug zu thun scheinen, mit angemeßnern [...] verwechseln [d. h. austauschen];
[3.] neue mit Fleiß und wahrer Theilnehmung an ihrem Innhalte ausgearbeitete Lieder, [...] hinzufügen.«[13]

Diejenigen alten Gesänge Paul Gerhardts, Johann Rists oder Martin Luthers, die Cramer für geeignet erachtete, bearbeitete er nach eigenen inhaltlichen und sprachästhetischen Vorstellungen rigoros. Das zeigt sich etwa an »Wer nur den lieben Gott lässt walten« (EG 369), dessen Melodie seinerzeit besonders häufig für Neudichtungen verwendet wurde und daher weithin bekannt war.

»WEr nur den lieben GOtt låst walten« (Georg Neumark, 1657)

»Wer seinen GOtt allein läßt walten« (Johann Andreas Cramer, 1780)

»WEr nur den lieben GOtt låst walten
Und hoffet auf Ihn allezeit
Der wird Ihn wunderlich erhalten
In aller Noth und Traurigkeit.
Wer GOtt dem Allerhôchsten traut
Der hat auf keinen Sand gebaut.«[14]

»Wer seinen GOtt allein läßt walten,
Und glaubensvoll sich seiner freut
Den wird er wunderbar erhalten
In jeder widerwärtigkeit.
Wer seiner huld und macht vertraut,
Der hat auf keinen sand gebaut!«[15]

Zahlreiche seinerzeit beliebte Lieder wie Gerhardts »Nun ruhen alle Wälder« oder »Geh' aus, mein Herz« wurden von Cramer gar nicht berücksichtigt. Auch Gesänge Tersteegens oder Zinzendorfs sucht man im *Allgemeinen Gesangbuch* vergeblich. Die wenigen pietistisch ausgerichteten Gesänge, die Cramer übernahm, dichtete er fast zur Unkenntlichkeit um.

Fast zwei Drittel der insgesamt 914 Lieder im *Allgemeinen Gesangbuch* waren neue Texte, die zuvor nur in wenigen oder in gar keinem anderen Gemeindegesangbuch zu finden gewesen waren. Die meisten dieser neuen Lieder stammten entweder von Cramer selbst oder von Personen, die er im Laufe seines Lebens persönlich kennen und schätzen gelernt hatte, unter ihnen seine Leipziger Studienfreunde Friedrich Gottlieb Klopstock (1724–1803) und Johann Adolf Schlegel (1721–1793). Beide hatten einige Jahre zuvor Liedersammlungen publiziert, in denen neben eigenen Texten auch Bearbeitungen bekannter Lieder zu finden sind.

1766 erschien Schlegels dreibändige »Sammlung Geistlicher Gesänge, zur Beförderung der Erbauung«[16]. Schlegel stellte dem ersten Band eine umfangreiche Vorrede voran, in der er sein Verständnis gelungener und wirkungsvoller geistlicher Liddichtung schildert. Dabei geht er mit älteren protestantischen Liedern hart ins Gericht und spricht sich für eine Anpassung ihrer Texte aus:

»Was aber diejenigen anlangt, die, bey manchem Schlechten, doch viel Gutes enthalten; warum sollte man diese nicht lieber durch Absonderung und Ausbesserung des Schlechten brauchbar zu machen suchen, als sie ganz auf die Seite werfen, ohne auf die Erbauung zu achten, die sie schon geschafft haben, oder noch schaffen können? Ich glaube, daß dieses insonderheit von Paul Gerhards [!] Gesängen gelten kann. Dieser geistreiche Liederdichter arbeitete zwar allezeit mit Feuer und Affect, aber doch auch mehrentheils mit flüchtiger Hand. Zudem schrieb er zu einer Zeit, wo der gute Geschmack sich noch wenig gebildet hatte.«[17]

Wie Schlegel meinte, Paul Gerhardts Lieder verbessern zu können, wird an dem Beispiel des Passionsliedes »Ein Lämmlein geht und trägt die Schuld« (EG 83) deutlich:

»Ein Lämmlein geht und trägt die Schuld«	»Ein Lamm geht hin und trägt die Schuld«
(Paul Gerhardt, 1647)	(Johann Adolf Schlegel, 1766)

»EIn Lämmlein geht und trägt die Schuld	»Ein Lamm geht hin und trägt die die Schuld
Der Welt und ihrer Kinder	Der abgefallnen Kinder;
Es geht und büsset in Gedult	Geht hin, und büßet in Geduld
Die Sünden aller Sünder	Die Sünden aller Sünder;
Es geht dahin wird matt und krank	Folgt seinen Würgern ohne Zwang;
Ergibt sich auf die Würgebank	Ja wählet selbst den herben Gang;
Verzeiht sich aller Freuden	Wählt Martern statt der Freuden;
Es nimmt an Schmach / Hohn und Spott	Für uns will es nicht Schmach und Pein,
Angst / Wunden / Striemen / Creutz und Tod	Nicht Striemen, Angst und Wunden scheun;
Und spricht: ich wils gern leiden.«[18]	Ja gar den Tod erleiden.«[19]

Schlegel erhält die Grundidee des Liedes, doch nimmt er im Sinne einer vernunftgeleiteten Theologie zahlreiche Änderungen vor. Zuerst tilgt er die Verniedlichung, die nicht mit der Würde Christi vereinbar scheint, und macht aus dem »Lämmlein« ein »Lamm«. Auch in den folgenden Versen wirkt das Opfertier – also Christus – bei Schlegel selbstbestimmter: Es ergibt sich nicht, sondern wählt selbst den Gang. Der wörtliche Ausspruch des Lämmleins am Ende der Strophe muss aus rationalen Gründen geändert werden, da ein Lamm de facto nicht sprechen kann.

In diesem Stil dichtet Schlegel nicht nur Lieder Paul Gerhardts, sondern auch vieler anderer Kirchenlieddichter um; unter ihnen sind

Benjamin Schmolck, Johann Heermann und Johann Jakob Rambach sowie zahlreiche Gesänge Martin Luthers.

Nach ähnlichem Muster ging Klopstock in seiner zweibändigen Sammlung »Geistliche Lieder«[20] vor. Wie sein Freund Schlegel veröffentlichte er sowohl eigene Lieder als auch eine Reihe alter Gesänge, die er in seinem Stil und nach seinem theologischen Verständnis bearbeitete. Im Vorbericht erklärt er seine Absichten:

»Man würde mir sehr unrecht thun, wenn man von mir glaubte, daß ich unsre Lieder, weil ich sie veränderte, gering schätzte. Eben deßwegen weil mir viele Stellen in den meisten unsrer alten und in einigen unsrer neuen Lieder so werth sind, und weil ich dankbegierig gegen die Rührung bin, zu der sie mich oft veranlaßten; habe ich andre Stellen derselben, von welchen ich überzeugt war, daß sie die Andacht oft störten, und noch öfter nicht genug unterhielten, verändert.«[21]

Das Beispiel »Herzliebster Jesu« (EG 81) zeigt, wie Klopstock die Lieder so veränderte, dass sie seiner Meinung nach größere Rührung hervorrufen und zugleich dem Inhalt gerecht werden sollten:

»Herzliebster Jesu«	»Versöhner GOttes«
(Johann Heermann, 1630)	(Friedrich Gottlieb Klopstock, 1758)
»HErtzliebster Jesu,	»Versöhner GOttes,
was hastu verbrochen,	was hast du verbrochen?
Daß man ein solch scharff Urtheil hat	Dein Todesurtheil haben sie
gesprochen?	gesprochen?
Was ist die Schuld?	Ein Fluch gemacht sollst
In was für Missethaten	du am Kreuze sterben?
Bistu gerathen?«[22]	Wie Sünder, sterben?«[23]

Auch bei Klopstock muss die emotional-verniedlichende Anrede weichen, da sie weder Christus noch dem Passionsgeschehen angemessen scheint. In den darauffolgenden Versen wird das Klopstock-typische Pathos sichtbar, das häufig auf Wiederholungen markanter Wörter basiert; in diesem Fall »sterben«.

Welche Kreise die Umdichtungen altbekannter Lieder zogen, zeigt sich beim genaueren Hinsehen in das schleswig-holsteinische *Allgemeine Gesangbuch*. An zahlreichen Texten wird erkennbar, dass Cramer sowohl die ursprüngliche Version als auch eine bereits bearbeitete Fassung kannte und teilweise miteinander verschmolz. Daraus entstanden Lieder, deren Ursprung nur noch blass durch die neuen Verse schimmerte.

»Nun freut euch lieben Christen gmayn« (Martin Luther, 1524)	»Nun Christen, laßt uns fröhlich seyn« (Johann Adolf Schlegel, 1766)	»Nun, christen, laßt uns frölich seyn« (Johann Andreas Cramer, 1780)
»Nun frewdt euch lieben Christen gmayn Vnd last vns frölich springen Das wir getrost vnd all in ain Mit lust vnd liebe syngen. Was Gott an vns gewendet hat Vnd seyne süsse wunder that Gar theür hat ers erworben.«[24]	»Nun, Christen, laßt uns fröhlich seyn, Gott Dank und Ehre bringen Von Herzen seines Heils uns freun, Mit Lieb' und Lust ihm singen. Wer faßt die große Wunderthat Was Gott an uns gewendet hat; Wie theu'r er uns erworben?«[25]	»Nun, christen, laßt uns frölich seyn, GOtt preis und ehre bringen; Von herzen seines heils uns freun, Und seine huld besingen; Erheben seiner liebe rath, Die uns so hoch begnadigt hat. Wie theur sind wir erworben!«[26]

*

Nicht nur lutherische, sondern auch reformierte Theologen dichteten im 18. Jahrhundert vorhandene Gesänge nach ihren theologischen und sprachlichen Maßstäben um. So gab der Leipziger reformierte Pfarrer Georg Joachim Zollikofer (1730–1788) 1766 ein rationalistisch gefärbtes Gesangbuch mit Umdichtungen bekannter Lieder und eigenen Dichtungen heraus: *Sammlung geistlicher Lieder und Gesänge, zum Gebrauch Reformirter Religionsverwandten*[27]. Bereits die Einteilung in »Erste Abtheilung. Lieder und Gesänge von allgemeinerm Inhalte«, »Zweyte Abtheilung. Lieder und Gesänge über die wichtigsten Stücke der christlichen Glaubenslehre« und »Dritte Abtheilung. Lieder und Gesänge über die wichtigsten Stücke der christlichen Sittenlehre« lässt die Ausrichtung der Sammlung eindeutig erkennen. Seine bearbeiteten Liedtexte wurden in den folgenden Jahren auch in andere Gesangbücher, wie z. B. in das schleswig-holsteinische *Allgemeine Gesangbuch*[28] aufgenommen. Von Zollikofers eigenen Liedern ist vor allem »Lass mich, o Herr, in allen Dingen« (EG 414) bekannt geworden und erhalten geblieben.

*

Die Begeisterung über die Umdichtungen und zeitgemäßen Bearbeitungen bekannter geistlicher Lieder war nur von kurzer Dauer. Bereits nach wenigen Jahrzehnten regte sich erster Widerstand gegen die neuen Texte, zum einen von einer Vielzahl einfacher Christinnen und Christen, die die vertrauten Texte im Gottesdienst und in den neuen Gesangbüchern vermissten; zum anderen vermehrt von Theologen und Dichtern, die die theologische Umdeutung und sprachliche Qualität bemängelten, allen voran der Weimarer Superintendent und Freund Goethes Johann Gottfried Herder (1744–1803). In einem Rundschreiben 1793 antwortete er auf die Frage, wie alte Gesänge in neue Gesangbücher aufgenommen werden sollten:

»Meine Meinung ist: so viel möglich unverändert. [...] Die Änderungen [...] müßen äußerst selten, äußerst nothwendig und unmerklich seyn [...] Ich für meine Person bin dem Aenderungskitzel von Herzen gram und feind.«[29]

Sehr aufschlussreich für Herders Vorstellungen des Kirchengesangs ist auch seine Vorrede im 1795 publizierten *Weimarischen Gesangbuch*[30]:

»Aus dem alten Gesangbuche sind 358 Gesänge beibehalten [...]. Diese alle hielt man unverändert bey, außer daß hie und da ein Ausdruck, der der Sprache oder dem Glauben entgegen ist, oder der gar zum Spott eines gemeinen Sprüchworts geworden war (wie es leider dergleichen Lieder-Ausdrücke viele giebt), unmerklich oft nur mit Einem Buchstab oder Wort verbessert wurde.«[31]

Über seine Zeitgenossen, die sich in den vergangenen Jahren bemüht hatten, alte Gesänge an neue theologische und sprachliche Ansprüche anzupassen, urteilte Herder sehr ungnädig:

»Sobald es ihnen gelang, die Sylben in Reim zu zwingen, und mit Geheimnissen der Religion, oder mit Kreuz und Leiden, etwa auch mit einem Kernspruch der Bibel andächtig zu spielen; insonderheit wenn sie dabey wohlgemeinte herzliche Empfindungen rührend übertrieben, so ward ihr Lied aufgenommen und fand Beyfall.«[32]

*

Etwas subtiler äußerte Matthias Claudius (1740–1815) seine Kritik an der Bearbeitungen alter Lieder und neuer Gesangbücher. In seiner Zeitschrift »Der Wandsbeker Bote« lässt Claudius sein Alter Ego Asmus in einer fiktiven Korrespondenz schreiben:

»Es wird dem Herrn Vetter bekannt sein, daß in den neuen Zeiten die alten Kirchenlieder verändert werden. […] Auch mögen wohl viele Lieder nicht so sein, als sie sein sollten etc. das ist alles wahr. Aber ich weiß nicht, ob's an dem Verbessern oder an den Verbesserern liegt; genug, ich kann mir nicht helfen, daß es mich um einige alte Lieder nicht dauren und leid sein sollte.«[33]

Claudius' Kritik richtet sich explizit gegen Cramers *Allgemeines Gesangbuch*, das zu seinen Lebzeiten in Wandsbek eingeführt wurde und das er auch an anderen Stellen bemängelte. Sowohl die vernunftgeleitete Theologie, auf der das *Allgemeine Gesangbuch* fußt, als auch die sprachlichen Glättungen, die Cramer an den alten Liedern vorgenommen hatte, missfielen Claudius.

Dass er ein gänzlich anderes ästhetisches Empfinden und eine andere Vorstellung von Religiosität hatte, wird an seinem Lied »Der Mond ist aufgegangen« (EG 482) ersichtlich. Dieses erreichte im Laufe der Jahrhunderte volksliedartigen Status und zeugt von Claudius' Vorliebe für eine eher mystisch-geheimnisvolle Anmutung und Erweckung einer religiösen Empfindung an Stelle einer nüchternen Lehrsprache.

*

Einen Vorgeschmack auf die am Ende des Jahrhunderts aufkommende Debatte um die Umdichtung und das Weglassen alter Lieder in neuen Gesangbüchern hatte es bereits um 1735 in der freien Reichsstadt Nordhausen in Thüringen gegeben. Hier beschloss der lutherische Theologe Friedrich Christian Lesser (1692–1754), zu dieser Zeit Pfarrer an der Frauenbergkirche, eigenmächtig ein neues Gesangbuch für die Reichsstadt herauszugeben: Das *Schrifftmäßige Gesang-Buch, zu nützlichem Gebrauch Heyl-begieriger Seelen*[34]. Unterstützt wurde er dabei von seinem Schwager Chilian Volkmar Riemann, dem amtierenden Bürgermeister der Stadt.

Gegen die Einführung dieses neuen Gesangbuches regte sich heftiger Widerstand in der Bevölkerung, und es kam in der Stadt zu teilweise absurden Begebenheiten. So wurde ein Pfarrer ins Rathaus zitiert, weil er auf einer Beerdigung Lieder aus dem alten Gesangbuch, wie Luthers »Aus tieffer Noth« habe singen lassen. Da diese Lieder jedoch durch Inkrafttreten des neuen Gesangbuchs in den örtlichen Gemeinden abgeschafft worden waren, musste sich der Pfarrer vor Bürgermeister und Ratsherren dafür rechtfertigen, dennoch die alten Stücke zu singen.[35]

Bürgermeister Riemann sah sich schließlich genötigt, eine öffentliche Rede zur Verteidigung des neuen Gesangbuchs zu halten, die später sogar gedruckt und dadurch weiter verbreitet wurde. Nach vielen Diskussionen und Verwerfungen fand man nach zwei Jahren einen Kompromiss: Die zweite Auflage des *Schrifftmäßigen Gesang-Buchs* enthielt 143 Lieder mehr – unter ihnen zahlreiche alte Lieder, die in der ersten Auflage schmerzlich vermisst worden waren.

Diese Auseinandersetzung um das Gesangbuch zog weite Kreise, und eine ganze Reihe von Pfarrern, Kirchenmusikern und Theologen äußerte sich in verschiedenen Publikationsorganen zu dem Sachverhalt[36]; 1738 erschienen sogar Schriften der Theologischen Fakultät in Leipzig und der Juristischen Fakultät aus Rostock, die auf den Liederstreit reagierten. Im Zuge dieser Diskussionen wurde auch die Frage nach einem allgemeinen Gesangbuch, das in allen Gemeinden genutzt werden sollte, aufgeworfen. Wie der Kleine Katechismus und die Augsburger Confession von allen Kirchen anerkannt seien, so solle es auch ein Gesangbuch geben, auf das sich alle protestantischen Christenmenschen einigen können.

Die Debatten führten jedoch zunächst zu keinem Ergebnis; es sollte noch etwa 200 Jahre und viele neue Gesangbücher und Lieder dauern, bis es im 20. Jahrhundert endlich zur Einführung eines einheitlichen Gesangbuchs kam.

19.
Jahrhundert

Zurück zu den Wurzeln

Deutsches Evangelisches Kirchen-Gesangbuch. In 150 Kernliedern, 1854

XVIII »Gesangbuchsnoth«

Zurück zu den Wurzeln, und das hieß für evangelische Theologen: zur Reformation, den Reformatoren, insbesondere Martin Luther, und ihren »glaubensstarken« Liedern – das war die Überzeugung vieler Theologen und Musiker zu Beginn eines neuen Jahrhunderts. Am Anfang stehen Ernst Moritz Arndt, August Tholuck und Rudolf Stier, die von «Gesangbuchsnoth« reden – Not zunächst im Hinblick auf die aus der Aufklärungszeit überlieferten Gesangbücher und Lieder, ihre vermeintliche oder tatsächliche dogmatische Abständigkeit und ihre Moralität, Not aber auch – und, wie es scheint, vor allem – im Hinblick auf ein nach ihrer Ansicht fehlendes deutsches evangelisches Einheitsgesangbuch. Ein solches sollte es zwar in ihrem eigenen Jahrhundert nicht mehr geben, aber die Vorbereitungen dafür waren doch so weit gediehen, dass im Jahr 1915, mitten im Ersten Weltkrieg, ein solches Gesangbuch erschien, das unter dem Namen »Auslandsgesangbuch« in die Literatur eingegangen ist.

Aus der romantischen Idee einer Wiedergewinnung der Vergangenheit entwickelte sich eine starke Bewegung, die durch hymnologische Forschung die Erneuerung der Gesangbücher betrieb. Es galt dabei, die alten »glaubensstarken« Lieder der Reformationszeit für die Gegenwart wiederzugewinnen, zur Stärkung der einzelnen Gläubigen, zum Aufbau der Gemeinden und zur Selbstbesinnung der Kirchen auf ihr Bekenntnis.

Zugleich war der Blick immer auch auf ein künftiges evangelisches Einheitsgesangbuch gerichtet – in einer geeinten Nation sollte es auch ein Gesangbuch für alle Evangelischen geben. Luthers Aufrufe zum Singen zu Gottes Lob und zur Freude der Menschen, denen er in seinen Vorreden Ausdruck verliehen hatte, nahmen durch die Arbeit an Liedern und Gesangbüchern neue Gestalt an. Daneben knüpfte man an Lieder und Gesangbücher des Pietismus an. Galt der Rückgriff auf die Reformation stärker Kirche und Bekenntnis, so ging es hier um persönliche Frömmigkeit, um die Beziehung der einzelnen Gläubigen zu Gott und Jesus (Christus), dem Menschen- und Kinderfreund.

*

Nach dem Ende der Befreiungskriege veröffentlichte der damalige Bonner Professor Ernst Moritz Arndt (1769–1860) 1819 eine fulminante Schrift »Von dem Wort und dem Kirchenliede nebst geistlichen Liedern«. In romantischem Geist und mit nationaler Verve übte Arndt darin heftige Kritik an den Hervorbringungen des letzten halben Jahrhunderts und erklärte: »Nåchst der dem Volke überlieferten lutherischen teutschen Bibel, kann man sagen, hat der rechte åchte Kern des Protestantismus in Wort Klang und Kraft sich in unsern geistlichen Liedern niedergelegt«[1]. Arndt geißelt die »Sůnden«, die zwischen 1760 und 1800 »von unsern Schriftgelehrten und Priestern begangen« wurden, die er aber entschuldigt, da sie »nur schwach bethôrt und verblendet« gewesen seien »wie das ganze Zeitalter«. Das meiste dessen, was in diesen Jahren entstanden sei, müsse »wieder abgeschafft und ausgekehrt werden, weil es eitel Spreu und Dunst ist, wovon nichts bleibt, wenn der rechte feurige Kehrbesen des Evangeliums und die Kunst des hôheren Geistes darüber kômmt.« Arndt wettet: »solange teutsch gesprochen wird, werden Luthers und Gerhards meiste Lieder leben und in christlichen Kirchen gesungen werden, nicht weil der Luther oder Gerhard sie gedichtet hat sondern der Geist Gottes«. Allmählich, bedächtig und langsam will er zu guten geistlichen Liedern zurückkommen und ein »christlich teutsches Gesangbuch« zu einem mäßigen Preis und für die Armen umsonst schaffen. »Ich meine ein Gesangbuch fůr alle Christen …, das alles enthielte, was in frommer Inbrunst der Begeisterung in den letzten dreihundert Jahren – und wenn es schon frühere Hymnen gibt – von christlichen Sångern gedichtet ist«. »Versteht sich von selbst, daß nur solche Lieder und Gesånge gemeint sind, welche von dem lebendigeren innigeren und einfältigeren Geiste einer wahren Andacht ausgegossen und mit Feuer und Kraft gestämpelt sind«[2]. Arndt macht dann noch Vorschläge, wie ein solches Buch zustande kommen könne – überdies möchte er den Textbestand und Wortlaut der alten Lieder unbedingt gewahrt und keinesfalls durch »Willkühr« verändert wissen.

Von seinen im Anhang gedruckten 33 Liedern bot das EKG im Stammteil zwei, »Kommt her, ihr seid geladen« und »Ich weiß, woran ich glaube«, die auch in das EG übernommen wurden (EG 213 und 357). Sie entsprechen den Idealen und Forderungen, die er selbst in seiner Streitschrift aufgestellt hatte.

*

August Tholuck (1799–1877), seit 1825 Professor der Theologie in Halle, zu den Erweckten zählend und Vertreter einer »Pektoraltheologie«, hatte schon seit einiger Zeit auf die Mängel in den evangelischen Gesangbüchern hingewiesen und das Wort von der »Gesangbuchsnoth« in die Welt gesetzt. Dieses Stichwort nahm Rudolf Stier (1800–1862), Pfarrer in Frankleben bei Merseburg, auf und veröffentlichte 1838 eine umfangreiche Abhandlung mit dem Titel »Die Gesangbuchsnoth. Eine Kritik unsrer modernen Gesangbücher, mit besonderer Rücksicht auf die preußische Provinz Sachsen«, in der er die Gesangbücher der Aufklärung und des Rationalismus einer heftigen Kritik unterzog. »Es wäre ein Augiasstall, eines Herkules bedürftig, wenn die ganze moderne Gesangbuchslitteratur Deutschlands einer speciellen Kritik unterzogen werden sollte«; und so forderte Stier Gesangbücher, die die Lieder möglichst in ihren ursprünglichen Texten enthalten und aus der von ihm wahrgenommenen »unbeschreiblichen Konfusion wieder zur Einheit des kirchlichen Gesanges in der evangelischen Kirche Deutschlands zurückführen«[3] sollten.

Auf dem Gebiet der seit 1815 bestehenden preußischen Provinz Sachsen musterte der Fürsprecher eines solchen künftigen Gesangbuches die seinerzeit dort in Gebrauch befindlichen Gesangbücher.[4] Er verzeichnete ein Halberstädter (1740/1818), ein Schleusinger, ein Suhlaer (1796/1831), ein Altmärkisches und Prignitzisches (1828), ein Sangerhäuser (1750), ein Hallisches Stadtgesangbuch (1790/1824), ein Wernigeröder (1800), ein Halle-Glauchaer (1790), ein Zeitzer (1799), ein Merseburger (o. J.), ein Delitzscher (1796/1817), ein Wittenberger (1788), ein Stolberg-Stolberger (1781), ein Dresdner (1797), ein Torgauer (1800), ein reformiertes Hallisches Domgesangbuch ([4]1834), ein Eisleber (1797/1831), ein Stolberg-Roßlaer (1813), ein Sondershäuser (1794), ein Nordhäuser (1802), ein Mühlhäuser (1799), ein Weißenfelser (1824/1832), ein Naumburger (1806/1826), ein Magdeburger (1805), außerdem ein altes Dresdner, ein Erfurter (1796/1835), ein Langensalzaer, ein Rudolstädter, ein Kloster Bergisches, ein Quedlinburger (1812/1824) und ein Freyburger [Unstrut] (1798) Gesangbuch.

Wahrscheinlich konnte man die örtliche und zeitliche Zersplitterung der Gesangbuchlandschaft in diesen Jahren nirgends besser bzw. schlechter als eben in dieser Gegend darstellen – ganz abgesehen von der Qualität der Gesangbücher, die Stier ebenfalls einer eingehenden Kritik unterzog. Angesichts dieses Befundes dürfte klar sein, dass der Weg zu einem Einheitsgesangbuch lang und schwierig werden würde. Noch Jahrzehnte später bemerkte der damalige Generalsuperintendent der Kirchenprovinz Sachsen auf einer Provinzialsynode 1878, dass zu diesem Zeitpunkt auf dem Gebiet der Provinz Sachsen 75 Gesangbücher im Gebrauch seien, »darunter viele schlechte«, und der Regierungspräsident erklärte, »daß er in Folge seiner vielfachen amtlichen Versetzungen sich bereits 15 verschiedene Gesangbücher habe anschaffen müssen«[5].

*

Zu den praktischen Erneuerern des Gesangbuchs zählte der gelehrte und weltläufige preußische Diplomat, Botschafter am Heiligen Stuhl und in London, Christian Karl Josias Bunsen (1791–1860), ein Mann von Welt und großen Talenten. 1833 brachte er in Hamburg »im Verlage von Friedrich Perthes« den *Versuch eines allgemeinen evangelischen Gesang- und Gebetbuchs zum Kirchen und Hausgebrauche* heraus, ein starkes Buch von annähernd 1000 Seiten, an dem er seit dem »Jubeljahre 1817« gearbeitet hatte.

Das Buch sollte nach Ansicht des Herausgebers »das Edelste und Vollkommenste, was die Andacht und heilige Begeisterung aller Jahrhunderte und Völker uns überliefert, so weit es sich innerhalb des klaren Wortes der Schrift und des allgemeinen Bewußtseins christlicher Herzens zu bewegen schien«, zusammenstellen, und zwar von den ältesten Zeiten bis zur Gegenwart – das jüngste in die Sammlung aufgenommene Lied »Licht, das in die Welt gekommen« stammte von dem im Jahr 1800 geborenen Rudolf Stier.

Die umfangreiche, auf den 3. August 1832 datierte Vorrede[6] artikuliert zunächst den Wunsch nach einem allgemeinen deutschen evangelischen Gesangbuch. Keines der bisherigen, auch nicht das Freylinghausensche von 1704, entspreche den gegenwärtigen und künftigen Bedürfnissen. Unberücksichtigt will Bunsen alles lassen, »was als Lied schlecht oder schwach ist«, die verbleibenden guten Lieder will er auf Wort und Geist hin prüfen, die Anordnung soll für den Gemeindegebrauch geeignet und die Textbehandlung moderat konservativ sein. Das dem Gesangbuch beigegebene (durchgezählte) Gebet- und Andachtsbuch soll dem Gesangbuch entsprechen.

In den folgenden Abschnitten widmet sich Bunsen der Geschichte der Gesangbücher und stellt insbesondere die seinerzeit jüngst erschienenen vor, unter anderen Schleiermachers Berliner Gesangbuch. Auch ein Verzeichnis der Verfasser erschien ihm unentbehrlich, um die »Idee der Einheit des heiligen Gesanges von David bis auf die Jungfrau Maria, und von dieser bis zu den heiligen Sängern der Kirche in den aufgenommenen Liedern anschaulich zu machen«[7].

Das Buch ist ein Muster an Gelehrsamkeit und Sorgfalt. Zielgruppe des Buches waren gewiss die »einigermaßen Gebildeten«, die ein christliches Hausbuch aus ihm machen konnten und sollten. Für den Gebrauch in den Gemeinden war es zu umfangreich und zu gelehrt. Aufbauend auf den Arbeiten August Jakob Rambachs (1777–1851) und dessen Sammlung »Anthologie christlicher Gesänge aus allen Jahrhunderten der Kirche« (1817–1833) brachte es Lieder von den ältesten Zeiten an der Gegenwart neu ins Gedächtnis.

*

Mit all diesen sowie zahlreichen weiteren Aufrufen, Forschungen und Liedersammlungen sowie Vorschlägen für die musikalische Erneuerung war ein Boden bereitet für die Herausgabe neuer Gesangbücher. Sie kam in den einzelnen Landeskirchen allmählich in Gang und zeitigte, je nach dem geistlichen Profil der jeweiligen Kirchen, sehr unterschiedliche Ergebnisse. Ein halbes Jahrhundert später beschrieb ein Schüler des Marburger Theologen August Vilmar (1800–1868), Philipp Dietz (1834–1910), in seinem Buch »Die Restauration des evangelischen Kirchenliedes« diese Vorgänge und beschloss sein Buch mit der Bemerkung:

»Sind nun auch bei dieser totalen Neugestaltung unserer Gesangbücher nicht alle Wünsche und Hoffnungen ... in Erfüllung gegangen, ist namentlich das von mancher Seite erhoffte sogenannte »Nationalgesangbuch« nicht zu Stande gekommen, so wird man doch nicht verkennen dürfen, daß trotz mancher Fehltritte auf dem vor beinahe hundert Jahren beschrittenen Wege im großen und ganzen ein gewaltiger Fortschritt zum Besseren geschehen und der evangelischen Kirche eins ihrer vorzüglichsten Erbauungsmittel wieder zurückgegeben ist«.[8]

Dazu hatte Friedrich Schleiermacher mit seinem Berliner Gesangbuch den ersten Anfang gemacht.

XIX Schleiermacher und das neue Berliner Gesangbuch

Am 30. Oktober 1817, dem Vorabend des Reformationsjubiläums, wurde mit einem gemeinsamen Abendmahlsgottesdienst in der Berliner Nikolaikirche die preußische Kirchenunion der lutherischen und reformierten Geistlichen vollzogen. Treibende Kraft dahinter war König Friedrich Wilhelm III., der sich in seinen Bestrebungen und dem Vollzug der Union in der Rolle eines Vollenders der Reformation betrachtete. Neben einer neuen Verfassung und einer neuen Agende gab es nun vor allem ein Projekt für die unierte Gemeinde: ein neues Gesangbuch.[1]

Bereits 1811/12 hatte es erste Überlegungen zu einem konfessionsübergreifenden Provinzialgesangbuch gegeben, doch erst die Kirchenunion wenige Jahre später gab die rechtlichen Voraussetzungen und den nötigen Antrieb. Im Sommer 1818 wurde eine Gesangbuch-Kommission gewählt, die in den folgenden Jahren regelmäßig zusammenkam, um die formale und inhaltliche Gestaltung eines unierten Gesangbuchs zu diskutieren und zu beschließen. Wie kompliziert und langwierig der Entstehungsprozess war, zeigt die Tatsache, dass erst 1827 ein Manuskript vorlag und es – nach Begutachtung und Revision durch das Ministerium – noch weitere zwei Jahre dauerte, bis 1829 das neue *Gesangbuch zum gottesdienstlichen Gebrauch für evangelische Gemeinen* in Berlin gedruckt und vertrieben werden konnte.

Das prominenteste Mitglied der Berliner Gesangbuch-Kommission war der reformierte Theologe Friedrich Schleiermacher (1768–1834), der aufgrund seiner bahnbrechenden theologischen Erkenntnisse und

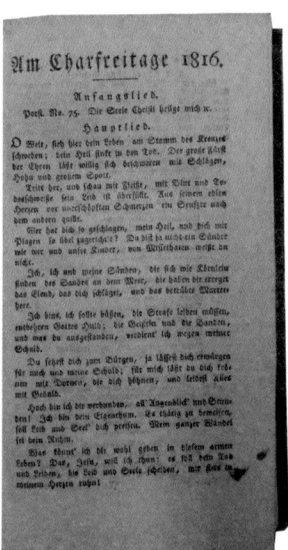

Am Charfreitage [12. April] 1816 (Gesangbucharchiv Hildesheim, Nr. 73)

Errungenschaften auch als »Kirchenvater des 19. Jahrhunderts« bezeichnet wird. Schleiermacher, der neben seiner Tätigkeit als Professor der Theologie auch stets als Prediger tätig war, wusste um die Bedeutung der geistlichen Lieder im Gottesdienst und machte sich seit jeher Gedanken um die Auswahl passender Stücke zu seiner Predigt. Bereits um 1800, als junger Prediger an der Berliner Charité, vermerkte Schleiermacher in seinen Predigtentwürfen Liednummern aus den damals gebräuchlichen Gesangbüchern (»Porst« und »Mylius«), die seine Predigten liturgisch begleiten sollten. Seit 1812 entwarf er für seine Gottesdienste an der Berliner Dreifaltigkeitskirche Liederblätter, auf denen die Texte (ohne Noten) von zwei bis fünf ausgewählten Liedern abgedruckt waren. Diese Blätter konnten vor dem Gottesdienst an der Kirchentür einzeln gekauft oder auch abonniert werden – eine Praxis, die von einigen als vornehm, von anderen als extravagant wahrgenommen wurde, da sie allzu sehr an die Oper erinnerte.

Dieser kulturellen Assoziation war Schleiermacher sich höchstwahrscheinlich bewusst und nahm sie – wohl zugunsten der situativen Anpassungsmöglichkeit der Liedauswahl an seinen Gottesdienst – gerne in Kauf. Häufig waren es bekannte Lieder aus verschiedenen Gesangbüchern seiner Zeit, deren Texte er so veränderte oder mit Versen aus anderen Liedern kombinierte, dass sie seinen theologischen und ästhetischen Ansprüchen genügten. Ebenso wichtig war ihm die Reihenfolge der Lieder; sie wurden mit Hinweisen wie »Nach dem Gebet« oder »Nach der Predigt« überschrieben und gaben den Schleiermacherschen Gottesdiensten so eine eigene – theologische und liturgische – Prägung. Im Lauf der Jahre wählte Schleiermacher auf diese Weise mehr als 1.000 Texte für seine Liederblätter aus, die er nach seinem Gutdünken bearbeitete. Grund für seine Mühen war, dass er mit den damals in Berlin gebräuchlichen Gesangbüchern unzufrieden war: zu pietistisch war »das Porst'sche«, zu rationalistisch das von Mylius. Der Entschluss, im Zuge der Kirchenunion in der Kommission an der Konzeption eines neuen Gesangbuchs mitzuwirken, erscheint angesichts dessen als nahezu notwendige Konsequenz.

Der Einfluss Schleiermachers und seiner Liederblätter auf das neue Berliner Gesangbuch ist nicht zu unterschätzen. Von den insgesamt 876 Liedern wurden knapp die Hälfte bereits zuvor in einem von Schleiermachers Gottesdiensten von den Liederblättern gesungen. Die Gesangbuch-Kommission griff also auf das große Repertoire an Liedern zurück, die Schleiermacher bereits für geeignet erachtet und textlich bearbeitet hatte. Dabei gab es durchaus eine Wechselwirkung: Zum einen wurden Schleiermachers Liedbearbeitungen aufgenommen, zum anderen nahm Schleiermacher Umdichtungen seiner Kollegen in seinen Liederblättern auf. Die Praxis, Liedtexte aus theologischen oder poetischen Gründen zu verändern, war insbesondere im 18. Jahrhundert weit verbreitet, doch auch die Berliner Gesangbuch-Kommission hielt noch im frühen 19. Jahrhundert daran fest, wie in der Vorrede angekündigt und begründet wurde:

> »Zuletzt lag es keineswegs in der Ueberzeugung der Synode, daß in Gesangbüchern dieser Art, welche nicht den Bedürfnissen der wissenschaftlichen Forschung, sondern allein der öffentlichen Erbauung sowohl der jetzt lebenden, als der nächstfolgenden Geschlechter, gewidmet sind, an den aufgenommenen Liedern durchaus nichts geändert werden dürfe. Vielmehr sollte zwar jedem Liede sein eigenthümliches Gepränge gelassen, aber die schonend bessernde Hand unbedenklich angelegt werden, wenn die natürliche Gedankenfolge in einem Liede zu auffallend vernachlässiget war, und dennoch der Inhalt auf eine leichtere und einfachere

Weise geordnet werden konnte; wenn die Melodie nothwendig einen Ruhepunkt gebot, wo im Texte die Periode oder der Satz noch keinen Schluß enthielt, – auf welchen dem Gefühle so unangenehmen und für die Andacht beim Gesang so störenden Uebelstand auch die vorzüglichsten Liederdichter nicht sorgsam genug geachtet haben, und dessen Entfernung eben so nothwendig, als meistens sehr schwierig ist, – endlich wenn der Ausdruck sprachwidrig, oder für den guten Geschmack anstößig, oder nicht verständlich genug gefunden ward.«[2]

In anderen Belangen hingegen sollte sich das Berliner Gesangbuch dezidiert von den Gesangbüchern der vorausgehenden Jahrzehnte abheben. Aus den Protokollen der Kommission geht hervor, dass sich die Mitglieder bald einig darüber waren, dass es keine Einteilung in Glaubens- und Sittenlehre im neuen Gesangbuch geben sollte. Ebenso sprach man sich für eine einfache Rubrizierung aus, die sich an der gottesdienstlichen Praxis und nicht an der Dogmatik orientieren sollte.

Verschiedene Vorschläge zur Einteilung wurden eingereicht und diskutiert; schließlich einigte man sich sich auf 27 Rubriken. Statt wie zumeist üblich beginnt das Berliner Gesangbuch (1829) daher nicht mit Liedern zu Gottes Eigenschaften, Advents- oder Morgenliedern, sondern die ersten Abschnitte lauten »Allgemeine Bitten«, »Vom christlichen Gottesdienste« und »Bekenntniß des Glaubens an den Dreieinigen«; das erste Lied ist eine Bearbeitung von Josua Stegmanns »Ach bleib mit deiner Gnade« (EG 347).

Für die Auswahl der Lieder wurden insgesamt mehr als 50 ältere und neuere Gesangbücher berücksichtigt, die in verschiedenem Maße in das Berliner Gesangbuch einflossen. Bei genauerer Betrachtung zeigt sich jedoch eine Vorliebe für Gesangbücher und Liedgut aus dem Nord- und Ostseeraum und aus Schlesien. Als Beispiele seien hier das *Allgemeine Gesangbuch* (Kiel 1780), das *Neu eingerichtete jaurische Gesangbuch* (Jauer [2]1752), die *Sammlung alter und neuer geistli-*

cher Lieder (Riga 1810) sowie der *Kern alter und neuer Lieder*[3] (Stettin 1774) genannt.

Schleiermacher setzte sich vor allem für die Aufnahme Herrnhutischen Liedguts ein. Vermutlich aufgrund seiner eigenen lebensgeschichtlichen Verbundenheit mit der Brüdergemeine erachtete er die Stücke als besonders erbaulich und bereichernd für das neue Gesangbuch. Daneben zeigt sich bei ihm eine große Vorliebe für zeitgenössische Liederdichter: von Karl Bernhard Garve (1763–1841) und Johann Andreas Cramer (1723–1788) stammen die meisten Lieder, die Schleiermacher für geeignet befand und textlich bearbeitete.

Die Frage, ob Schleiermacher selbst Strophen oder gar ganze Lieder dichtete, ist in der Vergangenheit immer wieder diskutiert worden. Aufgrund der Tatsache, dass er zahlreiche anonym überlieferte Lieder in seine Liederblätter aufnahm und aus diversen Gesangbüchern, die bereits Umdichtungen bekannter Lieder enthielten, einzelne Strophen und Verse zu neuen Liedern zusammensetzte, ist seine Autorschaft in vielen Fällen nicht eindeutig zu bestimmen. Für einzelne Lieder, beispielsweise »Herr sieh, ich bin verdrossen« von Johann Peter Uz (1720–1796), konnte jedoch nachgewiesen werden, dass Schleiermacher eigenständig neue Strophen dichtete. Ganze Lieder können Schleiermacher hingegen nicht zugeschrieben werden.

Durch die vielen Umdichtungen und die Arbeit in der Kommission drückte Schleiermacher dem *Berliner Gesangbuch* dennoch seinen theologischen Stempel auf. So findet sich in vielen Liedern der Gedanke einer anhaltenden Schöpfung (creatio continua) im Sinne des Schleiermacherschen Prinzips der schlechthinnigen Abhängigkeit von Gott. Ebenfalls auffällig ist die Darstellung Christi als Erlöser, der die Fülle der Gottheit innehat. Anders als in vielen Gesangbüchern des 18. Jahrhunderts ist Jesus Christus nicht nur Vorbild, welches freilich unerreichbar bleibt, sondern Urbild, das den Glauben der Christenmenschen prägt und in dem sie selbst (Nach-)Bilder Christi sind.

Durch die Gemeinschaft mit Christus, die von seiner Kraft als Erlöser ausgeht, werden die Christinnen und Christen bereits im irdischen Leben in ihrem Gottesbewusstsein gestärkt; die eschatologische Perspektive schwingt nur im Hintergrund mit. Die Lehre der Erbsünde wird mit »Tatsünden« in Verbindung gebracht, und viele Lieder besingen, wie die gläubigen Seelen durch Christi Liebe und Tat von der Sünde erlöst werden.

Das *Berliner Gesangbuch* positioniert sich in Profil und der Gestaltung zwischen den rationalistisch-gefärbten Gesangbüchern der Aufklärung und den zunehmend der heutigen Gestalt ähnelnden Gemeindegesangbüchern. Die Praxis der Liederbearbeitung ist noch nicht überwunden, sondern bäumt sich ein letztes Mal auf, bevor sie im Lauf des 19. Jahrhunderts zunehmend beseitigt wird, um den Weg zurück zu den ursprünglichen Liedtexten zu gehen.

Die Arbeit der *Berliner Gesangbuch*-Kommission, die sich rund ein Jahrzehnt lang regelmäßig getroffen hatte, um gemeinsam an Inhalt und Erscheinung des neuen Gesangbuchs zu arbeiten, war wegweisend für die Entstehungsprozesse zukünftiger Gesangbücher. Statt wie zuvor üblich, war das Buch kein Werk eines einzelnen Theologen oder Kirchenmusikers, sondern das Gemeinschaftswerk gewählter Mitglieder. In ihre Arbeit bezogen sie nicht nur über fünfzig jüngere und ältere Gesangbücher ein, sondern berieten sich auch mit Theologen, Predigern, Musikern und Verlegern.

XX Erweckungsgesangbücher

Die Erweckungsbewegung, eine durch den Pietismus geprägte Frömmigkeitsbewegung, die auf Bekehrung und Neugeburt der Menschen abzielte, aber auch kräftige diakonische Aktivitäten entwickelte, war auch eine Singbewegung. 40.000 Lieder soll sie hervorgebracht haben; allein Johann Michael Hahn (1758–1819) verfasste mehr als 2.000 religiöse Dichtungen. Wesentliche Voraussetzungen für die Aufnahme von Liedern in die im Lauf der zweiten Hälfte des 19. Jahrhunderts erschienenen Gesangbücher schuf der württembergische Pfarrer Albert Knapp (1798–1864) mit seinem »Evangelischen Liederschatz«. Dieser ist als solcher kein Gesangbuch, vielmehr eine Sammlung von Liedern, aus der spätere Gesangbuchmacher schöpfen konnten und in der Tat reichlich geschöpft haben.

Albert Knapp (1798–1864) war in Tübingen unweit des Hölderlinturms geboren, in Maulbronn erzogen und Student in seiner Geburtsstadt, nach einer Bekehrung durch Ludwig Hofacker (1798–1828) und verschiedenen beruflichen Stationen am Ende seines Lebens Stadtpfarrer in Stuttgart und Dichter von mehr als 1.200 weltlichen und geistlichen Gedichten.

Im Jahre 1837 erschien bei Cotta in Tübingen und Stuttgart in zwei Bänden und in einer Auflage von 10.000 Exemplaren ein »Evangelischer Liederschatz für Kirche und Haus. Eine Sammlung geistlicher Lieder aus allen christlichen Jahrhunderten, gesammelt und nach den Bedürfnissen unserer Zeit bearbeitet von M. Albert Knapp, Diakonus an der Hospitalkirche in Stuttgart«, 1841 veröffentlichte er »Christen-Lieder«. Eine zweite, »ganz umgearbeitete Ausgabe« des Liederschatzes mit einem neuen Vorwort folgte 1850, eine dritte, vermehrte und verbesserte Auflage 1865 und eine vierte, »neu bearbeitet und bis auf die Gegenwart fortgeführt« postum 1891. In seinem »Versuch einer umfassenden Sammlung« brachte Knapp mehr als 3.500 geistliche Lieder zusammen, von denen er zahlreiche »nach den billigen Forderungen des neueren Geschmacks« und etlichen von ihm aufgestellten Grundsätzen mehr oder weniger großzügig veränderte – selbst Luthers Lieder ließ er nicht ungeschoren. »Wir rechnen ja bei einem Luther seine Halskrause, bei einem Melanchthon seinen Bart, bei einem Spener seine Perücke nicht mit zur Herrlichkeit der alten Theologie; warum wollen wir's in der Hymnologie thun, wo der Geschmack doch in höheren Anschlag kommt?« Diese Eigenmächtigkeit sollte Philipp Wackernagel später heftig kritisieren. Andererseits meinte Knapp selbst: »Der Vorrath der deutschen Kirchengesänge ist bei all ihren menschlichen Mängeln doch nicht ein bloßer Sack voll Mehls, aus welchem man kneten und backen dürfe, was man will«[1]. – Von seinen eigenen Liedern hat das EG zwei: »Einer ist's, an dem wir hangen« (256) und »Wir danken dir, Herr Jesu Christ« (462) und drei Bearbeitungen fremder Texte (220, 241,8, 251) aufbewahrt.

Den gesamten Liederbestand teilte Knapp in sieben Bücher auf: 1. »Gott, Schöpfung, Weltregierung, Sündenfall«, 2. »Von der Erlösung durch Jesum, den Sohn Gottes«, 3. »Vom Worte Gottes, Predigtamt, den heiligen Sacramenten und der Kirche«, 4. »Von der Zueignung und dem Genusse des Heils Jesu Christi«, 5. »Von den Früchten des Christenglaubens«, 6. »Von den Ordnungen und verschiedenen Zuständen des äußeren Christenlebens«, 7. »Vom Tode und von den letzten Dingen«; diese sind jeweils in weitere (bis zu 33) Unterkapitel unterteilt. Ein Verzeichnis der Autoren, der Versmaße und ein Alphabetisches Register erschließen den reichen Liederbestand.

Von einem Kirchenlied verlangte Knapp, dass es schriftgemäß und bekenntnistreu sein solle, einfach und würdig. »Das christliche Kirchenlied in seiner ächten Gestalt ist der dichterische Lapidarstyl des heiligen Geistes, durch welchen die Gemeinde mit Gott redet, und er mit ihr«[2]. Dieses – Luthers Bestimmung des Gottesdienstes[3] aufnehmende – Verständnis ist der Ausgangspunkt für Knapps Arbeit und seine Bearbeitungen. Die Lieder sollten ein schlichtes Versmaß haben, die Melodien singbar sein und als »geistlicher Nationalschatz«[4] die Gefühle der Menschen ansprechen.

In der Vorrede zur ersten Auflage knüpft Knapp an Tholucks Wort von der »Gesangbuchsnoth« an, macht aber zugleich deutlich, über welchen »geistlichen Liederreichthum« das protestantische Deutschland, auch und gerade angesichts seiner vielfältigen Territorialgeschichte, verfüge. Der Grund für diesen Reichtum, die »vielfältige Zertheilung Deutschlands«, sei aber auch der Grund, warum es bisher nicht zu einem einheitlichen Gesangbuch gekommen sei. »Deutschland ist das christliche Griechenland. Wie dieses früherhin der Mittelpunkt classischer Kultur war, so ist jenes der Mittelpunkt unter den christlichen Völkern«. Deshalb habe er es sich zur Aufgabe gemacht, diese vielfältigen Schätze zu sammeln und der Kirche vor Augen zu führen, »was sie an guten Liedern besitzt, und wie ein eigentliches Nationalgesangbuch beschaffen seyn soll«.

In seiner in tief frommem Geist abgefassten Vorrede zur zweiten Auflage des Werkes von 1850 wandte sich Knapp in scharfem Ton noch einmal gegen die Aufklärungsgesangbücher und gegen »alte Halbrationalisten« mit »ihren poetischen Wassersuppen«. Gelungene geistliche Lieder seien »Lebensstimmen einer noch in die Zeit eingewickelten Ewigkeit«. »Denn der ächte geistliche Gesang kann allein aus dem einfachen, aus dem lebendigen Glauben an das ewigbleibende Wort Gottes hervorgehen« – poetisches und künstlerisches Vermögen der Autoren spielten demgegenüber nur eine nachrangige Rolle.

Knapps höchstes Ziel war »Erbaulichkeit«; auf diese hin ordnete er Textgestalt und Liedgesang. »Denn was gegen den einfachen Geschmack verstößt und das unbestechliche Gefühl befremdet, das erbaut eben nicht mehr, mag man´s dem gewöhnlichen Leser auch noch so künstlerisch empfehlen und vertheidigen; denn Befremdung des Geschmacks ist der Tod der Andacht«. Die Wiederherstellung von Originaltexten, die diesem Zweck nicht entsprächen, lehnte er deshalb als »Bohnenstroh«[5] ab.

Aus einer Auswahl von 80–100.000 Liedern wählte er 3.572 (plus 18 im Anhang von Band 2) Lieder aus. Bei dieser Auswahl für seine erste Ausgabe habe ihn das Gesangbuch von Schleiermacher und Theremin – also das Berliner Gesangbuch von 1829 – stark beeindruckt, und er habe Veränderungen im Geiste und nach dem Vorbild dieses Buches vorgenommen; in der zweiten Auflage sei er vielfach zu den Originalen zurückgekehrt, aber nicht wie andere Gesangbücher, in denen keine »Rücksicht auf die billigen Ansprüche des jetzigen Geschlechts genommen, sondern Rost, Schimmel, Staub und Puder ohne weiteres auch zur unantastbaren Originalität der Geister gerechnet wird, während uns Salomo goldene Früchte in silbernen Schaalen darbieten heißt«[6].

Knapp setzte mit seiner Sammlung auch auf die Mitwirkung der Schule: »Die Schule ist die Vorhalle der christlichen Kirche«, meinte er. Insgesamt hatte er seine Sammlung nach der Maxime angelegt: »Ein Gesangbuch ist, wie schon bemerkt, nächst der Bibel das wichtigste und unentbehrlichste Volksbuch. Das Volk, dessen ärmere Classe sich mit so wenigen Büchern begnügen muß, will in seinem Gesangbuch alle Beziehungen des Christentums auf Herz und Leben in heiligen Liedzeugnissen kraftvoll dargestellt sehen, und verlangt hierin eine allseitige Nutzbarkeit. Man muß daher, wenn man die Bedürfnisse des Volkes nicht über vorgefaßten, oft aus bloßem Kunstgefühl oder aus einer gewissen Aengstlichkeit fließenden Meinungen zurücksetzen will, mit praktischem, billigem [angemessenem] Sinne zu Werke gehen«[7].

*

Zu den wirkungsvollen Erneuerern der geistlichen Dichtung im 19. Jahrhundert gehört auch (Carl Johann) Philipp Spitta. Er wurde 1801 in Hannover geboren. Nach Krankheit in der Kindheit, die den empfindsamen Jungen offenbar deutlich geprägt hat, studierte er Theologie in Göttingen. Die Bekanntschaft mit Liedern Theodor Körners und Ernst Moritz Arndts weckte Begeisterung in ihm; auch mit Heinrich Heine war er eine Zeitlang befreundet. Das Studium machte ihm indes wenig Eindruck, mehr dagegen die Lektüre von August Tholucks Buch »Die wahre Weihe des Zweiflers«. Wie viele seiner Zeitgenossen übernahm Spitta zunächst eine Hauslehrerstelle, und zwar in Lüne bei Lüneburg. Dort verfasste er zwischen 1824 und 1828 den überwiegenden Teil seiner Lieder. Nach kirchlichen Diensten in Sudwalde bei Sulingen, Hameln und Wechold bei Hoya wurde er 1847 Superintendent in Wittingen, 1853 in Peine und 1859 in Burgdorf, wo er noch im selben Jahr verstarb. 1855 hatte ihn die Theologische Fakultät in Göttingen zu seiner Freude mit der Ehrendoktorwürde ausgezeichnet. Spittas Sohn Philipp (1841–1894) verfasste eine Biographie über Johann Sebastian Bach, die zuerst 1873 erschien, ein weiterer Sohn, Friedrich (1852–1924), wurde Professor der Theologie in Straßburg und später in Göttingen und gab Liturgik und Hymnologie bedeutende Impulse, besonders durch die mit seinem Fakultätskollegen Julius Smend (1857–1930) 1896 begründete »Monatschrift für Gottesdienst und kirchliche Kunst«.

Die erste Auflage von »Psalter und Harfe« erschien 1833 in Pirna; sie umfasste IV und 144 Seiten, ihr Verleger Friese wechselte bald darauf nach Leipzig, die zweite, vermehrte Auflage folgte 1834 (VI, 159 S.), eine dritte 1836 bei demselben Verleger. Nach der 35. Auflage 1876 wechselte der Verlag auf M. Heinsius in Bremen; später erschienen die Lieder in zahlreichen Ausgaben verschiedener Verlage, in Schmuck- ebenso wie in Miniaturausgaben. Eine zweite Sammlung von Liedern war zuerst 1843 herausgekommen. Bis zum Beginn des Ersten Weltkrieges dürften diese Lieder in mehr als einer Million Exemplaren verbreitet gewesen sein – vermutlich war Philipp Spitta der meistgelesene und -gesungene Verfasser religiöser Lieder der Erweckungsbewegung.

Spittas Lieder sind geprägt von einer aus der Erkenntnis der Rechtfertigung des gottlosen Sünders erwachsenen, innigen »Glaubensheiterkeit«, die sich im Besingen von Schöpfung und Erlösung in Gottes Liebe geborgen weiß. Anders als von ihm gedacht fanden seine Lieder bald auch Eingang in die Kirchengesangbücher. Im EG finden sich sechs Lieder aus seiner Feder: »O komm, du Geist der Wahrheit« (136), »Geist des Glaubens, Geist der Stärke« (137), »Es kennt der Herr die Seinen« (358), »Ich steh in meines Herren Hand« (374), »Bei dir, Jesu, will ich bleiben« (406) und »Freuet euch der schönen Erde« (510).

*

1844 gab Johann Hinrich Wichern unter dem Titel *Unsere Lieder* ein Liederbuch für den Hausbedarf des Rauhen Hauses heraus, das aus der »Hausgenossenschaft« hervorgegangen war. »Wer das Büchlein verstehen will«, erklärte Wichern im Vorwort zur ersten Auflage, »der nehme es als »Unsere Lieder«, d.h. als die von den Rauhäuslern gesungenen Lieder und denke sich unter diesen ernste und fröhliche Menschen, denen ein ernst und fröhlich Lied eine wahre Herzensfreude ist.« Das Titelblatt zeigt den Guten Hirten – von ihm aus und auf ihn hin sollte das Singen geschehen.

Das Buch enthält ein breites Liedgut, Volkslieder aus »Des Knaben Wunderhorn«, Lieder von Dichtern vor allem des 19. Jahrhunderts, aber auch »religiöse Volkslieder«, deren Auswahl Wichern von »nur zu oft vorkommenden Ergüssen der exclusiven Subjektivität, aus denen sehr bald Unwahrheit entstehen muß«, freizuhalten suchte. Nachdem eine dritte Auflage von 5.000 Exemplaren verkauft worden war, erklärte Wichern im Vorwort zur 4. Auflage im November 1869, ihm liege daran, »die so wesentliche Durchdringung des Volksthümlichen und des specifisch Christlichen, sowie die Berechtigung der Zusammengehörigkeit dieser beiden Elemente in dieser Sammlung zur Darstellung zu bringen«. Mit Entschiedenheit setzte er sich – gegen die landläufige Praxis des »feierlichen« Singens – zudem für den »rhythmischen Choralgesang« ein.

Eröffnet wird das 364 Nummern umfassende, mit ein- bis vierstimmigen Melodien und Sätzen versehene Buch mit einem vierstimmigen Satz über »Alles, was Odem hat, lobe den Herrn« von Friedrich Silcher. Unter den Chorälen finden sich u. a. »Ach bleib mit deiner Gnade« (EG 347), »Fröhlich soll mein Herze springen« (EG 36), »Geh' aus, mein Herz, und suche Freud« (EG 503), »Ich steh an deiner Krippen hier« (EG 37), »Jesu, geh voran« (EG 391), »Lobe den Herren, o meine Seele« (EG 303), »Nun bitten wir den heiligen Geist« (EG 124) und »Vom Himmel hoch, da komm ich her« (EG 24).

*

Die Gesangbücher der Erweckung fanden als solche keine Fortsetzung, wohl aber wurden zahlreiche Lieder der Erweckungsbewegung in das EKG aufgenommen, und auch im EG sind noch einige von ihnen erhalten.

Kräftigere Wirkung entfaltete die Erweckungsbewegung in den Liederbüchern der evangelischen Jugendverbände. *Der helle Ton* (um 1932) war ein solches Buch, das auf den württembergischen Pfarrer und Direktor des Burckhardthauses in Berlin, Otto Riethmüller (1889–1938), zurückgeht. Aus diesem Buch und aus der vorausgegangenen Sammlung *Freude die Fülle* (1925), die »das wuchtige Glaubenslied der Reformation und das gemütstiefe Erweckungslied des deutschen Pietismus«, so das Vorwort, besonders pflegte, ging das Liederbuch *Wachet auf* (1951) hervor. Von seinen 508 geistlichen Liedern werden 96 unter dem Zeitalter des Pietismus, 62 unter dem 19. Jahrhundert und weitere 25 unter der Erweckungsbewegung rubriziert. Angesichts der Situation nach dem Zweiten Weltkrieg erschien das Buch zunächst ohne Noten. Mit Noten dagegen erschien

1932 *Ein neues Lied*, gleichsam ein Zwillingswerk zu *Der helle Ton*, mit einem Vorwort von Otto Riethmüller. Es erreichte bis 1941 sechs Auflagen; die letzte (17.) Auflage (321.–330. Tausend) erschien 1966. Die Nachkriegsausgaben von *Wachet auf* und *Ein neues Lied* nehmen ausdrücklich Bezug auf das EKG und verorten die evangelische Jugendarbeit damit ebenso ausdrücklich in den Evangelischen Kirchen.

XXI Auf dem Weg zu einem deutschen Einheitsgesangbuch

Die vielfältigen Rufe nach einem Einheitsgesangbuch verhallten nicht ungehört. Das Reformationsjubiläum 1817 hatte in den in diesem Jahr veröffentlichten evangelischen Gesangbüchern allerdings keine nennenswerten Spuren hinterlassen. Eine Ausnahme bilden *Die Lieder Luthers* aus dem Jahr 1818. Ihr Autor und Herausgeber, der Pfarrer Gotthard Ludwig Kosegarten (1758–1818) aus Altenkirchen auf Rügen, unternahm mit diesem Buch einen – zunächst gescheiterten – Versuch der Wiedergewinnung reformatorischer Lieder.

Die meisten der von Kosegarten ausgewählten Lieder aber gehören bis heute zum Kernbestand evangelischer Kirchenlieder und Gesangbücher. Seine Auswahl lässt erkennen, dass er Sinn und Geschmack hatte für gute evangelische Lieder.

*

1852 tagte in Eisenach die erste Deutsche Evangelische Kirchenkonferenz. Sie wollte auch künftig alle zwei Jahre zusammentreten, um bei Wahrung der Eigenständigkeit der Landeskirchen größere Gemeinsamkeit unter den Evangelischen zu erzielen. Nachdem bereits auf einem Kirchentag in Bremen 1852 ein Vorschlag für ein Einheitsgesangbuch gemacht worden war, legte der Karlsruher Oberkirchenrat Karl Bähr (1801–1874), als Student in Heidelberg Schüler Anton Friedrich Justus Thibauts (1772–1840), der mit seiner Schrift »Über die Reinheit der Tonkunst« (1825) Aufmerksamkeit erweckt hatte, in Eisenach die Notwendigkeit eines solchen Buches dar und entwickelte Grundsätze für dessen Erarbeitung. Die größte Gemeinsamkeit der evangelischen Kirchen in Deutschland bestehe in Luthers Bibelübersetzung und in den Liedern, daher müsse man zur Förderung der Einheit und zur »Auferbauung der Kirche« mit dem Gesangbuch beginnen. Es solle ein *Kirchen*gesangbuch sein, ein »Volksbuch« mit einer überschaubaren Anzahl von Liedern, möglichst ursprünglichen einheitlichen Texten und Melodien zu allen Liedern.

Nach zum Teil heftigen Auseinandersetzungen zwischen den Mitgliedern der Gesangbuchkommission erschien 1854 ein *Deutsches Evangelisches Kirchengesangbuch in 150 Kernliedern*. In der Vorrede des bayerischen Lutheraners Adolf von Harleß (1806–1879) heißt es: »Wir übergeben hier zu kirchlichem Gebrauch ein Erbgut aus früherer Zeit, das wir der Glaubenseinigkeit der Väter danken. Es ist ein Besitzthum des evangelischen Deutschen Volkes, das ein kirchliches Gemeingut werden und durch alle Kirchen unsers Vaterlandes sich verbreiten soll. Denn es sind Lieder, auf welchen sich die Kirche auferbaut hat, und an welchen sie sich immer und immer forterbauen möge.« Darüber hinaus könnten weitere Lieder hinzukommen, je nach Tradition der einzelnen Kirchen. Man habe auf das »kirchlich Aufgenommene und Übliche« geachtet und »die Fülle der schönsten Sangesweisen in ursprünglicher und doch singbarer Art ... dem Volke zu erhalten oder zugänglich zu machen« beabsichtigt. Trotz mancher Zweifel an der Durchsetzbarkeit dieser Liedauswahl hat sie sich, wie die nachfolgenden Einheitsgesangbücher beweisen, über mehr als 150 Jahre bewährt.

Die folgende Tabelle bietet den Text des Inhaltsverzeichnisses von 1854; ein * bedeutet, dass das Lied im EKG, ein +, dass es (auch) im Stammteil des EG enthalten ist.

I. Advent.

1 Mit Ernst, o Menschenkinder * +
2 Wie soll ich dich empfangen * +
3 Gott sei Dank durch alle Welt *
4 Auf, auf, ihr Reichsgenossen *
5 Macht hoch die Tür * +
6 Nun jauchzet, all ihr Frommen * +
7 Nun kommt das neue Kirchenjahr
8 Komm, Heldenheiland, Lösegeld

II. Weihnachten.

9 Gelobet seist du, Jesu Christ * +
10 Lobt Gott, ihr Christen alle gleich * +
11 Wir singen dir, Immanuel
12 Dieß ist der Tag, den Gott gemacht * +
13 Vom Himmel kam der Engel Schar * +
14 Ihr Christen auserkoren
15 Der Tag der ist so freudenreich
16 Da Christus geboren war
17 Nun singet und seid froh * +

III. Neujahr.

18 Nun laßt uns gehen und treten * +
19 Das alte Jahr vergangen ist * +
20 Das liebe neue Jahr geht an

IV. Fest der Erscheinung.

21 O Jesu Christe, wahres Licht * +
22 O König aller Ehren +
23 Jesu, großer Wunderstern

V. Darstellung Christi im Tempel.

(Mariä Reinigung).

24 Herr Jesu, Licht der Heiden
25 Mit Fried und Freud ich fahr dahin * +

VI. Passionszeit.

26 O Lamm Gottes unschuldig * +
27 O Welt, sieh hier dein Leben * +
28 Herzliebster Jesu, was hast du verbrochen * +
29 Jesu, meines Lebens Leben * +
30 Ein Lämmlein geht und trägt die Schuld * +
31 Wenn meine Sünd mich kränken * +
32 O Haupt voll Blut und Wunden * +
33 Jesu, deine tiefe Wunden
34 Wir danken dir, Herr Jesu Christ * +
35 O Traurigkeit, o Herzeleid * +
36 O hilf, Christe, Gottes Sohn *

VII. Ostern.

37 Christ ist erstanden von der Marter * +
38 Christ lag in Todesbanden * +
39 Erschienen ist der herrlich Tag * +
40 O Tod, wo ist dein Stachel * +
41 Christus ist erstanden von des Todes Banden
42 Wach auf, mein Herz, die Nacht ist hin * +
43 Frühmorgens, da die Sonn aufgeht * +
44 Ich geh zu deinem Grabe

VIII. Himmelfahrt.

45 Auf diesen Tag bedenken
46 Allein auf Christi Himmelfahrt
47 Ach wundergroßer Siegesheld

IX. Pfingsten.

48 Komm, heiliger Geist, Herre Gott * +
49 Zeuch ein zu deinen Toren * +
50 O heilger Geist, kehr bei uns ein * +
51 Nun bitten wir den heiligen Geist * +
52 Komm, Gott Schöpfer,
   heiliger Geist * +
53 O heiliger Geist, o heiliger Gott * +

X. Trinitatisfest.

54 Allein Gott in der Höh sei Ehr * +
55 Wir glauben all an einen Gott * +
56 Gelobet sei der Herr * +
57 Gott der Vater wohn uns bei * +

XI. Kirche und Sakramente.

A. Kirche

58 Ach bleib mit deiner Gnade * +
59 Ach Gott, vom Himmel sieh
   darein * +
60 Ein feste Burg ist unser Gott * +
61 Erhalt uns, Herr, bei deinem Wort * +
62 Es wolle Gott uns gnädig sein * +
63 Wär Gott nicht mit uns *

B. Sakramente

64 Liebster Jesu! wir sind hier * +
65 Schmücke dich, o liebe Seele * +

66 Ich komme, Herr, und suche dich
67 Herr Jesu Christ, du höchstes Gut * +

C. Sonntagsfeier

68 Herr Jesu Christ, dich zu uns * +
69 Herr, öffne mir die Herzensthür * +
70 Liebster Jesu, wir sind hier * +
71 Nun Gottlob, es ist vollbracht * +
72 O heilige Dreifaltigkeit
73 Gott des Himmels und der Erden * +
74 O selges Licht, Dreifaltigkeit
75 Hinunter ist der Sonnenschein * +

D. Lob und Dank am Tage des Herrn

76 Herr Gott, dich loben wir * +
77 Ich singe dir mit Herz und Mund * +
78 Lobe den Herren, den mächtigen
   König * +
79 Lobe den Herren, o meine Seele * +
80 Nun danket alle Gott * +
81 Nun danket all und bringet Ehr * +
82 Nun lob, mein Seel, den Herren * +
83 Nun preiset alle Gottes
   Barmherzigkeit * +
84 O daß ich tausend Zungen hätte * +
85 Sei Lob und Ehr dem höchsten
   Gut * +

XII. Wiedergeburt und Heiligung durch den Heiligen Geist.

A. Buße

86 Ach Gott und Herr * +
87 Allein zu dir, Herr Jesu Christ * +

88 Aus tiefer Noth schrei ich zu dir * ⁺
89 O Vater der Barmherzigkeit, ich falle

B. Glaube und Rechtfertigung
90 Es ist das Heil uns kommen her * ⁺
91 Jesus nimmt die Sünder an * ⁺
92 Nun freut euch, lieben Christen gmein * ⁺
93 So wahr ich lebe, spricht dein Gott * ⁺

C. Heiligung
a) Der christliche Kampf und Sieg.
94 Ein reines Herz, Herr, schaff * ⁺
95 Mache dich, mein Geist, bereit * ⁺
96 Mir nach, spricht Christus * ⁺
97 Rüstet euch, ihr Christenleute *

b) Liebe.
98 Eins ist noth, ach Herr, dieß Eine * ⁺
99 Halt im Gedächtniß Jesum Christ * ⁺
100 Herzlich lieb hab ich dich, o Herr * ⁺
101 Meinen Jesum laß ich nicht * ⁺
102 Wie schön leuchtet der Morgenstern * ⁺

c) Gebet.
103 Ich ruf zu dir, Herr Jesu Christ * ⁺
104 Herr, wie du wilt, so schicks * ⁺
105 In dich hab ich gehoffet, Herr * ⁺
106 Laß mich dein sein und bleiben * ⁺
107 O Gott, du frommer Gott * ⁺

108 Vater unser im Himmelreich * ⁺
109 Verleih uns Frieden gnädiglich * ⁺

d) Friede und Freude.
110 Jesu, meine Freude * ⁺
111 Weicht, ihr Berge, fallt
112 Wer ist wohl, wie du
113 Sollt ich meinem Gott nicht singen * ⁺

e) Vertrauen und Trost.
114 Auf meinen lieben Gott * ⁺
115 Alles ist an Gottes Segen * ⁺
116 Befiehl du deine Wege * ⁺
117 Gib dich zufrieden und sei stille * ⁺
118 Ich bin ein Gast auf Erden * ⁺
119 Herr, unser Gott, laß nicht zu Schanden werden
120 In allen meinen Thaten * ⁺
121 Ist Gott für mich, so trete * ⁺
122 Verzage nicht, du Häuflein klein * ⁺
123 Von Gott will ich nicht laßen * ⁺
124 Warum betrübst du dich, mein Herz
125 Wenn wir in höchsten Nöthen sein * ⁺
126 Wer Gott vertraut *
127 Was Gott thut, das ist * ⁺
128 Warum sollt ich mich denn grämen * ⁺
129 Was mein Gott will, das gscheh * ⁺
130 Wer nur den lieben Gott läßt walten * ⁺

XXI Auf dem Weg zu einem deutschen Einheitsgesangbuch

XIII. Die letzten Dinge.
  A. Tod (Sterbelieder).
131 Christus, der ist mein Leben * +
132 Wenn mein Stündlein * +
133 Wer weiß, wie nahe mir mein Ende * +
134 Herzlich thut mich verlangen * +
135 Freu dich sehr, o meine Seele * +
136 Herr Jesu Christ, wahr Mensch und Gott *
137 Machs mit mir, Gott, nach * +
138 O Welt, ich muß dich laßen * +
139 Valet will ich dir geben * +
140 Wie fleugt dahin

  B. Wiederkunft des Herrn zum Gericht, Auferstehung der Todten, ewiges Leben.
141 Mitten wir im Leben sind * +
142 Nun laßt uns den Leib begraben
143 Wachet auf, ruft uns die Stimme * +
144 Es ist gewißlich an der Zeit * +
145 O Ewigkeit, du Donnerwort *
146 Jesus, meine Zuversicht * +
147 Alle Menschen müßen sterben *
148 O wie selig seid ihr doch, ihr Frommen
149 Wer sind die vor Gottes Throne
150 Jerusalem, du hochgebaute Stadt * +

Die »Protestantische Landeskirche im Königreiche Bayern Rechts des Rheins« – so die offizielle Bezeichnung – übernahm diesen Liedbestand umgehend in das *Gesangbuch für die evangelisch-lutherische Kirche in Bayern*, in Ausgaben mit und ohne Noten.

*

Auch das Jubiläumsjahr von Luthers 400. Geburtstag 1883 war aufs Ganze betrachtet kein Anlass für die Revision oder Neubearbeitung von Gesangbüchern. Doch die sächsische Kirche erinnerte sich ihres Reformators und brachte in diesem Jahr ein *Gesangbuch für die evangelisch-lutherische Landeskirche des Königreichs Sachsen* heraus. In ihm wird eingangs Luthers Gesangbuchvorrede von 1524 zitiert. »Der gute Anfang hat einen guten Fortgang gehabt«, heißt es dann weiter, bevor Luthers Mahnung von 1529, die Bücher würden mit der Zeit verschlimmbessert werden, aufgerufen und an die Beseitigung der »Gesangbuchsnot« erinnert wird, an der seit Jahrzehnten zahlreiche Kräfte gearbeitet hätten.«Auf dem Grunde dieser Vorarbeiten ist auch das Gesangbuch entstanden, welches hiermit im vierhundertsten Jahre nach L u t h e r s Geburt, gleichsam als eine Jubiläumsgabe, der evangelisch-lutherischen Landeskirche des Königsreichs Sachsen dargeboten wird«. Luther, Paul Gerhardt und »unser« Gellert sind seine Leitsterne; der Text der Lieder wird, »so weit möglich, in seiner ursprünglichen Gestalt« wiedergegeben. Eine eigene Rubrik gilt dem Reformationsfest; sie enthält insgesamt neun Lieder, wird mit »Ein feste Burg« eröffnet und umfasst acht weitere auf das Fest passende bzw. ihm zugeordnete Lieder.

*

1899 war ein *Evangelisches Gesangbuch für Elsaß-Lothringen* erschienen; 1902 kam eine weitere Ausgabe, das *Gesangbuch für Elsaß-Lothringen*, heraus. Dieses Gesangbuch war sowohl inhaltlich als auch gestalterisch ein ambitioniertes Projekt. Federführend für die Ausgabe war Johannes Ficker (1861–1944), seit 1900 ordentlicher Professor der Kirchengeschichte und 1912/13 Rektor der Reichsuniversität Straßburg. Deren Theologische Fakultät hatte in Julius Smend (1857–1930) einen Professor für Praktische Theologie, dessen Hauptinteresse der Geschichte und Neugestaltung des evangelischen Gottesdienstes galt und der, zusammen mit seinem Fakultätskollegen, dem Professor für Neues Testament und Praktische Theologie Friedrich (Adolf Wilhelm) Spitta (1852–1924), die »Monatschrift für Gottesdienst und kirchliche Kunst« begründet hatte, in der entscheidende Debatten über dieses Themenfeld geführt wurden.

In einer ausführlichen Abhandlung begründete Ficker die Entscheidungen für die Gestaltung des neuen Gesangbuchs, die er mit den Sätzen eröffnete »Wir suchen, wir arbeiten nach einer christlichen Volkskunst. Merkwürdig, daß das Buch, welches vor allen anderen Volksbuch heißen darf, von dieser Arbeit völlig unberührt geblieben ist. Wir bergen im Gesangbuche mit die edelsten und reichsten

Güter unseres Volkes, es dient der höchsten und reinsten Bestimmung. Aber das Buch voller Poesie und voll gediegensten Reichtums ist in seiner äußeren Erscheinung das Prosaischste und Ödeste, was man sich nur vorstellen kann, und die zu seiner Herstellung verwendeten Stoffe sind meistens die häßlichsten, unsolidesten und schlechtesten. Das war nicht immer so. Einst entsprach dem kostbaren Inhalte und der Bestimmung des Buches echtes, schönes Material und eine würdige Form. Wir sind sehr arm und sehr stumpf geworden.« Später beklagte Ficker »die große Wüste des 19. Jahrhunderts« und kam zu dem Schluss: »Es darf kein evangelisches Gesangbuch mehr hinausgehen ohne eine würdige künstlerische Ausschmückung. Ist das wieder allgemeine Überzeugung geworden, dann ist auch ein Schritt vorwärts gethan in unserer christlichen Volkskunst.«[1]

Das Titelblatt von 1899 zeigte die Mutterkirche der Reformation in Straßburg, St. Thomas, und die Ulrichsburg über Rappoltsweiler. Mit der »Kleinen Ausgabe« von 1902 wollte Ficker den »hässlichen« Büchern nun ein Buch entgegensetzen, das in seiner Ausstattung dem Inhalt entsprach. Das Buch sollte zu einem »einheitlichen künstlerischen Ganzen« geraten und ein »Volksbuch« werden – nicht zu teuer, nicht überladen, aus einer passenden Schrift gesetzt, die der Schriftgrafiker Otto Hupp (1859–1949) entworfen hatte, der 1891 erschienenen »neudeutschen Schrift«, die aufgrund ihrer engen Laufweite und ihres kräftigen Charakters als besonders geeignet erschien. In der Wahl der Motive orientierte er sich stark an der Reformation und ihren Protagonisten. Der Druck erfolgte in der Offizin von Philipp von Zabern in Mainz, in der Heinrich Wallau (1852–1925), ein Vertreter des

Evangelisches Gesangbuch für Elsaß-Lothringen 1902

Historismus, beratend tätig war. Auch auf den Verkaufspreis wurde peinlich geachtet: Die billigste Ausgabe in Leinen (Kaliko) kostete 2,25 Mark. Darüber hinaus gab es Leder- und auch eine Prachtausgabe mit metallenen Schließen.

*

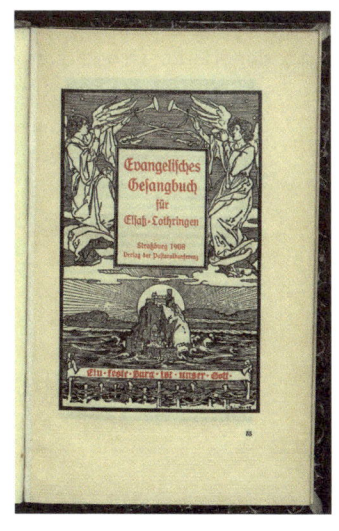

Evangelisches Gesangbuch für Elsaß-Lothringen 1902

Bis zum Zustandekommen eines Einheitsgesangbuches aber sollte es noch etliche Jahrzehnte dauern. Der schleswig-holsteinische Pfarrer Emil Brederek aus Breklum machte 1903 einen Vorschlag, wie man schrittweise zu einem solchen Gesangbuch kommen könne. Nach Musterung von 34 seinerzeit in Gebrauch befindlichen Gesangbüchern mit insgesamt ca. 2.700 Liedern ermittelte er 560 »Normallieder« als Gemeingut der evangelischen Gesangbücher. Diese sollten künftig überall verbreitet werden. Dabei empfahl er einen Dreischritt: Erstens sollten die Landeskirchen darüber hinaus jeweils einen Anhang mit ihrem speziellen Liedgut erarbeiten. Auf einer zweiten Stufe sollte dann in allen Gesangbüchern die gleiche Nummerierung dieser 560 Lieder vorgenommen (und ggf. darüber hinaus ein Anhang erarbeitet) werden. Auf einer dritten Stufe, die Brederek frühestens nach weiteren zwanzig Jahren für realisierbar hielt, »treten sämtliche Landeskirchen zusammen und vereinbaren eine einheitliche Redaktion und Herausgabe jener 560 Lieder mit den nötigsten Anhängen (Perikopen, Leidensgeschichte, Augustana, Katechismus, Gebete). Dies wird einheitlich gedruckt und kann des riesigen Bedarfs wegen (der sich auf Hunderttausende jährlich belaufen würde, werden doch zwischen 600.000 und 700.000 Kinder jährlich konfirmiert) zu wenigen Groschen abgegeben werden ... vielleicht würde überhaupt allmählich durch diese Volksabstimmung der Käufer sich zeigen, daß im 20. Jahrhundert, unbeschadet aller Eigenheiten der Einzelkirchen, ein einheitliches deutsch-evangelisches Gesangbuch nicht nur möglich, sondern gefordert ist.«[2]

20. Jahrhundert

Einheit und Vielfalt

Jochen Klepper, Kyrie, Berlin 1938

XXII Deutsches Evangelisches Gesangbuch

1915 erschien nach langen Vorbereitungen ein *Deutsches Evangelisches Gesangbuch für die Schutzgebiete und das Ausland*, herausgegeben vom Deutschen Evangelischen Kirchenausschuß, bei E. S. Mittler & Sohn in Berlin. Es umfasste IV römisch und 408 arabisch gezählte Seiten und kostete gebunden 1,25 Reichsmark. Eine Gottesdienstordnung, Gebete, Katechismen und Bekenntnisse enthielt das wegen seiner über einzelne Landeskirchen hinaus reichenden Verbreitung Gesangbuch nicht. Das Gesangbuch fand in der theologischen Öffentlichkeit freundliche Aufnahme.

Seit der Gründung des Kaiserreichs 1871 und der Begegnung von Siedlern aus allen Gebieten des Reichs in den deutschen Kolonialgebieten wurde die Arbeit an einem Einheitsgesangbuch als zunehmend dringlich empfunden. Dieser Aufgabe sah sich der Deutsche Evangelische Kirchenausschuss, der sich 1903 konstituiert hatte, in besonderer Weise verpflichtet. Er gab bereits 1907 ein »Evangelisches Hausbuch für Deutsche im Ausland« heraus, das neben Luthers Kleinem Katechismus, Gebeten und Materialien für die Hausandacht die 300 verbreitetsten Kirchenlieder enthielt, die als »Evangelisches Liederbuch für Deutsche im Ausland« auch separat erschienen. 1915 erschien dann in demselben Berliner Verlag das *Deutsche Evangelische Gesangbuch*.

Aufgrund des Kriegsausbruchs verzögerte sich die Einführung dieses Gesangbuchs in den einzelnen Landeskirchen; nur in Lübeck erfolgte 1916 eine Ausgabe des DEG mit einem kleinen Anhang von 45 Liedern. Nach 1928 wurde es in zahlreichen Landeskirchen und preußischen Provinzialkirchen eingeführt, zuerst in Frankfurt und Thüringen, 1930 in Schleswig-Holstein-Lauenburg, Hamburg, Mecklenburg, Lübeck und Eutin. Eine Sonderrolle spielte die Evangelischlutherische Landeskirche in Bayern, die 1928 ein neues Gesangbuch herausbrachte, das sich dem DEG ausdrücklich nicht anschloss. In den Landeskirchen von Westfalen, Rheinland und Lippe überlebte das DEG auf Grund eines auf 40 Jahre befristeten Vertrag mit dem Verlag W. Crüwell in Dortmund noch lange nach der Einführung des *Evangelischen Kirchengesangbuchs* und blieb dort bis 1969 im Gebrauch.

Betrachtet man den Inhalt, wird man leicht bemerken, dass sich Aufbau und Liedauswahl in hohem Maße dem *Deutschen Evangelischen Kirchengesangbuch in 150 Kernliedern* von 1854 verdanken. Das DEG umfasst insgesamt 342 Lieder, die in verschiedene Abteilungen gegliedert sind: Das Kirchenjahr (1–88): Advent (1–9), Weihnachten (10–21), Jahreswechsel (22–26), Epiphanias (27–33), Passion (34–55), Ostern (56–67), Himmelfahrt (68–74), Pfingsten (75–84), Trinitatis (85–88). Eine zweite große Abteilung umfasst: Die Kirche und die Gnadenmittel (89–139), darin Die Kirche (89–114), Sonntag und Gottesdienst (115–128), Taufe und Konfirmation (129–132), Das heilige Abendmahl (133–139). Die dritte Abteilung ist überschrieben: Das christliche Leben (140–303) und enthält Lieder zu Buße (140–147), Glaube und Rechtfertigung (148–158), Heiligung (159–194), Liebe zu Jesu (195–208), Vertrauen auf Gott (209–241), Lob und Dank (242–261), Tageszeiten – Morgen (262–273), Mittag (274–275), Abend (276–289) –, Haus und Beruf (290–296), Vaterland (298–303), eine letzte Abteilung gilt dem Thema Tod, Gericht und ewiges Leben (304–342). Die einzelnen Abteilungen werden jeweils mit einem Bibelwort eingeleitet, so z. B. »Das heilige Abendmahl« mit den Worten »Jesus spricht: Ich bin das Brot des Lebens. Ich bin der rechte Weinstock«. Unter einer Vielzahl von Liedern finden sich zudem Bibelstellen, auf die im Kontext des vorausgegangenen Liedes verwiesen wird.

Dem Stammteil (1–342) wurden jeweils zwei Anhänge beigegeben. So folgte etwa im *Gesangbuch der Evangelisch-Lutherischen Landeskirche Schleswig-Holsteins* von 1930 auf den Stammteil ein »Zweiter Teil 343–524 Neben dem Deutschen Evangelischen Gesangbuch für die Kirche unserer Heimat ausgewählte Lieder«. Dieser Anhang entsprach in seinem Aufbau dem des Stammteils.

Ein zweiter Anhang (525–575) enthält »Geistliche Volkslieder«, von denen einige nicht in den Stammteil des *Evangelischen Kirchengesangbuchs*, aber eine Generation später in den Stammteil des *Evangelischen Gesangbuchs* aufgenommen wurden, so »Tochter Zion« (EG 13), »O du fröhliche« (EG 44), »Ihr Kinderlein, kommet« (EG 43), »So nimm denn meine Hände« (EG 376), »Die beste Zeit im Jahr ist mein« (EG 319) oder »Wir pflügen und wir streuen« (EG 508).

Etliche Lieder wurden mit dem Abdruck von zwei Melodien versehen. In einigen Fällen handelte es sich dabei um seit dem 18. Jahrhundert rhythmisch egalisierte Melodien; andere wurden, offenbar nach dem traditionellen Gebrauch in den Gemeinden, mit zwei verschiedenen Melodien versehen.

*

Zwei Jahre nach der Fertigstellung des DEG gab es 1917 ein neues *Bremer Gesangbuch*, dessen Erscheinen vom 400. Jubiläum der Reformation bestimmt war. Es wurde von einer für diesen Zweck gegründeten »Bremer Gesangbuchsgesellschaft mit beschränkter Haftung« herausgegeben. Es war seit 1908 vorbereitet worden und sollte das *Evangelische Gesangbuch der Bremischen Gemeinden* (1873–1916) ersetzen. Statt bisher 121 enthielt es nunmehr 250 Melodien zu den Liedern. Das adventlich geschmückte Titelblatt

Bremer Gesangbuch 1917

zeigt in Medaillons neben dem Bremer Schlüssel, einer Orgel und einem Vogel auf einem Zweig die gekreuzten Schwerter sowie die Wartburg und die Lutherrose, auf dem nächsten Blatt findet sich unter einer anderen Abbildung der Wartburg Luthers Vorrede auf alle guten Gesangbücher, das vierstrophige Gedicht »Die beste Zeit im Jahr ist mein« (EG 319) und auf dem übernächsten ein Vorspruch:

»Zur Reformationsgedenkfeier 1917 erscheint dies Buch, das einzige, aber hoffentlich auch ein würdiges Denkmal Bremens zu dem Tage, zugleich ein Zeichen unserer gemeinsamen ungebrochenen Glaubens- und Siegeszuversicht in schwerster Kriegszeit und ein Ruf zu den tiefsten und mächtigsten Quellen unserer deutschen inneren Kraft! Mit der Einmütigkeit, in der es geschaffen ist, ist es auch angenommen. Möge es nun seinen Segensgang durch unsere geliebte Heimat, ihre Städte, ihre Dörfer gehn, einen Gang voll Licht und Freude, voll Trost und Kraft jetzt und in den Tagen des Neubaus nach dem Kriege und in fernerer Zukunft! Das gebe unser Gott und Herr, dem wir diese Lieder singen.«

Die Ausstattung ist stilistisch vielfältig, die einzelnen Rubriken werden jeweils mit einem schwarz-weißen, mehr oder weniger auf die jeweiligen Kapitel bezogenen – von eher »altdeutsch« anmutenden bis zu solchen des Jugendstils – Bild eröffnet. Da und dort könnte man historische Reminiszenzen finden, andere Bilder sind ganz frei gestaltet. Das Kapitel »Glaube an Gottes Gnade« wird mit einer Reiterschar, die das Banner »Gott mit uns« trägt, eröffnet.

Dieses Gesangbuch war nach den Straßburger Gesangbüchern von 1899 und 1902 das buchkünstlerisch anspruchsvollste Unternehmen. Es sollte zwanzig Jahre in Gebrauch bleiben, bis es von einem Gesangbuch abgelöst wurde, dem zum Glück keine lange Lebensdauer beschieden war.

XXIII »Aufbruch« und Perversion

Nach dem Erscheinen des DEG hatten Versuche, zu einem einheitlichen Gesangbuch innerhalb des Deutschen Reiches zu kommen, keine Fortschritte gemacht. Im Jahr 1938 erschienen in Bremen *Lieder der kommenden Kirche*, in einer von der bis dahin gebräuchlichen Ausstattung deutlich unterschiedenen Gestalt: Statt des üblichen Hochformats wurde ein Querformat gewählt, statt eines schwarzen oder doch dunklen Einbandes war dieser hell und aus Rohleinen, wie ein Liederbuch der Singbewegung; der Satz erfolgte in der Paul-Koch-Notenschrift im Bärenreiter-Verlag in Kassel. Das Vorwort des ehemaligen Landesbischofs und Bremischen Staatsrats Lic. Dr. Heinz Weidemann (1895–1976), des Führers der »Kommenden Kirche«, kommt eindeutig daher:

»Es gibt einen deutschen Choral, der ewig Bestand haben wird. Es gibt aber auch einen Wust von Kirchenliedern, die aus falsch verstandener Pietät mitgeschleppt werden, obwohl sie nur stümperhafte Reimereien vergangener Jahrhunderte enthalten.
Es gibt schließlich ein neues Lied, das erst zeigen muß, wie hoch es seine Schwingen hebt.
Die vorliegenden »Lieder der kommenden Kirche« sind nur ein Anfang. Wir singen das Lied der Väter. Wir singen Lieder der Zeit, aber wir singen deutsch, auch als Christen nur deutsch.«

Diesem »Anfang« folgte alsbald das *Gesangbuch der kommenden Kirche*, mit textidentischem Vorwort samt dem Zusatz: »Ein Anfang waren die Lieder der kommenden Kirche, die Fortsetzung bildet dieses

Gesangbuch.« Hatten die »Lieder« 112 Lieder enthalten, waren es nunmehr 186 Gesänge, gegliedert in: »I. Feste und Zeiten«, »II. Volk und Kirche«, »III. Christenleben«. Neben Kirchenjahreszeiten gibt es eine Abteilung »Heilig Vaterland. Tage des Volkes«.

Spiritus rector dieses Gesangbuchs war der Göttinger Theologieprofessor und Deutsche Christ Emanuel Hirsch (1888–1972), der das Unternehmen 1939 als »Kern« eines künftigen Reichsgesangbuchs und als »ein verbindendes Glied zwischen Christen aller Stämme und Landschaften« propagierte und in hohem Ton rechtfertigte: »Museumsstücke« sollten ausgeschieden, vielstrophige ältere Lieder gekürzt werden. In rhetorisch markanter Diktion wird ein »deutsches Gesangbuch«, ein »volkhaftes Gesangbuch«, ein »christliches Gesangbuch«, ein »Gesangbuch von heute und für heute« angekündigt, dabei »Reiche und strenge Musikalität, möglichst nach den Grundsätzen der Singbewegung.« Unter »christlich« verstand Hirsch »ein Gesangbuch von christlicher Weitherzigkeit, das jeder echten Möglichkeit und Gestalt des Glaubens an das Evangelium unter guten Deutschen offensteht und auf alle theologischen und religiösen Din-Formate [sic] bewußt Verzicht leistet; ein Gesangbuch, das verbindet und nicht trennt.« Damit war eine Preisgabe ernsthafter und bekenntnisgebundener Theologie eingeläutet, und die »kommenden« Christen wurden zu »guten Deutschen« mutiert. Welchen Geist das Gesangbuch atmete, erkennt man nicht nur aus Hirschs Liedern, sondern auch aus der trutzigen Todessehnsucht, die die Auswahl bestimmt.

Dieses Gesangbuch wurde aber nicht nur bejubelt. Im Gegenteil: Gerhard Kunze (1892–1954), Pfarrer der Bekennenden Kirche und Mitarbeiter der Monatsschrift für Gottesdienst und kirchliche Kunst, und Paul Gennrich (1865–1946), ehemals Professor für praktische Theologie in Breslau und Generalsuperintendent der Kirchenprovinz Ostpreußen, 1933 wegen seines Eintretens für Friedrich von Bodelschwingh als Reichsbischof seines Amtes enthoben, unterzogen beide Bücher einer strengen Kritik.[1] »Ich kann mir kein Reichsgesangbuch vorstellen, daß [!] dem »Gesangbuch der Kommenden

Kirche« in den wesentlichen Stücken ähnlich sähe, es sei denn, es würde uns ohne Ansehen der Gemeinden verordnet«, urteilte Kunze, und Gennrich schrieb, er müsse die »Lieder der kommenden Kirche« »für den gottesdienstlichen Gebrauch für unzulänglich erklären«, die Kürzungen seien häufig sinnwidrig und die Grenze der Bearbeitungen »weit überschritten«. »Man ist einfach zu der Methode zurückgekehrt, mit der die Aufklärungszeit die alten Kirchenlieder »besserte«, die von einem deutschen Christen wie E. M. Arndt in seiner Schrift »Von dem Wort und dem Kirchenliede« 1819 aufs schärfste gegeißelt wurde«. Und Martin Bertheau (1882–1946), 1933 als Propst in Schleswig-Holstein abgesetzt und gleichfalls Mitglied der Bekennenden Kirche, entlarvte den Anspruch des Gesangbuchs »Ein Volk – eine Kirche – ein Gesangbuch!« als irreführend: »Kirchliche Werte stecken hinter dieser Parole nicht!«[2]

Drei Jahre später, 1941, brachte der aus dem Verlag »Deutsche Christen« hervorgegangene Verlag »Der neue Dom. Verlag für deutschchristliches Schrifttum, Schneider & Co., Weimar« das Gesangbuch *Großer Gott wir loben dich* heraus. Es wurde am 13. Juni 1941 in der Kapelle auf der Wartburg der Öffentlichkeit übergeben. Für das aus der Claudius-Schrift Rudolf Kochs gesetzte Buch hatte es, anders als für die Landeskirchengesangbücher, eine besondere Papierzuteilung gegeben. Die Auflage betrug mehrere Zehntausend Exemplare, der Preis wurde auf 3,50 RM festgesetzt. Eröffnet wird das aggressiv vorbereitete Buch mit Goethes Versen aus dem ›Faust‹ »Die Sonne tönt nach alter Weise«, die folgenden Rubriken lauten »Lobgesang«, »Heilig Vaterland«, »Feiernde Gemeinde«, »Im Jahreslauf«, »In der Stille«. Ein weiterer Großabschnitt ist »Von frommer deutscher Lebensart (Für Familie und Hausgemeinde)« überschrieben, und eine letzte Abteilung enthält »Lieder der Kameradschaft (Für Feiern außerhalb des Gotteshauses)«. Das erste Lied ist eine verkürzte Fassung von »Großer Gott, wir loben dich«, das letzte (339) das Volkslied »Wahre Freundschaft soll nicht wanken«, gefolgt von Versen Friedrich Schillers aus »Die Worte des Glaubens«. Der Buchschmuck von Emil Ernst Heinsdorff (1887–1948) kommt, im Unterschied zu dem eher modern auftretenden Bremer Gesangbuch, »altdeutsch« daher; die Illustrationen im Stil Ludwig Richters könnte man sich auch in einem Volksliederbuch vorstellen. Die »neuen« Lieder sind dichterisch unbedeutend, geistlich unchristlich und todessüchtig und atmen nicht den Geist der christlichen Kirche. Aber auch dies war eine Form vermeintlich christlicher Religion in der Stadt der deutschen Klassik im Jahrhundert der Extreme.[3]

Karl Barth (1886–1968) beobachtete in seiner »Kirchlichen Dogmatik« seit dem 17. Jahrhundert eine zunehmende Subjektivierung und in dieser Art Liedern eine »verborgene Häresie«, in der kein christlicher Geist, sondern »der Geist menschlicher Innigkeit und Ernsthaftigkeit« herrsche, in dem die Menschen »bei allem Ernst und in aller Frömmigkeit nur bei sich selbst und mit sich selbst allein sind«[4].

*

Zur gleichen Zeit, im Jahr 1938, erschien mit Jochen Kleppers (1903–1942) Büchlein *Kyrie. Geistliche Lieder* ein Liederbuch gänzlich anderen Charakters, in strenger Gestaltung und vorbildlicher Typographie. Klepper eröffnet sein Buch mit einem Lutherwort: »Es liegt daran, daß der Haufe Gottes oder Gottes Volk ein Wort oder Lied annehme oder für unrecht erkenne. St. Ambrosius hat viel schöner Hymnen gemacht, heißen Kirchengesang darum, daß sie die Kirche angenommen hat und braucht, als hätte sie dieselben gemacht und wären ihre Lieder.«[5] Die folgenden Lieder werden jeweils mit einem Bibeltext eröffnet, unter dem »Die Bibel« steht, kein Stellennachweis, keine Kapitel- und Verszahlen. »Die Bibel«, das heißt das gültige und geltende Wort, dem das nachfolgende Lied verpflichtet ist und dem sich auch der Dichter verpflichtet weiß. Von den sechzehn Liedern haben drei Eingang in den Stammteil des EKG und zwölf in das EG gefunden – sie gehören seither zum Besten evangelischer Liederdichtung, nicht nur des 20. Jahrhunderts.

XXIV Das Evangelische Kirchengesangbuch

Die nationalsozialistische Herrschaft und der Zweite Weltkrieg waren auch in der Geschichte und Verbreitung der Gesangbücher ein heftiger Einschnitt und brachten eine Unterbrechung der Aktivitäten für die Fortentwicklung eines Einheitsgesangbuchs mit sich. Zudem waren Nachdrucke vorhandener Gesangbücher seit Ende 1939 nicht mehr möglich; zu diesem Zweck wurde in der Regel kein Papier mehr zugewiesen und keine Druckgenehmigung erteilt.

Nach dem Erscheinen war das DEG in den einzelnen Landeskirchen unterschiedlich aufgenommen worden; in einigen Kirchen zeitnah und vollständig, in anderen zögerlich oder gar nicht. Es gab aber Personen und Institutionen, die sich weiterhin und kräftig für ein deutsches Einheitsgesangbuch einsetzten. Insbesondere wurde dieses Ziel von der »Deutschen Arbeitsgemeinschaft für Gesangbuchreform« betrieben, und auch der 1883 gegründete »Evangelische Kirchengesangverein für Deutschland« zählte zu den treibenden Kräften.

Für die Ortsgemeinden waren die verschiedenen Gesangbücher in der Regel kein Problem, nicht so aber für das Militär. Bereits 1885 war ein Militärgesangbuch erschienen, das für alle Soldaten des Reiches nutzbar sein sollte, und im Ersten Weltkrieg hatte man erneut die Erfahrung gemacht, dass es aufgrund der Vielfalt der Gesangbücher nicht zu einem einheitlichen Gesang in den Gottesdiensten gekommen war. Besonders misslich war, dass, selbst wenn die Texte der Lieder übereinstimmten, diese doch nicht auf dieselben Melodien gesungen worden waren. Der Abhilfe dieses unbefriedigenden Zustandes widmete sich eine Melodiekommission, die 1930 ein *Melodienbuch zum Deutschen Evangelischen Gesangbuch* herausbrachte.

Ebenfalls 1930 erschien ein *Evangelisches Gesang- und Gebetbuch für das Reichsheer und die Reichsmarine*.

Die Vorbereitungen für ein neues Einheitsgesangbuch wurden mehrheitlich von einer Generation von Angehörigen und Erben der Singbewegung getroffen, die aus der Jugend- und Wandervogelbewegung hervorgegangen und vor allem von Fritz Jöde (1887–1970) und Walther Hensel (1887–1956) geprägt worden war. In ihrem Gefolge waren es nun Christhard Mahrenholz (1900–1980) und Oskar Söhngen (1900–1983), die ein solches Gesangbuch maßgeblich bestimmen und auf den Weg bringen sollten.

Schon bald nach Kriegsende regten sich Kräfte, Lieder aus den Gesangbüchern irgendwie wieder im Druck verfügbar zu machen. So erschienen noch 1945 zahlreiche Kleindrucke mit Liedern aus dem DEG, Heftchen von 16, 24 oder auch mehr Seiten, mit und ohne Noten. Ein *Hannoversches Gesangbuch 1945* enthielt auf 16 Seiten 38 Lieder (ohne Noten) in zum Teil gekürztem Strophenumfang; ein Büchlein, mit dem man singend durch das Kirchenjahr und die schweren Zeiten kommen konnte. Um den 1. Advent 1945 wurde in Wuppertal auf bereits 80 Seiten ein *Evangelisches Klein-Gesangbuch* mit 148 Liedern (ohne Noten) in der Zählung des Vorkriegsgesangbuchs zusammengestellt, ein Auszug aus dem Gesangbuch für Rheinland und Westfalen. Umgehend kam es auch zu Versuchen, die alten Gesangbücher wieder wie vor Beginn des Krieges vollständig zu drucken. So erfuhr das aufwendig gestaltete Gesangbuch für die Provinz Sachsen und Anhalt als *Deutsches Evangelisches Gesangbuch* einen Neudruck.

*

Mit dem Briefkopf des Verbandes Ev. Kirchenchöre Deutschlands wurde unter dem 8. August 1947 eine Mitteilung »An die Kirchenleitungen der Deutschen Evangelischen Landeskirchen Betr: Gesangbuch für die Evangelische Christenheit« versandt, unterzeichnet: »Der Reichsobmann des Verbandes evangelischer Kirchenchöre Deutschlands gez.

Prof. Dr. Mahrenholz, Oberlandeskirchenrat«.[1] In ihr wurde an die Beschlüsse der Kirchenversammlung der EKD vom 6. Juni 1947 in Treysa erinnert. Man hatte sich dazu verstanden, auf ein Einheitsgesangbuch hinzuwirken:

> »1. Die Kirchenversammlung der EKD sieht in der Einheitlichkeit des deutschen Kirchengesangbuchs ein Ziel, dem die Deutschen Evangelischen Kirchen mit tapferen Schritten näher kommen müssen. Sie hört aus der Notwendigkeit, daß alle Kirchen ihre Gesangbücher neu herstellen müssen, aus der Tatsache, daß in allen Kirchen eine starke Mischung der Gemeinden eintrat, und aus der Nachricht, daß durch den Verband Evang. Kirchenchöre Deutschlands das Deutsche Evang. Gesangbuch von 1913 unter der Leitung von Oberlandeskirchenrat Mahrenholz neu bearbeitet wurde, einen starken Ruf, einen Weg zu suchen und zu gehen, der zu größerer Einheitlichkeit im Kirchengesang führt.«

Entsprechend wurden die Kirchenleitungen gebeten, den Entwurf für das *Gesangbuch für die evangelische Christenheit* zu prüfen und ggf. einzuführen und keine alten Gesangbücher nachzudrucken. Es ging in der Argumentation sowohl um die Frage der Papierknappheit als auch darum, mit welchen Gesangbüchern die Flüchtlinge weiterleben sollten. Mit den alten? Mit »wilden«? Oder mit einem neuen Einheitsgesangbuch?! Beigedruckt ist dem Schreiben eine »Denkschrift über das Gesangbuch für die evangelische Christenheit«. In ihr entwickelte Mahrenholz Ideen, die er später in seinem Buch »Das Evangelische Gesangbuch« breiter entfaltete.

Noch 1947 erschien im Bärenreiter Verlag in Kassel das *Gesangbuch für die evangelische Christenheit*, herausgegeben vom Verband evangelischer Kirchenchöre Deutschlands. Es sollte nach dem Schreiben vom 8. August in 50.000 Exemplaren in den Landeskirchen verteilt werden und umfasste 335 Lieder ohne Noten. Im März 1948 kam dann ein *Melodienbuch zum Gesangbuch für die evangelische Christen-*

heit[2] heraus, das »lediglich der Vorarbeit und Verständigung der zuständigen Dienststellen und Persönlichkeiten« dienen sollte; es war in dieser Form nicht für den praktischen Gebrauch bestimmt.

*

Oskar Söhngen erklärte als Vertreter der Evangelischen Kirche der Union das Jahr 1949 zu einem Markstein in der Geschichte der Hymnologie, insofern mit dem EKG ein langgehegter Wunschtraum in Erfüllung gegangen sei. Spiritus rector auf lutherischer Seite war der hannoversche Oberkirchenrat Christhard Mahrenholz. Er veröffentlichte 1950 im Zusammenhang mit dem Erscheinen der Stammausgabe des EKG im März des Jahres einen »Bericht« über Vorgeschichte, Entstehung und Grundsätze des EKG.[3] Als entscheidende Maxime für die Arbeit erklärte er: »Es ging um die Wiedergewinnung eines Liedkanons für die evangelischen Kirchen deutscher Zunge, der das auf eine längere Zeit hin gemeinsam verbindende und verpflichtende Liedgut enthält.«[4] Um dieses Ziel zu erreichen, erfolgte ein kräftiger Rückgriff auf die Lieder der Reformation; dieser verdankte sich einer bei den Gesangbuchmachern vorherrschenden, aus der Prägung durch die Singbewegung stammenden Hochschätzung dieser Lieder und ihrer Melodien, vor allem aber der Überzeugung, dass die Gemeindelieder keine Superaddita zu den Predigten, sondern ein unverzichtbarer Teil der Verkündigung im Gottesdienst seien. Ausführlich besprach und begründete Mahrenholz Liedauswahl, Umfang, Liedanordnung, Text- und Melodiefassungen des EKG und kam am Ende auch auf die Frage nach landeskirchlichen Anhängen zu sprechen. Ein Gesangbuch mit einem auf Dauer angelegten Kanon im Stammteil und einem von Zeit zu Zeit zu erneuernden (landeskirchlichen) Anhang schien ihm sinnvoll. Der Stammteil überwinde auf seine Weise auch die Unterschiede zwischen den Konfessionen – man vergesse nicht, dass das Bewusstsein von der Unterschiedenheit der Konfessionen und die Rechtslage 1950 anders waren als nach Leuenberg –, und in die Anhänge könne man das je und je entstandene neue Liedgut aufnehmen. Angesichts der Situation der Nachkriegszeit, der Zerstörung vieler alter Gesangbücher und der Vertreibung aus den Ostgebieten sah er die Stunde für die Einführung eines neuen Gesangbuches geradezu für gekommen an: »Heute bedeutet das einheitliche Gesangbuch für zahlreiche evangelische Christen das Wiedergewinnen eines Buches, das ihnen verloren gegangen war, und das, selbst wenn es anders aussieht als das frühere, doch schon deshalb mit Freude begrüßt wird, weil es ein Buch für d a u e r n d e n Besitz zu werden verspricht.«[5]

Den Grundstock für den Liederbestand des EKG bildet das *Deutsche Evangelische Gesangbuch* von 1915. Von den 394 Liedern im Stammteil des EKG waren 238 auch im DEG enthalten gewesen. Gegliedert ist das EKG in einen Teil zum Kirchenjahr (1–123), einen zum Gottesdienst (124–175), danach stehen »Psalm-, Bitt- und Lobgesänge für jede Zeit« (176–331), es folgen »Lieder für besondere Zeiten und Anlässe« (332–394), also Tages- und Jahreszeiten, Arbeit und Beruf, Reisen sowie am Ende »Für Volk und Vaterland«. Ein Schwerpunkt liegt auf Liedern aus dem 16. und 17. Jahrhundert. Innerhalb der Rubriken sind die Lieder nach ihrem Alter geordnet; wo immer möglich (Advent, Weihnachten, Pfingsten, Trinitatis, Zum Beschluß des Gottesdienstes, Das Wort Gottes, Die heilige Taufe, Das heilige Abendmahl, Die Kirche, Christlicher Glaube und christliches Leben, Am Abend, Jahreszeiten) werden sie, nicht nur ihres Alters wegen, mit Liedern Martin Luthers eröffnet. Von den seinerzeit neuesten Liedern gibt es fünf Lieder von Rudolf Alexander Schröder, drei von Jochen Klepper (1903–1942) und eines von Kurt Müller-Osten (1905–1980). Einen teilweise als erheblich und mit der Zeit deutlicher empfundenen Mangel sah man darin, dass die unter der Rubrik in früheren Gesangbüchern stehenden »Geistlichen Volkslieder« im Stammteil des EKG fehlten; zu ihnen gehören etwa »Tochter Zion« (EG 13), »O du fröhliche« (EG 44), »Ihr Kinderlein, kommet« (EG 43), »So nimm denn meine Hände« (EG 376), »Die beste Zeit im Jahr ist mein« (EG 319) oder »Wir pflügen und wir streuen« (EG 508). Diese Lieder wurden vielfach in die Regionalanhänge aufgenommen; im EG haben sie allesamt wieder ihren Platz gefunden.

Nach und nach wurde das EKG in den einzelnen Landeskirchen und 1960 auch in der Evangelischen Kirche in Österreich A. B. und H. B. [Augsburgischen und Helvetischen Bekenntnisses] eingeführt, am spätesten, nämlich erst 1969, im Rheinland, in Westfalen, in Lippe und in der Evangelisch-reformierten Kirche in Nordwestdeutschland.

XXV Das Evangelische Gesangbuch

Eine Generation nach dem EKG erschien in Deutschland ein neues *Evangelisches Gesangbuch* (EG), das auch diesen Namen trägt. Seit 1979 war an einem neuen Gesangbuch gearbeitet worden; 1980/81 wurden Grundsätze für das neue Gesangbuch vorgelegt und um Stellungnahme der Landeskirchen gebeten, und nach einer vorläufigen Liederliste (1984–1986) und einem Entwurf für den Textteil (1986/87) sowie entsprechenden Stellungnahmen erschien 1988 ein Vorentwurf des EG der Gesangbuchausschüsse der Evangelischen Kirche in Deutschland und des Bundes der Evangelischen Kirchen in der Deutschen Demokratischen Republik. Er entspricht weitgehend, aber nicht in allen Stücken dem später veröffentlichten Stammteil des EG.

In diesem Vorentwurf werden einleitend grundsätzliche Fragen der Gestaltung des neuen Gesangbuchs erörtert: Textgestalt der Lieder, Melodiezuweisungen und -bearbeitungen, neu aufgenommene und aus dem EKG nicht übernommene Lieder, neu in den Textteil aufgenommene Stücke. Das Gesangbuch solle auch für Tageszeitengottesdienste und Ökumenische Vespern benutzt werden können. Die liturgischen Stücke wurden vermehrt, Gottesdienstordnungen aufgenommen: »Gottesdienstordnungen gehören zu den Stücken, die ein evangelisches Gesangbuch, wenn es seinen Zweck erfüllen soll, enthalten muß«, heißt es klar und deutlich. Bekenntnisse der Kirche gehörten ebenfalls dazu: das Apostolische Glaubensbekenntnis, das Glaubensbekenntnis von Nizäa und Konstantinopel, der Kleine Katechismus Luthers, der Heidelberger Katechismus in Auszügen, der erste Teil des Augsburger Bekenntnisses (Artikel 1–21), schließlich »Lehrzeugnisse der Kirche aus dem 20. Jahrhundert«, nämlich die

Barmer Theologische Erklärung und ein Auszug aus der Leuenberger Konkordie.

Mit großem Bedacht wurden Texte und Melodien der Lieder geprüft, in zahlreichen Fällen wurde darauf geachtet, im Benehmen mit der Arbeitsgemeinschaft für Ökumenisches Liedgut (AÖL) eine ökumenische Fassung der Lieder in das Gesangbuch aufzunehmen, und auch die später so genannte Genderfrage wurde sensibel thematisiert, allerdings: »Bei alten Liedern, insbesondere solchen, die poetische Kunstwerke von hohem Rang darstellen (Paul Gerhardt, Matthias Claudius), ist auf modernisierende Eingriffe verzichtet worden.« An die Mehrfachverwendung von Melodien wurden »strenge Maßstäbe angelegt« – kein Wunder angesichts der früheren unbedenklich vielfach gebrauchten Melodien. Für 26 Lieder und liturgische Stücke gibt es mehrstimmige Sätze.

Auch Fragen der Gestaltung wurden frühzeitig in den Blick genommen. Als Fachberater diente einer der bedeutendsten Buchgestalter seiner Generation, Hans Peter Willberg (1930–2003); die Endgestaltung besorgte er gemeinsam mit seiner Frau Brigitte (1934–2020). Anstelle von bisher zehn typographisch verschiedenen Ausgaben des EKG sollte es nunmehr eine einheitliche geben, die »besonders gediegen gestaltet sein« sollte. Die dann veröffentlichte Gestalt ist gegenüber den Entwürfen nochmals deutlich verbessert, insbesondere im Hinblick auf Versgliederung und Lesbarkeit. Auch von dem EG wurden und werden verschiedene Ausgaben hergestellt, die sich in Größe und Einband unterscheiden: eine Standardausgabe sowie Geschenkausgaben in Leinen, Cabra, einem Lederfaserstoff, und Leder.

Mit seiner Einführung wurde am 1. Advent 1993 begonnen, 1996 war das EG in allen Landeskirchen offiziell eingeführt. Neben den Kirchen auf deutschem Staatsgebiet wird das EG mit 14 verschiedenen landeskirchlichen Anhängen auch in Elsass-Lothringen, Österreich und Luxemburg von den deutschsprachigen Gemeinden genutzt. Die erste Ausgabe kam mit einer Einführung »Zum Gebrauch dieses Buches« ziemlich ungeistlich daher, erst in späteren Auflagen wurde, wie schon im EKG, ein Auszug aus Luthers Vorrede zum Babstschen Gesangbuch von 1545 als Motto vorangestellt.

Der Stammteil des Gesangbuchs umfasst 535 Nummern mit 567 Liedern und Gesängen; etliche von ihnen ausdrücklich und ausschließlich für den gottesdienstlichen Gebrauch. Das strophenreichste Lied ist Paul Gerhards Lied »Ich singe dir mit Herz und Mund« (324) mit 18 Strophen, die das Lied auch in der Ausgabe von 1667 hatte. Das Schlusslied 535 ist die Schlussstrophe aus dem Lied »Wachet auf‹ ruft uns die Stimme« (147) in einem Satz Johann Sebastian Bachs. Etliche Lieder erscheinen mit vierstimmigen Sätzen, von Michael Praetorius (69), Claude Goudimel (140), Heinrich Schütz (295), Melchior Vulpius (467), Bartholomäus Gesius (477) oder Max Reger (482).

Die erste große Abteilung des EG (1–154) ist dem Kirchenjahr gewidmet: Advent – Weihnachten – Jahreswende – Epiphanias – Passion – Ostern – Himmelfahrt – Pfingsten – Trinitatis – Besondere Tage, also Johannis- und Michaelis- sowie Buß- und Bettag – Ende des Kirchenjahres. Aufmerksamkeit verdienen jeweils die ersten Lieder für die Kirchenjahreszeiten. Hatte das EKG mit dem Lied »Nun komm, der Heiden Heiland« begonnen – interessanterweise war es noch in den Gestaltungsentwürfen für das EG die Nummer 1 –, setzt das EG nun mit »Macht hoch die Tür« als Leitlied ein und eröffnet mit ihm sozusagen die Tür für das gesamte Gesangbuch.

Eine zweite große Abteilung gilt dem Gottesdienst (155–261). Auf die Liturgischen Gesänge folgen Rubriken, die von Artikel 7 des Augsburgischen Bekenntnisses bestimmt sind: »Es wird auch gelehrt, dass allezeit eine heilige, christliche Kirche sein und bleiben muss, die die Versammlung aller Gläubigen ist, bei denen das Evangelium rein gepredigt und die heiligen Sakramente laut dem Evangelium gereicht werden. Denn das genügt zur wahren Einheit der christlichen Kirche, dass das Evangelium einträchtig im reinen Verständnis gepredigt und die Sakramente dem göttlichen Wort gemäß gereicht werden.« Entsprechend beginnt die Abteilung mit Liedern zum »Wort Gottes« mit Luthers Lied »Erhalt uns, Herr, bei deinem Wort« (193). Es folgen Taufe, Konfirmation und Abendmahl; Lieder zur Beichte und zur Trauung schließen sich an. Und auch im Kontext der Vorstellung, was die Kirche sei, sind die Lieder anzusehen, die unter »Sammlung und Sendung« sowie »Ökumene« (262–269) versammelt sind, darunter »Christus ist König, jubelt laut« (269), der Übersetzung eines englischen Liedes des Bischofs George Bell (1883–1958) aus dem Jahr 1931.

»Biblische Gesänge« ist die Abteilung der nachfolgenden Psalmen und Lobgesänge überschrieben. Das sind zunächst Nachdichtungen der Psalmen, nicht nur nach dem Genfer Psalter, sondern unterschiedlicher Herkunft und Zeit. Einige Lieder (276, 295, 296) gehen auf den Becker-Psalter zurück; ihre vierstimmigen Sätze stammen von Heinrich Schütz. Aus den Jahrhunderten zwischen der Reformationszeit und der Gegenwart sind nur wenige Stücke aufgenommen.

Die nach 1. Korinther 13, 13 überschriebene Abteilung »Glaube – Liebe – Hoffnung« (316–535) ist die umfangreichste innerhalb des Gesangbuchs. Ihre Unterabteilungen lauten »Loben und Danken« (316–340), »Rechtfertigung und Zuversicht« (341–360), beginnend mit Luthers Lied »Nun freut euch, lieben Christen gmein«, einem der ersten seiner Lieder und einer Summe seiner Theologie, »Angst und Vertrauen« (361–383), die mit Paul Gerhardts Lied »Befiehl du deine Wege« eröffnet wird, »Umkehr und Nachfolge« (384–395), mit dem inzwischen zum Gemeingut gewordenen Lied »Vertraut den neuen Wegen« von Klaus-Peter Hertzsch aus dem Schicksalsjahr 1989 am Schluss, »Geborgen in Gottes Liebe« (396–411), »Nächsten- und Feindesliebe« (412–420) sowie »Erhaltung der Schöpfung, Frieden und Gerechtigkeit«, die sich als solche dem konziliaren Prozess des Ökumenischen Rates der Kirchen seit 1983 verdankt.

Es folgen Lieder für die Tageszeiten, Morgen, Mittag und das tägliche Brot, Abend, mit schönen Eingangssätzen von Melchior Vulpius zu »Die helle Sonn« (EG 437) und »Hinunter ist der Sonne Schein« (467), auch ein Wochenschlusslied ist noch vorhanden. Vier Lieder stehen unter der Überschrift »Arbeit«, eines unter »Auf Reisen«; »Natur und Jahreszeiten« sind mit sechzehn Liedern wieder umfangreicher. Das Ende bildet die Abteilung »Sterben und ewiges Leben – Bestattung« (516–534). Die allerletzte Strophe 535 »Gloria sei dir gesungen« ist die Wiederholung der dritten Strophe von Philipp Nicolais Lied »›Wachet auf‹, ruft uns die Stimme« (147) – als Aufruf zum Gotteslob und in der Erwartung der himmlischen Musik.

»Das Gesangbuch will auch Aufgaben eines christlichen Haus- und Gemeindebuches wahrnehmen«, heißt es in den Vorbemerkungen »Zum Gebrauch dieses Buches«. Daher sind Gebete, eine Erläuterung zum Gottesdienst, Formulare für Andachten und Gottesdienste zu den Tageszeiten, Bekenntnisse und Katechismen aufgenommen, die der häuslichen und persönlichen Frömmigkeitspraxis dienen können. Hinzu kommen ein Liturgischer Kalender mit den Texten der Perikopenreihen und Wochenliedern sowie den jeweiligen liturgischen Farben im Verlauf des Kirchenjahres. Die Beigaben zur Liederkunde bieten sowohl einen knappen historischen Abriss als auch Informationen zu einzelnen Dichtern und Musikern, deren Texte und Melodien in das Gesangbuch aufgenommen wurden; unter ihnen sind auch wenige Frauen.

*

Freilich blieb es am Ende nicht bei einer einzigen Ausgabe; die Evangelisch-lutherische Kirche in Bayern entwickelte ein Gesangbuch in eigener Gestaltung, »Antwort finden in alten und neuen Liedern, in Worten zum Nachdenken und Beten«, das auch von der Evangelisch-Lutherischen Kirche in Thüringen, der Evangelischen Landeskirche in Württemberg und der Evangelisch-Lutherischen Kirche in Mecklenburg übernommen wurde und nach der Fusion der Thüringer Kirche mit der Evangelischen Kirche der Kirchenprovinz Sachsen in die Evangelische Kirche in Mitteldeutschland und dem Aufgehen der Mecklenburgischen Kirche in der »Nordkirche« weiterhin in Gebrauch ist.

Schließlich gibt es noch eine dritte Ausgabe: Im Unterschied zu den lutherischen und unierten Landeskirchen ist die »Ausgabe für die evangelisch-reformierte Kirche«[1], dessen graphische Gestaltung und Konzeption auf Klaus Detjen (*1943) zurückgeht, ein Gesangbuch, in dem neben dem mit den anderen Kirchen gemeinsamen Stammteil ein vollständig vertonter Reimpsalter enthalten ist. Er folgt weitgehend den Bereimungen Matthias Jorissens und in der Regel den Melodien des Genfer Psalters von 1551. Die reformierten Kirchen bekennen sich ausdrücklich dazu, die aus der Genfer Reformation erwachsene Tradition fortzuführen. Etliche dieser Lieder sind in den Stammteil des EG eingegangen – sie kommen entsprechend in dem reformierten Gesangbuch zweifach vor. Dem Liedpsalter folgen der Stammteil des EG und ein sehr ausführlicher »Landeskirchlicher Liederteil« für die Evangelische Kirche im Rheinland, die Evangelische Kirche von Westfalen, die Lippische Landeskirche und die Evangelisch-reformierte Kirche (546–695) sowie ein Anhang mit Psalmgebeten, Formularen für Andachten, Bekenntnissen und Lehrzeugnissen der Kirche, Beigaben zur Liederkunde und Verzeichnissen.

*

Ausdrücklich als »Supplement zum Evangelischen Gesangbuch« versteht sich *Durch Hohes und Tiefes. Gesangbuch der Evangelischen Studierendengemeinden in Deutschland.*[2] Die Idee zu dem Buch entstand auf der Studierendenpfarrkonferenz 2005. Es enthält 444 neue geistliche Lieder, »eine Art Bestandsaufnahme evangelischer und ökumenischer Liedtradition der letzten 60 Jahre«. Dabei bestimmten dichterische Qualität, musikalische Substanz und theologische Verantwortbarkeit die Aufnahme in das Gesangbuch; Doppelungen mit dem EG, an dessen Rubriken es sich orientiert, wurden ausdrücklich vermieden. Die aufgenommenen Lieder und Gesänge wurden sämtlich mit Harmoniebezeichnungen versehen; zusätzlich gibt es zwei Messen, eine »Missa popularis« von Andy Lang (*1970) und eine zweite »Wie das Licht des neuen Tages« von Eugen Eckert (*1954) und Gerd-Peter Münden (*1966).

*

Das *Evangelische Gesangbuch* hat auf dem Weg zwischen Tradition und Innovation eine gute Lösung gefunden. In der Grundkonzeption steht es in der Nachfolge der Gesangbücher des Reformationsjahrhunderts und des *Evangelischen Kirchengesangbuchs*. Damit tradiert es einen Schatz evangelischer Lieder, die sich im gottesdienstlichen Gebrauch über Jahrhunderte bewährt haben. Zu dem Stammteil kommen verschiedene landeskirchliche Regionalteile, in denen altes und neues Liedgut gesammelt wird. Beliebt sind zudem die Akkordangaben im bayerischen Gesangbuch.

Jede Generation hat, seit es Neuausgaben von Gesangbüchern gibt, Kritik an den neuen Gesangbüchern geübt, an deren Liedauswahl, an Text- und Melodiegestaltungen, in den älteren Zeiten auch an der Rechtgläubigkeit oder Lehre, und sie hat alte und vertraute Lieder vermisst, wenn sie sich nicht mehr in den neu eingeführten Gesangbüchern fanden. Aber auch nicht alle jeweils neu aufgenommenen Lieder haben sich im Singen als geeignet erwiesen und die jeweiligen Gesangbücher überdauert – theologische und poetische sowie musikalische Qualität waren und sind es am Ende doch immer, die den Liedern durch das Singen in den Gemeinden Dauerhaftigkeit verleihen.

XXVI Freikirchliche und andere Gesangbücher

Neben den Landeskirchen haben auch die evangelischen Freikirchen schon seit langem Gesangbücher erarbeitet und herausgegeben. Ein großer Teil des Liedgutes deckt sich mit dem der landeskirchlichen Gesangbücher, aber es gibt viel Eigengut, bedingt durch die Einflüsse und Wechselwirkungen der jeweiligen kirchlichen Gemeinschaften mit ihren Partnerkirchen, auch über die Grenzen des deutschen Sprach- und Kulturraumes hinaus. Alle gegenwärtig in Gebrauch befindlichen freikirchlichen Gesangbücher haben wohl auch deshalb einen größeren Umfang als das EG.

In den ersten Jahren nach 2000 erschienen drei freikirchliche Gesangbücher: 2002 das *Gesangbuch der Evangelisch-methodistischen Kirche*, 2003 *Feiern & Loben Die Gemeindelieder* der Baptisten und 2007 das *Gesangbuch der Evangelischen Brüdergemeine*.

Das *Gesangbuch der Evangelisch-methodistischen Kirche* wurde von der Evangelisch-methodistischen Kirche in Deutschland, Österreich und der Schweiz/Frankreich herausgegeben. Es enthält 681 Lieder und Gesänge sowie Biblische Lesungen, Gebete, Bekenntnisse und Ordnungen; außerdem Kurzbiographien, Verzeichnisse und Register. Das Vorwort setzt, wie das EG, mit Psalm 98,1 ein; auch im Liedgut gibt es zahlreiche Übereinstimmungen. Neben dem tradierten Liedgut sind »Lieder gesammelt, die in den letzten Jahrzehnten in der weltweiten Christenheit entstanden sind«. Die Mehrzahl der Lieder wird in vierstimmigen Sätzen geboten, hinzu kommen Angaben zur Gitarrenbegleitung. Unter den älteren Dichtern ragt Charles Wesley (1707–1788) hervor, auch von seinem Enkel Samuel Sebastian (1810–

1876) gibt es drei Lieder; unter den neueren Dichtern und Komponisten sind Herbert Beuerle (1911–1994), Paul Ernst Ruppel (1913–2006), Lothar Zenetti (1926–2019), Dieter Trautwein (1928–2002), Hartmut Handt (*1940) und Horst Krüger (*1952) mehrfach vertreten. Das Buch ist mit zahlreichen schwarz-weiß-Abbildungen ausgestattet, überwiegend Grafiken (Zeichnungen, Holzschnitte, Radierungen) von Künstlern des 20. Jahrhunderts: Christian Rohlfs, Karl Schmidt-Rottluff, Ernst Barlach, Gerhard Marcks, den jüdischen Künstlern Marc Chagall und Jakob Steinhardt und Künstlern aus Europa, Indien und Afrika.

*

Das Gesangbuch *Feiern & Loben Die Gemeindelieder* (Holzgerlingen/Kassel 2003) umfasst 500 Lieder unter den Rubriken »Der Gottesdienst, Die Gemeinde, Das Kirchenjahr, Ruf zum Glauben, Leben im Glauben, Tages- und Jahreszeiten«, dazu biblische Lesungen, Vater unser und das Apostolische Glaubensbekenntnis. Das Buch enthält viel traditionelles Liedgut, aber auch eine große Zahl von Spirituals und neuen Liedern. Es bietet die Lieder zumeist in vierstimmigen Sätzen; eine größere Zahl der neuen Liedmelodien stammt u. a. von Paul Ernst Ruppel, Günter Balders (*1942), Peter Strauch (*1943), Hartmut Stiegler (*1957) und Henning Worreschk (*1962).

*

Das *Gesangbuch der Evangelischen Brüdergemeine* kam 2007 in einer neuen Ausgabe heraus. Eröffnet wird es mit einer Abwandlung von Luthers »Torgauer Formel« durch Nikolaus Graf von Zinzendorf: »Das Gesangbuch ist eine Art Antwort auf die Bibel, ein Echo und eine Fortsetzung. Aus der Bibel sieht man, wie Gott mit den Menschen redet, und aus dem Gesangbuch, wie die Menschen mit Gott reden.«

Das Gesangbuch enthält 1054 Lieder, teilweise in vierstimmigen Sätzen. Zinzendorfs Lieder nehmen, zumeist in den Bearbeitungen Christian Gregors (1723–1801), des Herausgebers des Brüdergesangbuchs von 1778 und des dazu gehörenden Choralbuchs von 1784, nebst dessen eigenen Liedern den ersten Platz ein, gefolgt von Liedern Michael Weißes und der Böhmischen Brüder. Von den älteren Autoren sind Nikolaus Herman (1500–1561) und Joachim Neander (1650–1680), Johann Amos Comenius (1592–1670) und Karl Bernhard Garve (1763–1841) gut vertreten. Das Gesangbuch enthält auch mehrere Lieder von Anna Nitschmann (1715–1760), Zinzendorfs zweiter Ehefrau. Zahlreiche Melodien sind aus dem Genfer Psalter übernommen; auch neue Lieder wurden auf die vorhandenen Weisen gedichtet. Das Gesangbuch zeichnet sich aber vor allem durch die Aufnahme zeitgenössischer Lieder und solchen aus der weltweiten Ökumene aus. Insofern vermag es in Beispielen einen Eindruck von der weltweit tätigen und lebendigen Brüdergemeine zu vermitteln.

*

Die Selbständige Evangelisch-Lutherische Kirche (SELK) hatte, nach einer langen Vorgeschichte ihrer Gesangbücher in den verschiedenen Vorgängerkirchen, bereits 1987 das *Evangelisch-Lutherische Kirchengesangbuch* (ELKG) eingeführt. Für dieses Gesangbuch wurde der Stammteil des EKG (1–394) übernommen. Vorangestellt wurden die Proprien für den Gottesdienst (Der Hauptgottesdienst – Die Gemeinsame Beichte – Der Gottesdienst am Karfreitag und an Buß- und Bettagen – Die Feier der Osternacht – Advents- und Passionsandachten – Die Mette (Das Morgengebet) – Die Vesper (Das Abendgebet) – Die Complet (Das Nachtgebet) – Anleitung für die Nottaufe; nach dem Stammteil folgten ein eigener »Liederanhang für die Selbständige Evangelisch-Lutherische Kirche« (400–561) sowie Psalmen (600–663). Am Ende standen »Antiphonen zum Kirchenjahr« und eine Übersicht über die Verfasser der Texte und Melodien der Gesangbuchlieder, Gebete und die Altkirchlichen Bekenntnisse, der erste Teil des Augsburger Bekenntnisses und Auszüge aus dem zweiten sowie Luthers Kleiner Katechismus.

Der Anhang enthält Lieder, die das konfessionelle Profil deutlicher in Erscheinung treten lassen, vor allem in der Rubrik »Das heilige Abendmahl« (468–478), aber auch in »All Ehr und Lob soll Gottes sein« (503), einem Luther zugeschriebenen deutschsprachigen Gloria, und in Liedern von Paul Gerhardt und von Jochen Klepper, die im EKG fehlen. Darüber hinaus gibt es etliche Lieder, die sich später im EG finden sollten.

Auch in der SELK wurden nach 1987 offizielle Ergänzungen zum ELKG erforderlich. 1990 erschien Band 1 des Jugendliederbuchs *Come on and sing/Komm und sing* (CoSi); ein zweiter Band folgte 1996, ein dritter 2012, und im Jahr 2000 kam das *Beiheft zum Evangelisch-Lutherischen Kirchengesangbuch* heraus. Es beginnt als Fortsetzung des ELKG mit der Nummer 700, enthält Varianten für die liturgischen Gesänge und weitere Lieder zu Kirchenjahr, Sakramenten, Gottesdienst und Tageslauf.

Nach langer und umfassender Vorbereitung und der Entscheidung, das EG für die SELK nicht zu übernehmen, wurde zum 1. Advent 2021 ein neues *Evangelisch-Lutherisches Kirchengesangbuch* (ELKG^2) eingeführt. Auch dieses soll nach dem Willen der Kirche Gesangbuch, Glaubensbuch und Liturgiebuch sein und gottesdienstlichen und Zwecken der häuslichen Andacht dienen. Der Aufbau entspricht weitgehend dem ELKG: Gottesdienst – Lieder, Gesänge und Psalmen – Weitere Gottesdienste, Andachten und Erläuterungen zu besonderen Anlässen – Gebete – Bekenntnisse (die Altkirchlichen Bekenntnisse, der Kleine Katechismus und eine thematisch geordnete Textauswahl aus den Bekenntnisschriften der lutherischen Kirche) – Verzeichnisse (Liedgeschichte – Dichter und Komponisten – praxisorientierte Verzeichnisse zu allen Gesängen). 2022 erschienen ein Orgelbegleitbuch, ein Posaunenchoralbuch und ein Orgelchoralbuch zu dem neuen Gesangbuch.

Das Buch ist mit 1824 Seiten auf Dünndruckpapier deutlich umfangreicher geraten als die Normalausgabe des EG. Das liegt vor allem an den Proprien für die einzelnen Sonntage des Kirchenjahrs. Das spezifische Profil der SELK wird man auch hier am ehesten an den Abendmahlsliedern erkennen, außerdem daran, dass hier Lieder der lutherischen Orthodoxie behalten sind, die auf dem Weg vom EKG ins EG ausgeschieden wurden, vor allem aber in dem Kapitel »Wir glauben, lehren und bekennen«, in dem Auszüge aus den Bekenntnisschriften der lutherischen Kirche gesammelt sind, und zwar nicht nur aus der Confessio Augustana, sondern auch aus deren Apologie, Luthers Großem Katechismus, den Schmalkaldischen Artikeln und der Konkordienformel, einmal auch aus dem Tractatus de potestate papae.

*

Nicht nur Rechtsstellung, Verfassungen und Frömmigkeitstraditionen der Kirchen, sondern auch Sprachen können Anlass sein für eigene Gesangbücher. In Deutschland sind es die Gemeinden gewohnt, Gesangbücher in hochdeutscher Sprache zu benutzen. Aber schon 1525 wurde das erste niederdeutsche Gesangbuch (»jn Sassyscher sprake«) von Joachim Slüter in Rostock herausgegeben.[1] Schon im Lauf des 16. Jahrhunderts wurde das Niederdeutsche als Kirchensprache weitgehend zurückgedrängt; seit dem 19. Jahrhundert aber gab es Versuche, Plattdeutsch als Kirchensprache wiederzubeleben. Eine späte Frucht dieser Bemühungen ist, nach einigen Vorgängern, *Op goden Kurs. Plattdüütsch Gesangbook*, das die Nordelbische Kirche 2001 herausbrachte. Das Buch umfasst 235 Lieder, etliche wurden aus den hochdeutschen Fassungen des EG durch einen »Arbeidskrink Plattdüütsch in de Kark« übersetzt und »an't Middelholsteensche Platt« angeglichen, andere aus dem Dänischen übersetzt. Das

Buch enthält auch vierstimmige Sätze und Kanons – eine plattdeutsch singende Gemeinde ist mit ihm gut versorgt.

*

Christenmenschen in Grenzgebieten sprechen oft mehrere Sprachen und gehen womöglich hin und wieder auch in einen anderssprachigen Gottesdienst. Einem solchen Ziel dient z. B. *Salmer på dansk og tysk Deutsch-Dänisches Kirchengesangbuch* (København 2015). Es enthält in zwei Teilen Lieder aus dem dänischen Gesangbuch mit deutschen Übersetzungen und solche aus dem EG mit dänischen Übersetzungen. Angesichts unterschiedlicher Gesangspraxis in den jeweiligen Kirchen wurde auf den Abdruck von Melodien – leider – verzichtet.

In den Gemeinden der in die Bundesrepublik Deutschland eingewanderten Russlanddeutschen noch im Gebrauch ist das *Wolga Gesangbuch* ebenso wie das Liederbuch *Der köstliche Schatz* – beide Ausgaben kommen ohne Noten aus.

*

Schließlich ist auch an deutschsprachige Gesangbücher in Gebieten jenseits der jeweiligen deutschen Grenzen zu denken – ein paar Beispiele mögen hier genügen. Wo es evangelische Christen deutscher Herkunft und Sprache gab, gab es auch evangelische Gesangbücher. Für Riga hatte der Pfarrer Johannes Briesmann (1488–1549) schon 1547 eine Gottesdienstordnung samt Psalmen und Liedern in Lübeck drucken lassen[2]; 1643 kam in Riga die dritte Auflage eines *Vollständigen Rigischen Gesangbüchleins*[3] heraus, und die deutschsprachige Gesangbuchtradition reicht bis ins frühe 20. Jahrhundert. In Reval erschien 1687 die *Teutsch-Ehstnische Andachts-Flamme Vermittelst Einiger Morgen- und Abend- auch anderer aus dem Teutschen ins Ehstnische übersetzter Geistreicher neuer Lieder Angezündet durch Johann. Wolffg. Böclerum, Pastoren zu Kusall, im Hertzogthumb Ehsten*; 1706 ein *Vollständiges Revalisches Gesang-Buch*[4] mit einer Ansicht der Stadt, und noch 1910 eine *Sammlung geistlicher Lieder für die kirchliche und häusliche Andacht in evangelisch-lutherischen Gemeinden*, ein Abdruck der neu ausgearbeiteten und 1887 veränderten Ausgabe von 1855. In Siebenbürgen gab es in Hermannstadt deutschsprachige Gesangbücher mindestens seit 1747, und auch in Böhmen, jenseits der Grenzen des Reiches und im Königreich Jugoslawien (Zagreb 1936) wurde aus ihnen gesungen.

Vollständiges Revalisches Gesang-Buch, Reval 1706 (VD18 10924485)

Und natürlich auch in Amerika und Afrika. Dorthin hatten Auswanderer aus Deutschland ihre heimischen Gesangbücher mitgenommen, und über Jahrhunderte wurde der Gesang nach diesen Büchern in den Gemeinden außerhalb Europas gepflegt.

Colours of Grace, München 2006

XXVII Neue Liederbücher

Liederdichter und Liedermacher, Männer und Frauen, haben auch seit der Einführung von EKG und EG zahlreiche Lieder gedichtet und komponiert. Besonders kräftige Impulse gingen von der Kirchlichen Jugendarbeit und von den Evangelischen Kirchentagen aus, auf die hin und/oder aus denen heraus neue geistliche Lieder entstanden. Die Liederbücher waren und sind jeweils für die aktuellen Kirchentage bestimmt. Manche Lieder sind nach den jeweiligen Ereignissen verschwunden, andere blieben auch über die Kirchentage und die dort versammelten Kirchentagsgemeinden hinaus in Gebrauch und hielten Einzug in Gemeindegottesdienste, Andachten und sonstige kirchliche Veranstaltungen und darüber hinaus auch in andere gesellschaftliche Kontexte.

Ein Beispiel: Den Kirchentag 1999 in Stuttgart feierte man mit *Gottesklang. Das kleine Liederbuch* (Stuttgart 1998). Anlassbezogen gliedern sich die 118 Lieder in neun Rubriken: »Morgenlicht, Friedensgruß, Abendstern, Schöpfungswunder, Klage und Trauer, Stille, Brot und Wein, Dein Reich komme, Segen«, dazu »Feier am Morgen«, »Feier am Mittag, Feier am Abend«, hinzu kommen Betrachtungen und Meditationen. Mit diesem Buch konnte man den Kirchentag vielfältig und abwechslungsreich singend feiern.

Aus der Produktivität neuer Lieder und ihrer Rezeption erwuchs das Bedürfnis, auch diese neuen geistlichen Lieder zu sammeln und in Liederbüchern herauszugeben. Auf diese Weise entstand eine große Fülle derartiger Sammlungen in den Landeskirchen und in den Freikirchen, in Jugendverbänden und immer wieder auch zu spontanen Zusammenkünften.

Große Verbreitung erfuhr *Mein Liederbuch für heute und morgen*, das vom Arbeitskreis für kulturelle Bildung und Medienarbeit der Jugendkammer der Evangelischen Kirche im Rheinland und dem Pädagogisch-Theologischen Institut der Rheinischen Kirche erarbeitet worden war. Es erschien zuerst 1981, zuletzt 1997, und umfasste in vier Gruppen 36 Choräle aus dem EKG, 127 »Neue geistliche Lieder«, ungefähr nach Erscheinungsjahren, 23 Kinderlieder und 27 Lieder »für drinnen und draußen«. 1986 kam *Mein Kanonbuch* und 1992 *Mein Liederbuch 2 Oekumene heute* heraus.

Seit den 1980er Jahren gab es von den Landeskirchen herausgegebene »Beihefte« zu den Kirchengesangbüchern. *Singe Christenheit* als *Beiheft zum Evangelischen Kirchengesangbuch* für die Evangelische Kirche in Hessen und Nassau und die Evangelische Kirche von Kurhessen-Waldeck (1981), redigiert von Herbert Beuerle, dürfte zu den frühesten Büchern dieser Gattung gehören; es wurde 2017 durch das *EGplus* abgelöst. *Lebensweisen* (später: *LebensWeisen*) von Fritz Baltruweit (*1955) erschien zuerst als Liederheft zum Deutschen Evangelischen Kirchentag Hannover 2005 und hielt sich in überarbeiteter Fassung auch über den Anlass hinaus. Die Evangelisch-lutherische Landeskirche Sachsens veröffentlichte 2008 *Singt von Hoffnung. Neue Lieder für die Gemeinde* mit 160 Liedern und Psalmen; im Bereich der Berlin-Brandenburgischen Kirche kam 2013 *Singt Jubilate* von Gunter Kennel (*1961) heraus.

Im Prozess der Entstehung der »Nordkirche« wurde auch ein Gesangbuch geplant, aus der Überzeugung, »dass das gemeinsame Singen als tragender Identitätsfaktor für die künftige Nordkirche angesehen wird«. Zu Pfingsten 2014 erschien *Himmel, Erde, Luft und Meer* als *Beiheft zum Evangelischen Gesangbuch in der Nordkirche*. Es entspricht in der Gliederung dem EG, enthält 181 Lieder und Gesänge, zum Teil mehrstimmige Sätze, zahlreiche Kanons und Gesänge aus Taizé, etwa »Kyrie«, »Gloria« oder »Meine Hoffnung und meine Freude«, plattdeutsche Lieder, außerdem 81 Psalmgebete. Manche Lieder hätten in den Gesangbüchern vor dem EKG in der Rubrik

»Geistliche Volkslieder« gestanden. Unter den Autoren finden sich neben zahlreichen anderen Detlev Block (*1934), Fritz Baltruweit und Peter Janssens (1934–1998). Die Ausstattung ist ansprechend; durch die Verwendung von Recycling-Papier wurde auch dem Gedanken der Nachhaltigkeit Rechnung getragen. Die bisher jüngsten Produkte dieser Gattung sind *freiTöne*, ein gemeinsam vom Deutschen Evangelischen Kirchentag und der EKD erarbeitetes *Liederbuch zum Reformationssommer 2017* und *Wo wir dich loben, wachsen neue Lieder plus* von 2019, das in den Landeskirchen Baden, Württemberg, Pfalz und Elsass erfolgreich eingeführt ist.[1]

*

Weitreichende geistliche Impulse sind in den letzten Jahrzehnten von der Communauté de Taizé in Burgund ausgegangen. Die 1940 gegründete Gemeinschaft hat nicht nur viele junge Menschen aus aller Welt angezogen und tut es noch immer, sondern auch in den verfassten Kirchen dauerhafte Spuren hinterlassen. Zwei Gesänge[2] wurden in den Stammteil des *Evangelischen Gesangbuchs* aufgenommen (170.12; 181.6), etliche andere in die Regionalteile. Die überwiegende Anzahl von ihnen stammt von Jacques Berthier (1923–1994). Das meditative Singen kurzer, einprägsamer Gesänge schafft eine Atmosphäre, die geeignet ist, dass Menschen Gott und einander begegnen.[3] Wahrscheinlich gibt es keine geistliche Gemeinschaft, die die Spiritualität der jüngeren Generationen so stark und nachhaltig geprägt hat wie die Communauté de Taizé.

*

Ein eigenes Gesangbuch der Gemeinschaft Evangelischer Kirchen in Europa (GEKE) ist *Colours of Grace*, erarbeitet und herausgegeben von Peter Bukowski, Thomas Flügge, Dorothea Monninger, Christine-Ruth Müller, Andreas Marti, Franz Karl Praßl und Ilsabe Seibt (München 2006). Es wurde anlässlich der 6. Vollversammlung der GEKE im September 2006 in Budapest vorgelegt. Das Buch der Leuenberger Kirchengemeinschaft nimmt seinen Titel aus 1 Petrus 4, 10. Zuletzt vorausgegangen war das ökumenische mehrsprachige Gesangbuch *Unisono* von 1997. Aber schon 1924 hatte es ein mehrsprachiges Gesangbuch gegeben: *Cantate Domino*, das Liederbuch des Christlichen Studentenweltbundes (³1974). Das Gesangbuch des Lutherischen Weltbundes *Laudamus* kam 1952 heraus und wurde bis 1990 mehrfach aufgelegt. Und das internationale ökumenische Gesangbuch *Thuma Mina. Singen mit den Partnerkirchen* wurde von der Basler Mission und vom Evangelischen Missionswerk in Deutschland 1995 verantwortet.

Lieder in insgesamt zwanzig Sprachen sind in *Colours of Grace* aufgenommen; manche in den Originalsprachen, die meisten in Übersetzungen, etliche mehrstimmig, zum Teil mit Sätzen aus dem Genfer Psalter. Die Gliederung in »Psalmlieder – Lob, Dank, Bitte – Gottesdienst – Kirche – Kirchenjahr – Wort und Antwort – Morgen und Abend« unterscheidet sich von EKG und EG. Da findet man »Adeste, fideles« (»Herbei, o ihr Gläubigen«, EG 45) lateinisch, deutsch, englisch, tschechisch, norwegisch, niederländisch und spanisch, »Amazing grace« englisch, deutsch, polnisch, schwedisch und slowenisch, »Abide with me« (»Bleib bei mir, Herr«, EG 488) englisch, deutsch, französisch, tschechisch, ungarisch, norwegisch, niederländisch, polnisch und spanisch und auch Reformationslieder wie »Ein feste Burg ist unser Gott« (EG 362) in seinem deutschen Original, aber auch englisch, französisch, ungarisch, niederländisch, polnisch, schwedisch und spanisch, oder »Aus tiefer Not« (EG 299) neben dem Urtext englisch, tschechisch, dänisch, finnisch und spanisch. Außer den Sprach- wurden auch die Konfessionsgrenzen überschritten; neben evangelischen finden sich auch altkirchliche und katholische Lieder. Diese Lieder kann man nun gemeinsam singen – das Gesangbuch ist eine Ermutigung für alle Christen in Europa, gemeinsam Gott zu loben.

XXVIII Ausblick

Wir haben die Geschichte evangelischer Gesangbücher durchmessen – durch fünfhundert Jahre, ein halbes Jahrtausend. Am Anfang standen kleine Liederdrucke, zwischendurch drohten Gesangbücher die Kapazitäten von Gesangbuchmachern und Gesangbuchnutzern zu überschreiten; im 20. Jahrhundert verständigte man sich auf einen Umfang, der sich als gottesdienst- und alltagstauglich erwies.

Ein evangelisches Gesangbuch war und ist Ausdruck und Medium der Identität der Kirche. Und die Geschichte der Gesangbücher ist eine Geschichte christlicher Identitäten. Luther hat seinerzeit die Lieder »der Unseren« als solche in sein Gesangbuch aufgenommen, daneben Lieder »der Alten«, als Ausdruck und Zeichen der Kontinuität der Kirche, schließlich Lieder »der Anderen«, um den Horizont des gesungenen Evangeliums zu öffnen. In den Anfängen evangelischen Singens finden wir drei Typen von Gesangbüchern: einen am Leben Jesu orientierten – das Gesangbuch der Böhmischen Brüder, einen an der Heiligen Schrift, näherhin an den Psalmen orientierten – den Genfer Psalter, einen auf den Glauben hin orientierten – das Gesangbuch Luthers. Alle drei Typen, der jesuanische, der schriftbezogene und der glaubensbezogene, haben Anteil aneinander und kommunizieren mit- und untereinander.

Wollte man die Jahrhunderte holzschnittartig charakterisieren, könnte man sagen, das 16. sei das formative, das 17. das konfessionsbestimmte und -gebundene, das 18. einerseits das gelehrte und lehrhafte, andererseits das glaubensinnige und das 19. das restaurative Jahrhundert gewesen.

Dabei muss man die jeweiligen medialen Gegebenheiten berücksichtigen: In den ersten Jahrhunderten hing die Aufnahmefähigkeit weitgehend von der Lesefähigkeit der Rezipienten ab, und die war bis zur Durchsetzung der allgemeinen Schulpflicht nicht verbreitet. Viele Menschen und Gemeinden lebten mit ihren Liedern ohne Schriftlichkeit. Im Lauf der Vermehrung der Liederproduktion wollte man dieser später in den Gesangbüchern auch Raum geben und nahm immer mehr Lieder auf, Anhänge und neue Anhänge folgten, bis man zu der Einsicht kam, die Überlieferung zu sichten und den Bestand an Liedern zu begrenzen. Die Vorstellung von einem deutschen Einheitsgesangbuch kam diesen Überlegungen zugute – und der Gedanke, man könne das Sondergut der einzelnen Landeskirchen in eigenen Anhängen oder Büchern sammeln, förderte die Konzentration auf das gemeinsame Liedgut.

Die drei evangelischen Gesangbücher des 20. Jahrhunderts, das DEG, das EKG und das EG, umfassten mit 324 bzw. 394 bzw. 535 Liedern und Gesängen einen überschaubaren Bestand. Hinzu kamen die Anhänge der einzelnen Landeskirchen, zwischen denen es vielfache Gemeinsamkeiten gibt. Mit wachsender Mobilität hat auch der Austausch von Liedern und Gesängen zwischen den Landeskirchen zugenommen.

Alle Gesangbuchmacher hatten von Anfang an mit dem Befund umzugehen, dass sich das Liedgut ständig vermehrt und um neue Lieder bereichert wird. Welche von ihnen haben Aussicht auf Dauer? Was wird bestehen? Die bisherige Praxis, neben einem mehr oder weniger stabilen Kanon temporäre und regionale Zusätze zu sammeln und zu veröffentlichen, hat sich bewährt. Eine Fortsetzung dieser Praxis unter den neuen Bedingungen der Nutzung der digitalen Möglichkeiten erscheint daher sinnvoll.

Vom *Deutschen Evangelischen Gesangbuch* (DEG) von 1915 an über das *Evangelische Kirchengesangbuch* (EKG) von 1950 bis zum *Evangelischen Gesangbuch* (EG) von 1993 ist ein Grundbestand an Liedern überliefert worden, der die religiöse und die kulturelle Identität deutschsprachiger evangelischer Christenmenschen geprägt hat und weiter prägen wird. Denn die Christenheit lebt in und mit ihrer Geschichte, und zum Verständnis des Glaubens gehört auch das Verständnis seines geschichtlichen Gewordenseins. War das EKG stärker am lutherischen Typ ausgerichtet, so hat das EG Anteile der beiden anderen Traditionen umfangreicher berücksichtigt. Auch ein künftiges evangelisches Gesangbuch wird in der Kontinuität evangelischen Singens diese Balance finden müssen.

Alle Gesangbuchmacher hatten von Anfang an überdies mit dem Befund umzugehen, dass Menschen in den neuen Gesangbüchern alte Lieder vermissten und Zeit brauchten, um sich an die neuen Gesangbücher und ihre Lieder zu gewöhnen. Der Dichter Johannes Bobrowski (1917–1965) etwa vermisste im neuen Gesangbuch [dem EKG] seine alten lieben Lieder und wollte sie nun für sich selbst zusammenstellen. »Es wird viel zu viel Mittelmäßiges aufgehoben«, erklärte er, »und Gutes geht verloren. Wir brauchen da bessere Maßstäbe – zumal in der Kirche.«[1]

»Bessere Maßstäbe – zumal in der Kirche« – welche Anforderungen kann man billigerweise an ein künftiges Gesangbuch stellen?

Schon im Reformationsjahr 2017 entschied der Rat der EKD, Vorarbeiten für ein künftiges Gesangbuch aufzunehmen. Es wird dem Vernehmen nach einen engeren Kanon von Liedern in einem Buch, aber auch flexible oder fluide Anteile in einer kuratierten Liederdatenbank enthalten. Ein Kanon allerdings erscheint notwendig, um – in diachroner Hinsicht – Verbundenheit und – in synchroner – Gemeinsamkeit in der Kirche zu stiften und um weiterhin Zugänge zu der kulturellen christlich geprägten Überlieferung zu ermöglichen.

Zu den Gründen für eine Neubearbeitung zählt vor allem die Revision der Lutherbibel, die zum Reformationsjubiläum abgeschlossen werden konnte – seither ist die Lutherbibel 2017 das Normalbuch für die Bibellektüre geworden, im Gottesdienst und auch im Internet. Daneben wurde auch die Perikopenordnung, also die Ordnung der biblischen Texte, die über das Kirchenjahr in den Gottesdiensten gelesen und über die in sechsjährigem Rhythmus gepredigt werden soll, erneuert: Seit Beginn des Kirchenjahres 2018/2019 ist diese neue Ordnung, und zwar erstmals als »Ordnung gottesdienstlicher Texte *und Lieder*«, in Kraft. Dazu erschien *Lieder und Psalmen für den Gottesdienst* als Ergänzungsheft zum *Evangelischen Gesangbuch*.[2]

Ein künftiges evangelisches Gesangbuch soll in gedruckter Fassung etwa 500 Lieder umfassen; eine digitale Datenbank, in der alle Lieder aus den Regionalteilen des EG, aber auch ausgeschiedene und neue Lieder enthalten sein sollen, etwa 2.000–2.500. Eine Plattform mit dem Arbeitstitel »FORUM Gesangbuch gemeinsam-singen.de« soll 2024 »an den Start gehen und den Weg zur Veröffentlichung des neuen evangelischen Gesangbuches begleiten«[3].

*

Das neue Gesangbuch soll ein Erkennungszeichen evangelischen Christentums reformatorischer Prägung in deutscher Sprache sein. Denn seinen Glauben lebt man in der eigenen Sprache. Daneben können und sollen fremdsprachige Lieder in einem solchen Buch den Horizont öffnen, hinein in eine weltweite, vielsprachige Christenheit, die sich zu dem einen Herrn Jesus Christus bekennt. Das Gesangbuch ist ja nicht einfach ein Liederbuch, sondern es soll zu erkennen geben, was den Kern evangelischen Christentums ausmacht. Das bedeutet Kanonbildung. Was immer es neben einem solchen Kanon an geistlichen Liedern geben mag – und es gibt viel –, kann und soll auf andere Weise gesammelt und verbreitet werden. Das Gesangbuch soll die Zeitgenossen erreichen und sie zum Lob Gottes und zur Gemeinschaft in seiner Kirche einladen.

Geistliche Lieder sind Schriftauslegung. Ihre Bezogenheit auf die Bibel eröffnet einen weiten Raum. Es dient dem Glauben und der Kirche, wenn die Lieder als Auslegungsgestalten der Heiligen Schrift zu erkennen sind. Aber gibt es Kriterien für die Qualität guter geistlicher Lieder? Und also für ein gutes geistliches Gesangbuch? Ja, es gibt sie, und sie können und sollen für die Beurteilung und damit für

Entscheidungen über die Aufnahme in das Gesangbuch oder die Ausscheidung aus ihm erwogen werden:

1. dass, mit Luther zu reden, das Evangelium auch durch den Gesang unter den Leuten bleibt;
2. dass das Evangelium als die Geschichte von Christus und die Botschaft von der freien Gnade Gottes f ü r m i c h und f ü r u n s angemessen zur Darstellung kommt;
3. dass die Angemessenheit der Sprache gewahrt wird, Verständlichkeit ebenso wie Zeitgemäßheit. Dabei kann man manche alten Lieder ruhig in ihrem Wortlaut belassen und gegebenenfalls Erklärungen hinzufügen; sie prägen sich bei wiederholtem Singen ein und geben dem Glauben eine geschichtliche Tiefe, die auch zu ihm gehört. Ein gelungenes Beispiel eines »neuen Liedes«, das diesen Kriterien entspricht, ist Klaus Peter Hertzschs Lied »Vertraut den neuen Wegen« (EG 395);
4. dass die Sangbarkeit der Melodien berücksichtigt werde. Unter alten und insbesondere neuen Liedern gibt es solche, die aufgrund ihrer musikalischen Qualität der Melodiefindung cingängig sind, etwa »Das Volk, das noch im Finstern wandelt« (EG 20), und solche, die Gemeinden auch bei häufiger Wiederholung nicht singen können. Die Vorstellung, man könne mit Synkopen, Hemiolen oder bizarren Intervallen den Gemeindegesang fördern oder beleben, erweist sich oft als trügerisch.
5. Gute geistliche Lieder sind solche Lieder, die das Evangelium in Texten und in der Musik, in Wort und Ton und in den Herzen so zum Klingen bringen, dass Menschen beim Singen und beim Hören hinausgenommen werden aus der Welt zu Gott und im und nach dem Gesang wieder zurückkommen von Gott in die Welt, zu sich selbst und zu ihren Nächsten.

Form und Funktion der Illustration evangelischer Gesangbücher

Esther P. Wipfler

Bilder im Gesangbuch sind keineswegs nur Dekoration, sondern wurden stets absichtsvoll eingesetzt: Sie dienten der Einführung, Vertiefung und Erweiterung der Liedinhalte und waren auch als eigenständige Andachtsbilder konzipiert. Die Gesangbuchillustration war Teil der visuellen Kultur ihrer Zeit und reflektierte neue religiöse Bedürfnisse, Frömmigkeitspraktiken und theologische Ideen. Zuweilen gab sie auch anderen Gattungen Impulse.

Das Klugsche Gesangbuch ist in der Auflage von 1535 mit seinen insgesamt 21 ganzseitigen Holzschnitten (darunter sieben Wiederholungen) das erste durchgängig illustrierte evangelische Gesangbuch; dabei ist der erste und umfangreichste Teil mit Luthers Liedern am stärksten bebildert. Die Holzschnitte stammten größtenteils aus Luthers »Betbüchlein« von 1529, waren also nicht eigens für das Gesangbuch angefertigt worden. Für das Babstsche Gesangbuch schuf der Meister HA dagegen 27 neue Holzschnitte von 20 Druckstöcken. Diese Ausstattung sollte es, wie Luther in der Vorrede betonte, »mit allerley zierde / den leuten angeneme machen, / damit sie zu solcher freude des glaubens gereitzt werden.« Luthers geistliche Lieder wurden zwar immer wieder von anderen Künstlern dem Zeitgeschmack entsprechend bebildert, dabei handelte es sich jedoch um einen stets wiederkehrenden Kanon von Motiven; die ikonographischen Lösungen ähneln sich. Auch die Position der Bilder blieb zumeist gleich, nur Stil und Format änderten sich, manchmal von Auflage zu Auflage. Bei Liedern, die das Kirchenjahr begleiten, entstammen die Darstellungen größtenteils der traditionellen Ikonographie zum Leben Jesu. Vielfach waren die beteiligten Künstler auch Bibelillustratoren.

Nur bei Frontispiz, Katechismus und den Sterbeliedern gibt es im Laufe der Zeit motivisch größere Unterschiede.

Dies änderte sich grundlegend im 17. Jahrhundert, als nunmehr verstärkt Lieder auch für den privaten Bereich verfasst wurden und neue Gesangbücher erschienen. Dabei verhält sich die Gesangbuchillustration analog zur Illustration von Andachts- und Erbauungsliteratur, denn Lieder wurden als gesungene Andachtstexte verstanden. Die dafür entwickelte Emblematik wurde von den führenden Theologen und Dichtern der Zeit in Zusammenarbeit mit den Künstlern entwickelt. Die Bildsprache ist teilweise so verschlüsselt, dass ausführliche Legenden, häufig in Reimform, dazu verfasst wurden, um die richtige Deutung eingängig zu vermitteln. Bei den Liederbüchern der Mitglieder des Pegnesischen Blumenordens (gegründet 1644) in Nürnberg und der ihm nahestehenden Dichter:innen ist dies in besonderem Maße der Fall. Das Bild sollte nicht nur der Ästhetik dienen oder gar zu freien Assoziationen anregen, sondern ein Hilfsmittel zur Andacht sein, die durch den begleitenden Text angeleitet wurde. Damals reflektierte man auch über Sinn und Funktion von Emblemen: Georg Philipp Harsdörffer, Gründungsmitglied des Blumenordens, sah sie als Mittel, um die Leser auf bestimmte Inhalte hinzuweisen, die Arbeit ihres Gedächtnisses zu unterstützen und zu weiterem Nachdenken bzw. zur Andacht anzuregen. Der Kirchenlieddichter Erasmus Francisci sah dagegen lediglich ihren ästhetischen Wert und Reiz. Der Pastor und Erbauungsschriftsteller Christian Scriver verstand sie als Hilfsmittel zur Unterweisung des »einfältigen Volcks«.

Die Städte verbanden mit den von ihnen beauftragten Gesangbüchern stets ihre Selbstdarstellung, ebenso die Fürsten. Dieses Repräsentationsbedürfnis bestimmte hauptsächlich die Ikonographie des Titelkupfers und des Frontispizes. Allegorische und nichtallegorische Motive wurden häufig vermischt; dabei drängte die Selbstdarstellung zunehmend die allegorischen Komponenten zurück.

So ließen die regierenden Fürsten ihr eigenes und das Porträt ihrer Gemahlin verewigen, verbunden häufig mit einer Ansicht ihrer Residenzstadt. Zuweilen wurden ganze Dynastien präsentiert. Städte zeigten ein Panorama ihrer Kommune, in dem die Kirchen und die öffentlichen Gebäude hervorstachen und im Himmel der göttliche Schutz der Gemeinde verbildlicht war. Darüber hinaus schuf man neue Allegorien wie die Personifikation der Liedandacht, schöpfte aber auch aus der traditionellen christlichen Ikonographie.

Ein häufiges Motiv, schon seit dem Klugschen Gesangbuch, war König David mit der Harfe als Dichter der Psalmen (Abb. 1). Personifikationen der Theologischen Tugenden zieren schon im 16. Jahrhundert die Titelblätter. Vielfach dargestellt wurden der Altar, das Tetragramm, die Trinität, Christus, das Lamm Gottes, der Berg Zion – und die Kirche. So zierten insbesondere eschatologische Elemente, der Berg Zion und das Lamm Gottes nach Apokalypse 15,3 den Titelkupferstich der verschiedenen Auflagen von Freylinghausens *Geistreichem Gesang-Buch*. Darüber hinaus nutzte man in der Zeit des Pietismus das Repertoire der Andachtsliteratur und kombinierte ihre Motive wie etwa das bewohnte, geflügelte oder brennende Herz sowie die Garten- und Blumenmetaphorik immer wieder neu. Deutlich ist jedoch die emotionale Ausrichtung der Ikonographie im Sinne der *Devoti Musica Cordis* (Musik eines demütigen Herzens) von Johann Heermann, die die barocke Ausprägung des Pietismus kennzeichnet, aber noch bis ins 18. Jahrhundert wirksam bleibt.

Porträts setzte man zunächst nicht zur Titelillustration ein, sondern ordnete sie als Autorenbild den jeweiligen Texten zu.

Abb. 1: Geistliche Lieder/Psalmen und Lobgesenge. D. Mart. Luth., Nürnberg 1581, Titelblatt

Bildnisse waren zunächst auf Luther und zuweilen auch David beschränkt, später erscheinen auch Herausgeber und Liederdichter. Porträts der Landesfürsten wurden offenbar zuerst in Gesangbüchern für Hofkapellen eingesetzt, dann auch in solchen für Residenzstädte, wo sie im Idealfall aktualisiert wurden. Die Heraldik spielte bei Landesfürsten wie auch Kommunen eine große Rolle bei der Gestaltung der Titelblätter.

Die beteiligten Künstler verwendeten für die Porträts und Stadtansichten zumeist vorhandene gestochene oder gemalte Vorlagen, bei den allegorischen Themen dagegen kam es zu neuen Bilderfindungen, die auf den Inhalt Bezug nahmen; die Kompositionen wurden häufig von Auflage zu Auflage verändert, z. T. auch vereinfacht, um die Lesbarkeit zu erleichtern.

In Darstellungen der Liturgie, von Abendmahl und Predigt, die entsprechenden Teilen des Gesangbuchs vorangestellt waren, wurden die Gemeindemitglieder häufig in zeitgenössischen Kostümen dargestellt, um die Identifikation beim Betrachter zu erleichtern. Gesangbücher für Frauen dienten auch als Tugendspiegel, in dem Vorbilder aus dem Alten und Neuen Testament gezeigt wurden (Abb. 2).

Seit dem 19. Jahrhundert waren zumeist nur Reproduktionsgraphiken, vor allem als Frontispiz, in den Gesangbüchern zu finden. Durchgängig illustrierte Gesangbücher wurden zu seltenen Ausnahmen. Die Illustration des Gesangbuchs unterschied sich im 19. Jahrhundert nicht grundlegend von der des Gebetbuchs, mit dem das Gesangbuch gelegentlich seit dem 16., häufi-

Abb. 2: Henriette Catharine von Gersdorf, Geistreiche Lieder und Poetische Betrachtungen, Halle 1729, Frontispiz.
(VD18 1073256X)

ger seit dem 17. Jahrhundert zusammengebunden wurde. In der Bildausstattung herrschen christologische Themen vor, die zumeist im Stil der Nazarener umgesetzt wurden, dann auch im Jugendstil. Vielfach wurden Stilformen der Dürerzeit aufgegriffen, um auf die Anfänge der evangelischen Kirche zu verweisen. Man zeigte in der Regel nicht mehr das ganze Leben Jesu, sondern versah nur noch die Titelblätter mit Darstellungen, zumeist von Kreuzigung und Abendmahl. Bei den Reproduktionen war das Abendmahl nach Leonardo da Vinci häufig, was zu dessen Popularisierung beitrug; für Darstellungen der Kreuzigung verwendete man Werke von Peter Paul Rubens oder Albrecht Dürer bzw. Nachstiche als Vorlagen. Außerdem wurden Gemälde italienischer Künstler des 16. und 17. Jahrhunderts, z. B. von Domenichino (Domenico Zampieri), Carlo Dolci und Carlo Cignani, reproduziert. Darüber hinaus waren »Maria und Martha«, »Jesus als Kinderfreund«, »Jesus und die Emmaus-Jünger« und der »Anklopfende Christus« beliebte Themen. Es gab jedoch auch individuelle Lösungen: Im *Gesangbuch für die Evangelisch-Reformirte* [!] *Kirche der deutschen Schweiz* (Zürich 1890) zeigt der vom Verleger August Honer, Kreuzlingen, signierte Kupferstich – wohl auf Apostelgeschichte 27 verweisend – Christus, wie er einen Schiffbrüchigen rettet. Die Inschrift nach Mk 5,36 »Fürchte dich nicht, glaube nur!« richtet sich direkt an den Betrachter.

In der ersten Hälfte des 20. Jahrhunderts erlebte die Gesangbuchillustration durch die Initiative des Theologen und Kunsthistorikers Johannes Ficker eine neue Blüte. Das 1899 in Straßburg für Elsaß-Lothringen erschienene Gesangbuch zeigte mehrere Holzschnitte, die eigens von Carl Spindler entworfen worden waren. Den Titel ziert die Wartburg mit dem Zitat des Liedanfangs »Ein feste Burg ist unser Gott«, das danach auch in Verbindung mit einer Vedute der Wartburg häufiger nicht nur in der Illustration der Gesangbücher, sondern auch als Inschrift auf deren Einbänden vorkommt. Der auf Psalm 46,2 zurückgehende Choral Luthers, der eine identitätsstiftende Bedeutung für das Luthertum erlangte, war erstmals im Klugschen Gesangbuch gedruckt worden. Aber erst im ausgehenden 19. Jahrhundert scheint das Lied im Zuge der Entwicklung des Nationalprotestantismus die Illustration des Gesangbuchs inspiriert zu haben.

Kapitelanfänge oder auch die Initialen der Liedanfänge schmückte man nun wieder aufwändiger, manchmal mit dem Porträt des Komponisten. Auch Veduten, zumeist von Kirchenbauten der jeweiligen Kirchenprovinz, wurden eingefügt. Häufig zeigte man sich im frühen 20. Jahrhundert stilistisch und ikonographisch noch der Tradition des 19. Jahrhunderts verpflichtet. So lässt Rudolf Schäfers Illustration der Schmuckausgabe des Gesangbuchs der evangelischen Kirche in Württemberg von 1912 u. a. das Vorbild Ludwig Richters erkennen. Mit Bildern beider Künstler war die von Johannes Zauleck neubearbeitete Auflage des Deutschen Kindergesangbuchs seines Vaters illustriert. Auf frühmittelalterliche Denkmäler wie auch den Buchschmuck des 16. Jahrhunderts verwies der Entwurf des Architekten Karl Mohrmann für die Schmuckausgabe des Gesangbuchs der Evangelisch-lutherischen Landeskirche Hannovers von 1910. Mit besonders hohem künstlerischem Anspruch wurde das Bremer Gesangbuch von 1917 illustriert, insgesamt 19 Künstler, darunter Heinrich Vogeler, lieferten dafür die Vorlagen.

Nach dem Zweiten Weltkrieg dominierte in Gesangbüchern die Graphik in der Tradition des Expressionismus, z. B. von Paul Sinkwitz und Walter Habdank. Nach wie vor spielte die Architektur-Vedute als identitätsstiftendes Element eine große Rolle. So waren auf dem Titelblatt des Anhangs des Gesangbuchs für Schmalkalden von 1955 zwölf Fassaden der Kirchen des Kirchenkreises in Zeichnungen von Herrad Fuchs abgebildet (Abb. 3).

Die Ausgaben des zwischen 1993 und 1996 eingeführten *Evangelischen Gesangbuchs* für Bayern, Mecklenburg und Thüringen enthalten 62 Reproduktionen von Graphiken vom frühen 16. (z. B. von Hans Baldung Grien, Geißelung, 1507) bis ins 20. Jahrhundert (z. B. Jean Arp, Kreuzigung, 1948). Der Schwerpunkt der Auswahl lag jedoch bei den Künstlern des Expressionismus (Karl Schmidt-Rottluff, Emil Nol-

Abb. 3: Evangelisches Kirchen-Gesangbuch. Ausgabe für Schmalkalden, Berlin: 1955, Zwischentitel von Herrad Fuchs

de und Käthe Kollwitz). Daneben sind Werke mit biblischen Themen von Rembrandt Harmensz van Rijn bis Marc Chagall abgedruckt, die nicht als Buchillustrationen konzipiert waren und im kleinen Format oftmals ihre Wirkung nicht entfalten können.

Wie die Illustration des Evangelischen Gesangbuchs im Zeitalter der Digitalisierung aussehen kann, ist noch eine offene Frage. Es bleibt zu hoffen, dass der künstlerische Entwurf, wie er über Jahrhunderte die Gestalt dieser Gattung geprägt hat und deren Inhalte vor Augen führte, nicht nur durch die Bebilderung, sondern auch durch den Einband und die Schrift, bei den aktuellen Überlegungen über ein neues Gesangbuch eine Rolle spielt.

Das Mainzer Gesangbucharchiv – Entstehung und Geschichte

Christiane Schäfer

Das 1992 an der Mainzer Johannes Gutenberg-Universität gegründete Gesangbucharchiv verdankt sich der Freundschaft zweier Professoren und ihrem Interesse an interdisziplinärer Zusammenarbeit. Der Literaturwissenschaftler Prof. Dr. Dr. h.c. Hermann Kurzke und der Liturgiewissenschaftler Prof. Dr. Dr. Hansjakob Becker veranstalteten in den 1980er Jahren erste gemeinsame Seminare rund um das Thema »Kirchenlied und Gesangbuch«. Diese Veranstaltungen gaben den Anstoß, in Mainz auch eine geeignete Quellenbasis zu schaffen. Sie fingen an, großflächig deutschsprachige Gesangbücher der verschiedenen christlichen Konfessionen zu sammeln. Bei der Beschaffung der Bücher legten sie von Beginn an sehr viel Wert darauf, die wichtigsten und die rezeptionsleitenden Quellen zusammenzutragen und der Forschung zugänglich zu machen. Daher wurden neben Originalen auch Reprints, Kopien und Reproduktionen seltener Exemplare gesammelt.

Seit 1992 wurde das Gesangbucharchiv getragen vom »Interdisziplinären Arbeitskreis Gesangbuchforschung«, dem Wissenschaftlerinnen und Wissenschaftler der katholischen und evangelischen Theologie, der Literaturwissenschaft, der Buchwissenschaft, der Musikwissenschaft und der Soziologie angehörten. Aus diesem Verbund ging das von der DFG geförderte Graduiertenkolleg »Geistliches Lied und Kirchenlied interdisziplinär« hervor. Es hatte eine Laufzeit von zehn Jahren (1995–2006) und leistete einen wesentlichen Beitrag zur Weiterentwicklung der hymnologischen Forschung. Bis heute prägt die interdisziplinäre Zusammenarbeit, der wissenschaftliche Austausch, die gemischtkonfessionelle Ausrichtung und die kontinuierliche Erweiterung der Gesangbuchsammlung die Arbeit des Mainzer Gesangbucharchivs. Seit 2017 ist es Teil der an der Theologischen Fakultät angegliederten »Forschungsstelle Kirchenlied und Gesangbuch«, die von Prof. Dr. Ansgar Franz geleitet wird.

Das Gesangbucharchiv gehört zu den »Sammlungen der Johannes Gutenberg-Universität (https://www.sammlungen.uni-mainz.de/gesangbucharchiv/) und hat eine Reihe von festen Kooperationspartnern: Zentrum für Populäre Kultur und Musik (ehemals Deutsches Volksliedarchiv), Freiburg; Theologische Hochschule Elstal (Bund Freikirchlicher Gemeinden); Universität Straßburg; Internationale Arbeitsgemeinschaft für Hymnologie (IAH); Philosophisch-Theologische Hochschule St. Georgen, Frankfurt; Universität Salzburg.

Aus den wissenschaftlichen Unternehmungen des Gesangbucharchivs sind zahlreiche Publikationen hervorgegangen. Die wichtigste ist die mittlerweile 29 Bände umfassende Reihe »Mainzer Hymnologische Studien«, herausgegeben von Ansgar Franz, Hermann Kurzke und Christiane Schäfer. Tübingen 2000ff. (https://www.gesangbucharchiv.uni-mainz.de/mainzer-hymnologische-studien/).

Liedkommentare zum Gotteslob von 2013:
1. Die Lieder des Gotteslob. Geschichte – Liturgie – Kultur. Hrsg. von Hermann Kurzke, Ansgar Franz und Christiane Schäfer, Stuttgart 2017.
2. Die Lieder des Mainzer Gotteslob. Geschichte – Musik – Spiritualität. Hrsg. von Mechthild Bitsch-Molitor, Ansgar Franz und Christiane Schäfer, Ostfildern 2022.
3. Die Lieder des Gotteslob. Österreich und Bozen-Brixen. Liturgie-Kultur – Geschichte. Hrsg. von Alexander Zerfaß, Andrea Ackermann, Franz Karl Praßl, Ewald Vollger, Wien 2022.

Der Bestand

Die Sammlung umfasst derzeit rund 7.800 Titel im Schwerpunkt deutschsprachige Gesangbücher der christlichen Konfessionen vom 16. Jahrhundert bis zur Gegenwart. Etwa drei Viertel des Bestandes sind evangelischer und ein Viertel katholischer Provenienz. Das älteste Original wurde 1545 in Magdeburg gedruckt (VD16 ZV 28839).

Schwerpunkte der Sammlung bilden die evangelische Tradition des 16. Jahrhunderts und die katholische des 17. Jahrhunderts, die beide vor allem über Reproduktionen repräsentiert sind. Darüber hinaus sind die katholische Überlieferung des 19. Jahrhunderts, der östliche Teil des deutschen Sprachgebietes sowie das Elsass gut dokumentiert. Dazu kommen eine kleine Sammlung an Militärgesangbüchern, 27 Ordner mit Kleinschriften (z. B. Liederhefte allgemein, Beihefte zu bestehenden Gesangbüchern, Liederhefte zu Kirchen- und Katholikentagen, zu Wallfahrten und zur Heiligenverehrung), ca. 150 fremdsprachige Gesangbücher, Choral- und Melodiebücher, Anthologien, Editionen und ca. 1.000 Bände Sekundärliteratur. Die Sammlung wächst kontinuierlich, zur Zeit hauptsächlich über Schenkungen.

Erschließung und Nutzung

Die Bücher sind chronologisch und innerhalb eines Jahrgangs alphabetisch entweder nach Druck- oder Bezugsort (z. B. Bistum) aufgestellt und können vor Ort frei am Regal benutzt werden.

Komplett erschlossen wird die Sammlung durch zwei intern geführte Excellisten (»Gesamtverzeichnis der Gesangbücher« und »Sekundärliteratur«).

Nach derzeitigem Stand sind 5.279 Exemplare der Sammlung im OPAC erfasst, auffindbar im Online-Katalog der Johannes Gutenberg-Universität Mainz (https://opac.ub.uni-mainz.de/LNG=DU/DB=1/) unter dem Standort »Gesangbucharchiv«.

Das älteste Original und ca. 40 Gesangbücher vorwiegend des 18. Jahrhunderts können als Digitalisat über Gutenberg-Capture abgerufen werden (https://gutenberg-capture.ub.uni-mainz.de/provenienzen/nav/classification/305127). Weitere Digitalisierungen sind geplant.

Im Gesangbucharchiv stehen verschiedene Datenbanken zur Verfügung:

- die Datenbank »Gesangbuchbibliographie«, deren Ziel es ist, sämtliche gedruckte deutschsprachige Gesangbücher bereitzustellen, die seit der Reformation bis heute erschienen sind. Sie ist aus dem am Mainzer Gesangbucharchiv angesiedelten DFG-Projekt hervorgegangen und im Internet abrufbar (https://gesangbuchbibliographie.uni-mainz.de/index.php).

- Die Datenbank »Liedkatalog« dient der systematischen Erschließung des in den Gesangbüchern überlieferten Liedbestandes. Sie enthält derzeit die Initienverzeichnisse von rund 500 repräsentativen Gesangbüchern der christlichen Konfessionen aus fünf Jahrhunderten. Dieses Instrument erlaubt es, die regionale und diachrone Präsenz, also die Verbreitungs- und Wirkungsgeschichte sowie die Konfessionsübergänge jedes einzelnen Liedes auf einen Blick zu übersehen.

- Beide Datenbanken sind in Kooperation mit Prof. Dr. Beat Föllmi von der Universität Straßburg in einer »Hymnologischen Datenbank« zusammengefasst geworden, die nun die bibliographische Erfassung mit der inhaltlichen Erschließung der Gesangbücher verbindet. An der Online-Bereitstellung dieser Datenbank wird derzeit gearbeitet. Intern kann sie bereits jetzt genutzt werden.

- Digitalisat der »Gotzen-Kartothek«: Es handelt sich um einen handgeschriebenen, rund 55.000 postkartengroße Karteikarten umfassenden Kirchenliedkatalog mit katholischen Fundortnachweisen für Texte und Melodien. Er besteht aus zwei Einzelkatalogen. Der nach Textinitien geordnete Katalog erlaubt es, für jedes katholisch rezipierte Kirchenlied (von den Anfängen im Mittelalter bis 1950) die zeitliche und örtliche Verbreitung festzustellen. Der nach Melodieinitien geordnete Katalog enthält ebensolche Nachweise. Erarbeitet wurde er von dem Kölner Bibliothekar Joseph Gotzen

(1875–1956). Das Original ist im Besitz der Universitäts- und Stadtbibliothek (USB) Köln. Es ist geplant, die »Gotzen-Kartothek« in Kooperation mit der UB Mainz und der USB Köln als Digitalisat zu veröffentlichen.

– Zwei intern nutzbare Melodiedatenbanken: Mit Hilfe dieser Datenbanken kann man über eine virtuelle Klaviertastatur tonartenunabhängig nach Melodieinitien suchen. Eine der Datenbanken bezieht sich auf den Melodiekatalog der »Gotzen-Kartothek«, die andere erschließt alle wesentlichen hymnologischen Melodie-Editionen (Bäumker, Zahn, EDK). Beide Datenbanken wurden von dem Schweizer Hymnologen Martin Bieri erarbeitet und dem Gesangbucharchiv zur Nutzung zur Verfügung gestellt.

Kontakt

Postanschrift:
Johannes Gutenberg-Universität
Fachbereich 05: Deutsches Institut
Gesangbucharchiv
55099 Mainz
(Pakete: Saarstraße 21, 55122 Mainz)

Besucheradresse:
Gesangbucharchiv
Johannes Gutenberg-Universität
Philosophicum
Jakob-Welder-Weg 18
55128 Mainz

Ansprechpartnerin:
Dr. Christiane Schäfer
Tel.: +49 6131/39-20316
Email:
gesangbucharchiv@uni-mainz.de
Homepage:
www.gesangbucharchiv.uni-mainz.de

Die Nutzung des Gesangbucharchivs ist nach Terminvereinbarung möglich. Wir freuen uns auf Ihren Besuch!

 Das Gesangbucharchiv der Ev.-luth. Landeskirche Hannovers am Michaeliskloster Hildesheim – Evangelisches Zentrum für Gottesdienst und Kirchenmusik

Nina Eichholz

Das Gesangbucharchiv der Evangelisch-lutherischen Landeskirche Hannovers enthält mehr als 2.600 originale Gesangbücher aus der Zeit des 16. Jahrhunderts bis heute. Seine Entstehung geht auf zwei Hauptlinien zurück, das Schullehrerseminar zu Hannover und das Hannoversche Predigerseminar. Das Schullehrerseminar wurde 1751 von dem Hannoveraner Kaufmann Ernst Christoph Böttcher (1697–1766) gestiftet. Dieses evangelisch geprägte Seminar legte Wert auf eine gute musikalische Ausbildung der angehenden Volksschullehrer; zu diesem Zweck wurde auch eine Gesangbuchsammlung angelegt. Über die nächsten fast zwei Jahrhunderte hinweg bestand das Lehrerseminar unter wechselnden Bezeichnungen fort, bis das Institut nach dem Zweiten Weltkrieg in der Pädagogischen Hochschule Niedersachsen / Abteilung Hannover aufging.

Die Gesangbuchkollektion war zu dieser Zeit auf mehr als 1.000 Exemplare angewachsen. 1947 spendete die Pädagogische Hochschule ihre Sammlung der Bibliothek des Landeskirchenamts Hannover, die durch Brand und eine Überschwemmung einen Großteil ihrer Bestände verloren hatte. Dort erhielt sie den offiziellen Namen »Gesangbucharchiv der Evangelisch-Lutherischen Landeskirche Hannovers« und wuchs durch Schenkungen und Dublettentausch weiter.

Seit den 1970er Jahren wird das Gesangbucharchiv von der Arbeitsstelle für Gottesdienst und Kirchenmusik (AGK) betreut, die 2004 von Hannover nach Hildesheim umzog und in erweiterter Form seitdem den Namen »Michaeliskloster Hildesheim – Evangelisches Zentrum für Gottesdienst und Kirchenmusik« trägt.

Eine interessante Schenkung stammt von dem bedeutenden Hymnologen Christhard Mahrenholz (1900–1980), der seine knapp 110 Gesangbücher umfassende Sammlung 1973 dem Gesangbucharchiv übereignete. Mahrenholz war federführend bei der Erarbeitung des 1950 erschienenen *Evangelischen Kirchengesangbuchs*, welches als erstes Gesangbuch von allen evangelischen Landeskirchen Deutschlands und den beiden evangelischen Landeskirchen Österreichs gemeinsam genutzt wurde. Mahrenholz' Arbeit spiegelt sich auch konkret in seiner Gesangbuchsammlung. Ihr Schwerpunkt liegt im 19. und 20. Jahrhundert, besonders auf Gesangbüchern der 1930er Jahre, die teilweise mit zahlreichen handschriftlichen Notizen versehen sind. Weiterhin enthält die Mahrenholz'sche Sammlung auch eine Reihe von besonders repräsentativen oder ungewöhnlichen Gesangbüchern, wie etwa das 1811 in Kiel erschienene *Allgemeine Gesangbuch*, mit einem wunderschönen Einband aus weißem Leder mit handkolorierten Motiven, oder das 1640 in Kopenhagen verlegte »Canticum Canticorum« mit liedhaften Vertonungen des Hohenliedes in dänischer, hebräischer und lateinischer Sprache.

Das Hannoversche (später: Hildesheimer) Predigerseminar besaß ebenfalls eine Gesangbuchsammlung. Den Kern dieser Sammlung bildete die wertvolle private Kollektion des Pfarrers und Hymnologen Johannes Diederich Sarnighausen (1818–1901), die dieser dem Predigerseminar im Jahr 1860 vermachte. Wie Mahrenholz begeisterte Sarnighausen sich für die im 19. Jahrhundert erstarkende Idee eines für das deutsche Sprachgebiet einheitlichen evangelischen Gesangbuchs. In diesem Geist erarbeitete er zunächst einen 1855 in Hannover erscheinenden »Versuch [eines] Allgemeinen deutsch-lutherischen Kirchengesangbuchs«, in welchem er die Liederrepertoires der Gesangbücher aus den verschiedenen Teilgebieten des damaligen Königreichs Hannover zusammenfasste. Für dieses Projekt kaufte er gezielt die jeweils vor und nach der Aufklärungszeit erschienenen Gesangbücher der entsprechenden Teilgebiete an. Außerdem war es Sarnighausen – darin ebenfalls vom Geist der Zeit beeinflusst – sehr wichtig, die Liedtexte möglichst in ihrer ursprünglichen Gestalt wiederzugeben. Dafür erwarb er eine beträchtliche Anzahl an wichtigen älteren Sammlungen und Autorenpublikationen, wie z. B. die ersten Gesangbücher der Herrnhuter Brüdergemeine aus dem Jahr 1735 oder die 1622 erschienene letzte Ausgabe von Calvisius' vierstimmig gesetzten »Kirchengesängen« sowie Bände der Liederdichter Rist, Opitz, Johann und Salomo Franck, Neumeister, Teerstegen, Rambach und anderen. Diesen Erwerbungen verdankt das heutige Gesangbucharchiv die meisten seiner Originalausgaben aus dem 17. Jahrhundert. 2004 wurde das Hildesheimer Predigerseminar geschlossen und seine Gesangbuchsammlung mit dem Hannoverschen Gesangbucharchiv am Michaeliskloster Hildesheim zusammengeführt.

Die heutige Kollektion zeichnet sich durch ein überaus breit gefächertes geographisches Spektrum aus. Dabei finden sich Gesangbücher, die im Bereich der Hannoverschen Landeskirche verlegt wurden, wie etwa in Hannover, Lüneburg, Hildesheim, Stade, Aurich oder Clausthal (Gesangbuch für den Harz), zahlreicher als im Mainzer Gesangbucharchiv vertreten.

Das älteste originale Gesangbuch der Sammlung stammt aus dem Jahr 1550. Zu dem kleinen, aber feinen Segment von 70 Gesangbüchern aus dem 17. Jahrhundert gehören neben den oben bereits erwähnten Bänden auch das *Große Cantional*, Darmstadt 1687, eines der seltenen Chorbücher im Folioformat, und eine Prachtausgabe der *Praxis pietatis melica* von 1690. Das 18. Jahrhundert ist im Hannoverschen Gesangbucharchiv mit über 500 Ausgaben besonders gut vertreten; auf das 19. bis 21. Jahrhundert entfallen insgesamt circa. 2.000 Gesangbücher.

Den Schwerpunkt der Sammlung bilden evangelische deutschsprachige Gesangbücher, daneben stehen Gesangbücher anderer Konfessionen und ausländische Gesangbücher. Die Kollektion besitzt zudem eine Reihe sehr seltener Ausgaben.

Der Bestand des Hannoverschen Gesangbucharchivs ist vollständig im elektronischen Bibliothekskatalog des Michaelisklosters (https://opac.tib.eu/DB=10.2/) katalogisiert, der auch an die großen Verbundkataloge GVK und K10plus angeschlossen ist. Im eigenen Katalog kann er einfach gefiltert werden durch die Suchformel »sgn gba*«. Die vertiefte Katalogisierung enthält u. a. eine Verschlagwortung zum Vorhandensein von Noten, zu Regionen- und Städtenamen, zu Konfessionen, zu speziellen Zielgruppen und zur Provenienz. So lassen sich etwa mit den Schlagwörtern »Schule«, »USA« oder »kath.« direkt die 114 Schulgesangbücher, die achtzig in den Vereinigten Staaten erschienenen Ausgaben oder die 72 katholischen Gesangbücher der Sammlung selektieren.

Das Archiv steht geschlossen in einem eigenen Raum. Die Gesangbücher sind in chronologischer Ordnung und innerhalb der Erscheinungsjahre alphabetisch nach Erscheinungsort sortiert, was für eine komfortable Nutzung sorgt. Flankierend zum elektronischen Katalog gibt es vor Ort eine chronologisch und eine alphabetisch nach Erscheinungsort geordnete Papierkartei. Weiterhin stehen WLAN oder LAN zur Verfügung.

Schließlich besitzt die Bibliothek des Michaelisklosters Hildesheim Bestände, welche die Sammlung des Gesangbucharchivs ergänzen. Hierzu gehören etwa 50 faksimilierte Gesangbücher, etwa 90 neuere kirchliche Gesangbücher und über 450 Liederbücher des »Neuen geistlichen Lieds«. Interessant ist auch eine größere teils historische Sammlung von Choralbüchern mit knapp 200 Exemplaren von 1738 bis heute. So liegt der Gesamtbestand an im Michaeliskloster einsehbaren Gesang- und Choralbüchern zurzeit bei etwa 3.500 Ausgaben. Schließlich bietet die Bibliothek auch ein größeres Segment an hymnologischer Literatur mit Bibliographien, Monographien und Jahrbüchern. Weitere Informationen zu Gesangbucharchiv und Bibliothek sind auf der Website www.michaeliskloster.de/bibliothek einsehbar.

Kontakt

Dr. Nina Eichholz
Michaeliskloster Hildesheim –
Ev. Zentrum für Gottesdienst und Kirchenmusik
Bibliothek
Hinter der Michaeliskirche 3
31134 Hildesheim
Tel.: 05121/6971-500
E-Mail: bibliothek@michaeliskloster.de

Anmerkungen

Einführung

1. Der schleswig-holsteinische Pfarrer Emil Brederek (1874–1960) hatte in jahrzehntelanger Arbeit ein Verzeichnis der Anfänge evangelischer Kirchenlieder verfasst, das vor seiner Übergabe an die Preußische Staatsbibliothek im Herbst 1939 an die Preußische Staatsbibliothek ca. 92.000 Initien von ca. 82.000 textlich verschiedenen Liedern umfasste. Es ist in der Staatsbibliothek zu Berlin – Preußischer Kulturbesitz – erhalten.
2. Ein gesanng Buchlein. welche man yetz unnd inn Kirchenn gebrauchen ist. - Getruckt yn der Furstlichen Stat Zwickaw / Jm M.D. XXV. – Zwickau: Johann Schönsperger d. J. 1525. – VD16 G 1667. 28 Blätter.
3. VD16 W 1644.
4. VD16 W 1645.
5. VD16 G 1645.
6. VD16 G 3436.
7. Neuw Gesangbuch Teutsch vnd Lateinisch / darinn die fürnembste Psalmen vnd Gesänge der Kirchen Augsp. Confession / mit einerley Melodeyen vnd gleichen Reimen in beyden Sprachen gefaßt ... VD16 A 2316, 2317, 2318.
8. VD16 ZV 9544.
9. VD16 ZV 28849 (Titelblatt fehlt).
10. Lauterbach 1753. – VD18 10924493.
11. Vgl. neben den einschlägigen Lexikonartikeln Martin Rößler, Das Profil des Evangelischen Gesangbuchs, in: Liederkunde zum Evangelischen Gesangbuch ... Heft 1, Göttingen 2000, 11–23, bes. 11f. sowie Stefan Michel, Gesangbuchfrömmigkeit und regionale Identität. Ihr Zusammenhang und Wandel in den reußischen Herrschaften vom 17. bis zum 20. Jahrhundert, Leipzig 2007, 21–39.
12. WA 49, 588 (Predigt zur Einweihung der Torgauer Schlosskirche 1544).
13. Cyriacus Spangenberg, Cythara Lutheri ... Erfurt 1569 (VD16 S 7514), Bl. B iij^r.
14. Gesangbuch Christlicher Psalmen / vnd Kirchen Lieder Herrn D. Martin Luthers / vnd anderer Gottseliger Lehrer vnd frommer Christen. Sambt Morgen vnd Abendsegen /

wie auch andern kurtzen Gebetlein. Marburg: Caspar Chemlin 1636. – VD17 7:684944U.
15 Lobensteinisches Intelligenzblatt 1788, 222; zitiert nach Michel (Anm. 11), 70f.
16 VD17 12:103181N.
17 VD18 10464603.
18 VD18 10348913.
19 WA 35, 477; Martin Luther, Geistliche Lieder ... Leipzig 2019 (Große Texte der Christenheit 7), 18.
20 So z. B. VD18 14340690.

I Die ersten evangelischen Liederdrucke

1 WA 49, 588, 15–18.
2 WA 35, 411–415.
3 WA. Briefwechsel 3, 220f. Nr. 698.
4 VD16 L 4698–4700.
5 VD16 L 4697.
6 VD16 E 1151.
7 VD16 E 1153.
8 VD16 L 4776.
9 VD16 L 4777.
10 VD16 E 1155.

II Frühe Gesangbücher im Umkreis Wittenbergs

1 VD16 E 1148.
2 VD16 G 1667 und 1668.
3 VD16 E 1149.
4 VD16 L 4100.
5 Vgl. WA 35, 320.
6 VD16 G 840.
7 VD16 ZV 6453.
8 WA 35, 377.
9 VD16 L 4199.
10 WA 35, 478–483.
11 VD16 G 851.
12 VD16 G 850.

III Straßburger und Schweizer Gesangbücher

1 VD16 M 4901.
2 VD16 E 1161.
3 VD16 P 5177 und ZV 29226.
4 VD16 P 5179, Bl. B^r.
5 VD16 P 5187.
6 VD16 W 1643.
7 VD16 G 1645.
8 A. a. O., Bl. A 3^r.
9 VD16 N 1155.
10 A. a. O., Bl. A iij^r.
11 VD16 Z 729.
12 Jean Hotz, Nachwort, unpag.
13 Nüw gsangbůchle ... Bl. A iij^r.
14 VD16 B 5689.

IV Gesangbücher der Böhmischen Brüder

1 JLH 13, 78–112.
2 VD16 XL 8.
3 VD16 W 1646.
4 VD16 W 1633.
5 VD16 W 1637.
6 VD16 XL 117.

V Der Genfer Psalter

1 VD16 M 1066.
2 VD16 L 2187.
3 VD16 L 2189.
4 VD16 L 2188.
5 VD17 1:658789E, Bl.)b(ʳ.
6 A. a. O., Bl.)b(5ʳ⁻ᵛ und)b(6ʳ⁻ᵛ.
7 VD18 13931709.

VI Gesangbücher nach Luthers Tod

1 So z. B. VD16 G 917 und G 924.
2 VD16 G 904, Titelrückseite.
3 VD16 ZV 6468.
4 A. a. O., Bl. 217 (e)ᵛ.
5 VD16 G 906.
6 VD16 ZV 17214.
7 Leipzig UD, 12 – B.S.T. 128.
8 VD16 G 1646.
9 A. a. O., Bl. 445ʳ – 447ʳ.
10 VD16 P 2273, Bl. 129ʳ.
11 VD16 ZV 23227.
12 A. a. O., 6.
13 VD16 ZV 23229.
14 A. a. O., Bl.):(ʳ.
15 VD16 A 2317.
16 VD16 T 2075.
17 VD16 E 1166.
18 VD16 G 943.
19 VD16 G 967.
20 Gotha FB, 8° Cant. spir. 567.
21 VD16 W 4173.
22 A. a. O., Bl. A 6ʳ.
23 Bautzen, Sorbisches Institut.
24 Das Wendisch Gesangbuch, Bautzen 1574, Bl. 4ᵛ–5ᵛ.
25 VD16 N 1483.

VII Bunte Blüten der Gesangbuchkultur

1 VD17 3:004903W.
2 VD17 7:684511E, Vorrede Bl.)(ii –)(iii.
3 VD17 3:307441Z.
4 [Johannes Buchwälder, Hg.,] Gesangbuch: Darinnen 700. Geistliche Lieder, Psalmen, Hymni und GEsänge, […], truckts und verlegts

	Johann Rhambaw, Görlitz 1611 (digitalisiert von der UB Wroclaw).	10	VD17 23:323062N.
		11	VD18 11393122.
5	VD17 1:6721006.	12	VD17 7:684179H, Vorrede, vj.
6	VD17 1:671059Y.	13	VD17 12:103181N.
7	VD17 7:684503P.	14	VD17 7:685919S.
8	Johann Rist/Johann Schop, Himmlische Lieder (1641/42), hrsg. von Johann Anselm Steiger/Konrad Küster. Mit einer Einführung von Inge Mager, Berlin 2012.	15	VD17 3:004333H.
		16	VD17 39:119998V.
		17	Aus Neumarks Lebenserinnerungen (1681), zit. nach: Erich Trunz, Wer nur den lieben Gott lässt walten […], in: JLH 30 (1986), 53.
9	VD17 1:040619C.		

VIII Der Dreißigjährige Krieg als Urerfahrung der Zeitgenossen

1 VD17 23:245971Y.
2 Ebd, Vorrede, unpag.
3 VD16 F 3301.
4 11. Auflage 1744: VD18 13233769.
5 VD17 12:116913S.
6 VD17 7:683649M.
7 VD17 23:644105U.
8 VD17 23:296100X.
9 Heinrich Albert, Musicalische Kůrbs-Hůtte. Welche vns erinnert Menschlicher Hinfälligkeit / geschrieben vnd Jn 3 Stimmen gesetzt, Königsberg 1645.
10 VD17 23:295876X.

IX Konfessionelles Bewusstsein und seine Liedkultur

1 VD17 547:718285M.
2 VD17 23:670188M.
3 VD17 3:313276G.
4 A. a. O., Vorrede, Bl. b 2ʳ f.
5 VD17 23:649352M.
6 Ein Nachdruck erschien 1645 in Glückstadt: VD17 23:651168W.
7 VD18 10927921.
8 VD18 1092342X.
9 1715 (VD18 10527451), 1717 (VD18 10527451), 1735 (VD18 10441956).
10 VD17 23:249351V. Die erste Ausgabe umfasst lediglich vier Bände; die zweite fünfbändige Ausgabe erschien in Breslau 1668 (VD17 15:744614X).
11 A. a. O., Vorrede, unpag.
12 Ebd.

X Paul Gerhardt – ein Lutheraner im Barock

1 VD17 1:040684L.
2 VD17 1:040694S.
3 VD17 1:672100G.
4 VD17 547:627211G.
5 VD17 27:726112G.
6 VD17 23:267398X.

XI Barocke Lebenslust und Memento mori

1 VD17 1:637133H.
2 VD17 7:685839Z; VD17 1:63769E.
3 VD17 547:627211G.
4 VD16 ZV 6473.
5 VD17 547:6272416, Vorrede »An den Christlichen Leser«, unpag.
6 A. a. O., 139f.
7 A. a. O., 148f.
8 1668: VD17 23:288531B; 1684: VD17 1:672444E.
9 VD17 39:148133E.
10 VD17 39:146955T.
11 VD17 1:038759R.

XII Ausblick auf das himmlische Jerusalem

1 VD17 39:135960D.
2 VD17 39:149375M.
3 VD17 3:312812Y.
4 VD18 90708970.

XIII Praxis Pietatis Melica

1 VD17 1:666552R.
2 VD17 547:627211G.
3 Praxis Pietatis Melica. […] Editio V. (1653), VD17 12:121769R.
4 Basel 1631: VD17 23:643383N.
5 PPM 1653.
6 VD17 39:146976P, Zueigungs-Schrifft, unpag.
7 VD17 7:660577R.
8 VD17 1:659947D.
9 VD17 39:149243W.
10 VD17 23:681065C.
11 VD18 10526137.

XIV Halle, der Pietismus und das Freylinghausensche Gesangbuch

1 VD17 39:148462H.
2 VD17 14:010647X.
3 Halle ^{5}1710: VD18 10929126.
4 Geist-reiches Gesang-Buch […], Halle 1708, Vorrede, unpag.
5 VD18 1098576X.

6   Geist-reiches Gesang-Buch [...], Halle 1708, Vorrede, unpag.
7   Gutachten der Wittenberger Universität von 1714 (gedruckt 1716), 25; zitiert nach: Uwe Harnisch, »Ob man solches ... öffentlich introduciren / und jederman ohne besonderes Aergernis in die Hand geben könne?« [...] in: Brusniak / Steiger (Hg.), Hof- und Kirchenmusik in der Barockzeit. Hymnologische, theologische und mg. Aspekte, Sinzig 1999, 127–166.
8   VD18 1321392X.
9   VD18 10175172; Mühlheim 1786: VD18 10175180.
10 Johann Albrecht Bengel verfasste selbst im Laufe seines Lebens einige Kirchenlieder: »Gott lebet! Sein Name gibt Leben und Stärke« und »Du Wort des Vaters, rede du und stille meine Sinne« sind im württembergischen Regionalteil (Nr. 613 und 632) des EG zu finden.
11 Stuttgart ²1768: VD18 90673530. Neuausgabe: Metzingen ¹⁶1994.

XV Herrnhut und die Gesangbücher der Brüdergemeine

1   VD18 10189165, Vorbericht, unpag.
2   A. a. O., Nota, unpag.
3   Brief an Friedrich Wilhelm I (1738), zitiert nach: Möller, Kirchenlied und Gesangbuch, 181.
4   VD18 11140070, Vorbericht unpag.
5   Gesangbuch der evangelischen Brüdergemeine, Gnadau 1927, IV.
6   Ebd.

XVI Anweisungen zum gottgefälligen Leben

1   VD18 11146664.
2   A. a. O., 218, Nr. 195.
3   Altona 1781: VD18 10165096.
4   A. a. O., Vorbericht, unpag.
5   A. a. O., 1037–1039, Nr. 780.
6   VD18 11043652.
7   A. a. O., XVI.
8   Breslau ³1746: VD18 12838381.
9   VD18 12138967.
10 A. a. O., Vorbericht, unpag.
11 Ebd.

XVII Umdichtungen bekannter Lieder

1   VD17 23:245971Y.
2   VD18 11146664.
3   A. a. O., *3–*4.
4   VD18 90614739.
5   VD18 10526137.
6   VD16 G 851, Nr. XXVIII.
7   VD18 90614739, 430, Nr. 260.
8   Zit. nach: Johann Friedrich Bachmann, Zur Geschichte der Berliner Gesangbücher. Ein hymnologischer Beitrag, Berlin 1856, 215f.
9   Theodor Fontane, Wanderungen durch die Mark Brandenburg, Bd. III, in: Ders. Sämtliche Werke, München 1960, 229.
10 VD18 10165096.
11 A. a. O., 34.
12 A. a. O., 506.

13 A. a. O., Vorbericht unpag.
14 VD17 39:119998V.
15 VD18 10165096, 425.
16 Erste Sammlung, Leipzig ²1772: VD18 90028295; Zweyte Sammlung, Leipzig 1769: VD18 80227562; Dritte Sammlung, Leipzig 1772: VD18 90028317.
17 VD18 90028295, XXVIII.
18 VD17 12:128083A, 249f., Nr. 196.
19 VD18 90028295, 42.
20 Erster Theil, Reutlingen ²1780; VD18 90259467; Zweyter Theil, Reutlingen ²1795: VD18 90503953.
21 VD18 90259467, Vorbericht, unpag.
22 VD17 1:666552R, 63.
23 VD18 90259467, 130.
24 Martin Luther, Die Lieder (2017), 15.
25 VD18 80227562, XXXIV.
26 VD18 10165096, 111.
27 Leipzig 21767: VD18 10376372.
28 VD18 10165096.
29 Johann Gottfried Herder, Rundschreiben von 1793 (anlässlich der Einführung des Hofmannischen Gesangbuchs), zit. nach: JLH 23 (1979), 132–144, hier 143.
30 VD18 11397314.
31 A. a. O., Vorrede, V.
32 A. a. O., Vorrede, Vf.
33 Matthias Claudius, Sämtliche Werke des Wandsbeker Boten, München ⁵1984, 343f.
34 VD18 10739580.
35 Vgl. Johann Jacob Gottschald, Allerhand Lieder-Remarquen, […], Dritte Piece, Leipzig 1738, 204f.
36 A. a. O., 195–292.

XVIII »Gesangbuchsnoth«

1 Arndt, 26.
2 A. a. O., 45–51.
3 Stier, 14. 307.
4 A. a. O., 14–50.
5 Philipp Dietz, Die Restauration des evangelischen Kirchenliedes, Marburg 1903, 528f.
6 Bunsen, VII–LXIV.
7 A. a. O., LXII.
8 Dietz, 795.

XIX Schleiermacher und das neue Berliner Gesangbuch

1 Zu Entstehung, Konzeption und Inhalt vgl. Bernhard Schmidt, Lied – Kirchenmusik – Predigt im Festgottesdienst Friedrich Schleiermachers. Zur Rekonstruktion seiner liturgischen Praxis, Berlin/New York 2002; Ilsabe Seibt, Friedrich Schleiermacher und das Berliner Gesangbuch von 1829, Göttingen 1998.
2 Gesangbuch zum gottesdienstlichen Gebrauch für evangelische Gemeinen, Berlin [1829], Vorrede, V.
3 VD18 12439673.

XX Erweckungsgesangbücher

1. Liederschatz, XIV. XVII.
2. A. a. O., XI.
3. Vgl. WA 49, 588.
4. Liederschatz, XI.
5. A. a. O., III–XI.
6. A. a. O., XIII.
7. A. a. O., XXVII. XXIIIf.

XXI Auf dem Weg zu einem deutschen Einheitsgesangbuch

1. Johannes Ficker, Druck u. [!] Schmuck des neuen evangelischen Gesangbuches für Elsaß – Lothringen, Leipzig 1903, 3.6.18.
2. Emil Brederek, Der Gemeinbesitz unserer Gesangbücher, in: Die Studierstube 1 Heft 12 (1903), 546–550, hier 550.

XXIII »Aufbruch« und Perversion

1. Monatsschrift für Gottesdienst und Kirchliche Kunst 45, 3/4 (1940), 45-51; ebd. 45, 5/6, 89-91. – Paul Gennrich, Das Gesangbuch der kommenden Kirche, Essen 1942.
2. Das niederdeutsche Luthertum Nr. 9/10, 9. Mai 1940, 71–78, Zitat 78.
3. Theologische Blätter 21 (1942), Nummer 4, April 1942, Sp. 90–105.
4. Vgl. Karl Barth, Kirchliche Dogmatik I 2, Zollikon-Zürich 1939 (^{5}1960), 275–280, Zitat 280.
5. Bei Klepper ohne Nachweis. WA 54, 34, 13f.16–19.

XXIV Das Evangelische Kirchengesangbuch

1. Hildesheim, Gesangbucharchiv.
2. Ebd.
3. Christhard Mahrenholz, Das Evangelische Kirchengesangbuch. Ein Bericht über seine Vorgeschichte, sein Werden und die Grundsätze seiner Gestaltung, Kassel und Basel 1950.
4. A. a. O., 21.
5. A. a. O., 116.

XXV Das Evangelische Gesangbuch

1. Ausgabe für die Evangelisch-reformierte Kirche (Synode evangelisch-reformierter Kirchen in Bayern und Nordwestdeutschland), die Evangelisch-altreformierte Kirche in Niedersachsen in Gemeinschaft mit der Evangelischen Kirche im Rheinland, der Evangelischen Kirche von Westfalen, der Lippischen Landeskirche in Gebrauch auch in Gemeinden des

Bundes evangelisch-reformierter Kirchen in der Bundesrepublik Deutschland.

2 Hrsg. von Eugen Eckert, Friedrich Kramer und Uwe-Karsten Plisch, München 2008.

XXVI Freikirchliche und andere Gesangbücher

1 VD16 E 1166.
2 VD16 ZV 13273.
3 VD17 7:684628V.
4 VD18 10924485.

XXVII Neue Liederbücher

1 Dieses Kapitel muss notwendigerweise unvollständig bleiben – eine Übersicht über die reichen und vielfältigen Beihefte, Ergänzungen usw. zum EKG und EG kann hier nicht gegeben werden.
2 Gesänge aus Taizé. Singstimmen, Freiburg-Basel-Wien o. J. (Taizé 2001).
3 Eine Übersicht »Gesänge aus Taizé« findet sich auf der Internetseite der Communauté de Taizé.

XXVIII Ausblick

1 Klaus Peter Hertzsch, Beschreibung einer Lesung. In: Ahornallee 26 oder Epitaph für Johannes Bobrowski. Hrsg. von Gerhard Rostin, Berlin 1977/Stuttgart 1978, 36f., hier 37.
2 Hrsg. vom Kirchenamt der Evangelischen Kirche in Deutschland. 3. Auflage 2019. Das Heft enthält eine vollständige Sammlung der Texte für das Psalmgebet der Gemeinde, außerdem die etwa 30 neuen Lieder der Woche bzw. des Tages, die im Stammteil des aktuellen EG nicht enthalten sind.
3 Susanne Hasselhoff, Flexibel singen. Auf dem Weg zum neuen digitalen evangelischen Gesangbuch, in: Musik und Kirche 93, 2023, H. 2, 86–88.

Quellen und Literatur

Das folgende Verzeichnis bietet Anregungen für weitere mögliche Beschäftigung durch die Leserschaft. Wer eingehende Informationen zu einzelnen Liedern sucht, sei vor allem auf die »Liederkunde zum Evangelischen Gesangbuch« (Göttingen 2000–2023) hingewiesen – die beste Quelle, die man derzeit haben kann. Ausdrücklich erwähnt seien auch die z. T. sehr ordentlichen Artikel zu einzelnen Liedern im Internet und in anderen Internetquellen, z. B. auf der Website der EKD. Im Bereich der Hymnologie gibt es einige Seiten mit Texten, Melodien und Interpretationen einzelner Lieder sowie zahlreiche Vertonungen von Chorälen und ihren Bearbeitungen, z. B. hymnary.org. Das wichtigste Forschungsorgan für Gesangbücher und Lieder ist das Jahrbuch für Liturgik und Hymnologie (JLH), das seit 1955 fortlaufend erscheint.

Das große und verdienstvolle Mainzer Forschungsunternehmen »Gesangbucharchiv« ist bisher leider nicht an das erwünschte Ziel gekommen. Auf der Website »Gesangbucharchiv« gibt es aber gute Recherchemöglichkeiten und wertvolle Informationen zu einzelnen Ausgaben. Hinweise auf Digitalisate finden sich auch auf der Seite Wikisource »Gesangbuch«. Recherchemöglichkeiten bieten das »Verzeichnis der im deutschen Sprachbereich erschienenen Drucke des 16. Jahrhunderts« (VD16), das »Verzeichnis der im deutschen Sprachraum erschienenen Drucke des 17. Jahrhunderts« (VD17), das »Verzeichnis Deutscher Drucke des 18. Jahrhunderts« (VD18) sowie die Gesamtkataloge.

Es gibt in deutschen Bibliotheken – neben den Sammlungen in Hildesheim und Mainz – einige großartige Gesangbuchsammlungen. Zu den bedeutendsten gehören die Staats- und Universitätsbibliothek Göttingen, die Forschungsbibliothek Gotha, die große Teile der Sammlung des Arnstädter Bibliothekars und Pfarrers Johann Christoph Olearius besitzt, die Marktkirchenbibliothek Goslar, die Marienbibliothek Halle, die Württembergische Landesbibliothek Stuttgart und die Herzog August Bibliothek in Wolfenbüttel.

*

Einführungen

Martin Rößler, Das Gesangbuch. Fundament und Instrument der Frömmigkeit, in: Zeitschrift für Theologie und Kirche 89 (1982), 107–126.

Alexander Völker, Art. Gesangbuch, in: Theologische Realenzyklopädie 12 (1984), 547–565.

Martin Rößler, Art. Gesangbuch, in: Die Musik in Geschichte und Gegenwart (MGG²) Sachteil 3 (1995), Sp. 1289–1323 (»bearbeitet und ergänzt« in: ders., Geistliches Lied und kirchliches Gesangbuch, München 2006, 152–195).

Hans-Otto Korth, Daniela Garbe, Joachim Stalmann, [Walter Blankenburg], Art. Gemeindegesang. B. Der deutsche evangelische Gemeindegesang, in: Die Musik in Geschichte und Gegenwart (MGG²) Sachteil 3 (1995), Sp. 1162–1194.

Kirchenlied und Gesangbuch. Quellen zu ihrer Geschichte. Ein hymnologisches Arbeitsbuch. Hrsg. von Christian Möller, Tübingen 2000 (Mainzer Hymnologische Studien 1).

Alexander Völker, Konrad Klek, Art. Gesangbuch, in: Religion in Geschichte und Gegenwart (RGG⁴) 3 (2000), Sp. 764–775.

Martin Rößler, Liedermacher im Gesangbuch. Liedgeschichte in Lebensbildern, Stuttgart ²2019.

Andreas Marti, Kirchenlied und Gesangbuch. Einführung in die Hymnologie, Göttingen 2021.

Bibliographien

Philipp Wackernagel, Bibliographie zur Geschichte des deutschen Kirchenliedes im XVI. Jahrhundert. Frankfurt am Main 1855 (Nachdruck Hildesheim Zürich New York 1987), auch online.

Albert Friedrich Wilhelm Fischer, Kirchenlieder-Lexikon. Hymnologisch-literarische Nachweisungen über ca. 4.500 der wichtigsten und verbreitetsten Kirchenlieder aller Zeiten in alphabetischer Folge nebst einer Übersicht der Liederdichter, Gotha 1878–1879 (Nachdruck Hildesheim 1963 und 2013).

Das deutsche Kirchenlied. Kritische Gesamtausgabe der Melodien. Hrsg. von Konrad Ameln, Markus Jenny, Walther Lipphardt. I./1 Verzeichnis der Drucke bis 1800. Bearb. von Konrad Ameln, Markus Jenny und Walther Lipphardt, Kassel 1975; I./2 Register, Kassel 1980 (RISM.B VIII/1).

Hermann Schüling, Katalog einer Sammlung von Gesang- und Gebetbüchern. Gießen 1992 (Berichte und Arbeiten aus der Universitätsbibliothek und dem Universitätsarchiv Gießen 44), auch online: http://geb.uni-giessen.de/geb/volltexte/2006/3635/.

Heinz Dietrich Metzger, Gesangbücher in Württemberg. Bestandsverzeichnis, Stuttgart/Weimar 2002.

Index Gesangbücher in Württemberg, online.

Karl Christian Thust, Bibliografie über die Lieder des Evangelischen Gesangbuchs, Göttingen 2006. – Neufassung, Ingelheim am Rhein 2016.

Quellen

Philipp Wackernagel, Das deutsche Kirchenlied von der ältesten Zeit bis zu Anfang des XVII. Jahrhunderts. Mit Berücksichtigung der deutschen kirchlichen Liederdichtung im weiteren Sinne und der lateinischen von Hilarius bis Georg Fabricius und Wolfgang Ammonius. 5 Bände, Leipzig 1864–1877 (Nachdrucke Hildesheim 1964 und 1990).

Albert Fischer, Das deutsche evangelische Kirchenlied des siebzehnten Jahrhunderts. Nach dessen Tod vollendet und hrsg. von W.[ilhelm] Tümpel, 6 Bände. Gütersloh 1904–1916 (Nachdruck Hildesheim 1964).

Markus Jenny, Luther, Zwingli, Calvin in ihren Liedern, Zürich 1983.

Martin Luther, Die Lieder. Hrsg. von Jürgen Heidrich und Johannes Schilling, Stuttgart 2017.

Martin Luther, Geistliche Lieder. Nach dem Babstschen Gesangbuch von 1545. Hrsg. von Johannes Schilling, Leipzig 2019 (Große Texte der Christenheit 7).

Johann Walter, Geistliches Gesangbüchlein Worms 1525 ... hrsg. von Christian Schmidt-Engelstadt, Köln 2017.

Paul Gerhardt, Geistliche Andachten [1667]. Samt den übrigen Lidern und den lateinischen Gedichten hrsg. von Friedhelm Kemp. Mit einem Beitrag von Walter Blankenburg, Bern und München 1975.

Paul Gerhardt, Geistliche Lieder. Hrsg. von Dorothea Wendebourg in Zusammenarbeit mit Andreas Stegmann, Stuttgart 2013.

Jochen Klepper, Kyrie. Bielefeld [25]2020 (1938).

Weitere Literatur

Eduard Emil Koch, Geschichte des Kirchenlieds und Kirchengesangs der christlichen, insbesondere der deutschen evangelischen Kirche. 8 Bde., Stuttgart [3]1866–1877 (Nachdruck Hildesheim 1973).

Ingeborg Röbbelen, Theologie und Frömmigkeit im deutschen evangelisch-lutherischen Gesangbuch des 17. und frühen 18. Jahrhunderts, Göttingen 1957.

Mainzer Hymnologische Studien 1ff., Tübingen 2000 ff.

Hermann Kurzke, Kirchenlied und Kultur, Tübingen und Basel 2010 (Mainzer Hymnologische Studien 24).

Wolfgang Herbst, Wer ist wer im Gesangbuch?, Göttingen [2]2001.

Martin Rößler, Geistliches Lied und kirchliches Gesangbuch, München-Berlin 2006.

Michael Heymel, Das Gesangbuch als Lebensbegleiter. Studien zur Bedeutung der Gesangbuchgeschichte für Frömmigkeit und Seelsorge, Gütersloh 2012.

Lukas Lorbeer, Die Sterbe- und Ewigkeitslieder in deutschen lutherischen Gesangbüchern des 17. Jahrhunderts, Göttingen 2012.

»Mit Lust und Liebe singen«. Die Reformation und ihre Lieder ... Hrsg. von Kathrin Paasch Begleitband zur

Ausstellung ... Gotha 2012 (Veröffentlichungen der Forschungsbibliothek Gotha 48).

Weil sie die Seelen fröhlich macht. Protestantische Musikkultur seit Martin Luther. Hrsg. von Cordula Timm-Hartmann, Halle 2012 (Kataloge der Franckeschen Stiftungen 28).

Ada Kadelbach, Paul Gerhardt im Blauen Engel und andere Beiträge zur interdisziplinären Kirchenlied- und Gesangbuchforschung, Tübingen 2017.

Martin Rößler, Liedermacher im Gesangbuch. Liedgeschichte in Lebensbildern, Stuttgart ²2019.

Zur Gesangbuchillustration

Martin Hoberg, Die Gesangbuchillustration des 16. Jahrhunderts. Ein Beitrag zum Problem Reformation und Kunst, Straßburg 1933.

Otto Lerche, Druck und Schmuck des deutschen evangelischen Gesangbuchs im 20. Jahrhundert, Berlin 1936.

Martin Hoberg, Mit und ohne Heinrich Vogeler. Das Bremer Gesangbuch 1917 und die Gesangbuchillustration des 20. Jahrhunderts, in: Hospitium ecclesiae. Forschungen zur Bremischen Kirchengeschichte 13 (1982), 149–249.

Ulrike Süß und Hermann Kurzke (Hg.), Gesangbuchillustration. Beiträge zu ihrer Geschichte, Tübingen u. a. 2005 (Mainzer hymnologische Studien 11).

Esther P. Wipfler, Gesangbuch, evangelisch, in: https://www.rdklabor.de/wiki/Gesangbuch,_evangelisch (veröffentlicht 2017).

Esther P. Wipfler (Hg.), Das Gesangbuch und seine Bilder. Voraussetzungen, Gestaltung, Wirkung. Wien/Köln/Weimar 2020 (Veröffentlichungen der Forschungsstelle Realienkunde 6).

Esther P. Wipfler, Frontispiz und Titelblatt evangelischer Gesang- und Gebetbücher – Typen, Entwicklungen, Funktionen und Gestalter, in: dies. (Hg.), Das Gesangbuch und seine Bilder, Wien Köln Weimar 2020, 45–82.

Esther P. Wipfler, Nicht nur »Zierde«. Die Illustration Nürnberger Gesangbuchdrucke vom 16. bis 18. Jahrhundert, in: Andrea Hofmann und Esther P. Wipfler (Hg.), 500 Jahre Evangelisches Gesangbuch. Musik-Theologie-Kulturgeschichte, Regensburg 2024.

Verzeichnis der Liedanfänge

(nicht aufgenommen ist die Liste der Kernlieder oben S. 203–206)

Ach bleib mit deiner Gnade
(EG 347) 106, 190, 199
Ach Gott vom Himmel, sieh darein
(EG 273) 40
Ach wie flüchtig, ach wie nichtig
(EG 528) 121, 137
All Ehr und Lob soll Gottes sein 238
All Morgen ist ganz frisch und neu
(EG 440) 56
Allein Gott in der Höh' sei Ehr
(EG 179) 78, 139
Allein zu dir, Herr Jesu Christ
(EG 232) 48
Alles, was Odem hat, lobe den
Herrn 199
Auf auf, ihr Christen alle 90
Auf, auf, mein Herz mit Freuden
(EG 112) 115, 117
Auf, auf, weil der Tag erschienen 153
Aus tiefer Not schrei ich zu dir
(EG 299) 35, 40, 45, 54, 56,
166f., 178, 246

Befiehl du deine Wege
(EG 361) 99, 117, 230
Bei dir, Jesu, will ich bleiben
(EG 406) 198
Bis hierher hat mich Gott gebracht
(EG 329) 161
Bleib bei mir, Herr (EG 488) 246
Brich an, du schönes Morgenlicht
(EG 33) 90, 128
Brunn alles Heils, dich ehren wir
(EG 140) 146

Christ ist erstanden (EG 99) 33, 48
Christ lag in Todesbanden (EG 101) 40
Christ, unser Herr, zum Jordan kam
(EG 202) 80
Christi Blut und Gerechtigkeit
(EG 350) 150
Christus ist König, jubelt laut
(EG 269) 203

Da Christus nun hett dreissig Jahr 80
Der du bist drei in Einigkeit (EG 470) ... 47
Der Herr ist mein getreuer Hirt
(EG 274) 48
Der Mond ist aufgegangen (EG 482) ... 177
Der Tag, der ist so freudenreich
(EG 541) 48
Der Tag ist hin 65
Die beste Zeit im Jahr ist mein
(EG 319) 215f., 225
Die Herrlichkeit auf Erden 120
Die güldene Sonne (EG 449) 117
Die Sonn hat sich mit ihrem Glanz
gewendet 65
Dies ist der Tag, den Gott gemacht
(EG 42) 161
Dies sind die heilgen zehn Gebot
(EG 231) 40, 80
Du hast uns Leib und Seel gespeist
(EG 216) 56
Du höchstes Licht, ewiger Schein
(EG 441) 56
Du meine Seele, singe (EG 302) 117

Ehre sei Gott in der Höhe (EG 180.1) ... 54
Ein feste Burg ist unser Gott
   (EG 362) 27, 207, 246, 256
Ein Lämmlein geht und trägt die
   Schuld (EG 83) 54, 172
Ein neues Lied wir heben an 33
Einer ist's, an dem wir hangen
   (EG 256) 194
Erhalt uns, Herr, bei deinem Wort
   (EG 193) 230
Ermuntre dich, mein schwacher
   Geist 128
Es geht daher des Tages Schein
   (EG 439) 48
Es kennt der Herr die Seinen
   (EG 358) 198
Es ist das Heil uns kommen her (EG 342)
   37, 40, 42, 44, 80
Es ist in keinem andern Heil
   (EG 356) 145
Es wolle Gott uns gnädig sein
   (EG 280) 35, 40, 44, 54

Flora, meine Freude, meiner
   Seele Weide 101
Freu dich sehr, o meine Seele
   (EG 524) 65
Freuet euch der schönen Erde
   (EG 510) 198
Fröhlich soll mein Herze springen
   (EG 36) 153, 199

Geh´ aus, mein Herz, und suche Freud
   (EG 503) 118, 153, 199
Geist des Glaubens, Geist der Stärke
   (EG 137) 198
Gelobet seist du, Jesu Christ
   (EG 23) 33, 35
Gib dich zufrieden und sei stille
   (EG 371) 99
Gott der Vater wohn uns bei
   (EG 138) 40
Gott des Himmels und der Erden
   (EG 445) 102

Gott ist gegenwärtig
   (EG 166) 20, 146, 153
Gott rufet noch (EG 392) 146
Gott sei gelobet und gebenedeiet
   (EG 214) 40, 49
Gott Vater, dir sei Dank gesagt
   (EG 160) 97
Gott, weil er groß ist (EG 411) 112
Großer Gott, wir loben dich
   (EG 331) 219

Herbei, o ihr Gläubigen (EG 45)........... 246
Herr Christ, der einig Gotts Sohn
   (EG 67) 40, 42, 48
Herr, dein Wort, die edle Gabe
   (EG 198) 150
Herr, meiner Seele großen Werth 158
Herr, stärke mich, dein Leiden zu
   bedenken (EG 91)................................. 161
Herz und Herz vereint zusammen
   (EG 251) 150
Herzliebster Jesu, was hast du
   verbrochen (EG 81) 161, 173
Hilf, Herr Jesu, lass gelingen (EG 61).... 90
Hinunter ist der Sonnen Schein
   (EG 467) 230

Ich bete an die Macht der Liebe 146
Ich bin ein Gast auf Erden
   (EG 529) 121
Ich dank dir schon durch deinen Sohn
   (EG 451) 161
Ich glaube, dass die Heiligen
   (EG 253) 148
Ich ruf zu dir, Herr Jesu Christ
   (EG 343) 48
Ich singe dir mit Herz und Mund
   (EG 324) 24, 229
Ich steh an deiner Krippen hier
   (EG 37) 199
Ich steh in meines Herren Hand
   (EG 374) 198
Ich weiß, woran ich glaube
   (EG 357) 183

Ich will dich lieben, meine Stärke
(EG 400) 112
Ihr Kinderlein, kommet
(EG 43) 215, 225
Im Frieden dein, O Herre mein
(EG 222) 54
In allen meinen Taten (EG 368) 98
In dich hab ich gehoffet, Herr
(EG 275) 48

Jauchzet, ihr Himmel (EG 41) 146
Jauchzt, alle Lande, Gott zu Ehren
(EG 279) 68
Jauchzt, Erd und Himmel, juble hell
(EG 127) 56
Jerusalem, du hochgebaute Stadt
(EG 150) 129
Jesu, der du bist alleine (EG 252) 146
Jesu, geh voran auf der Lebensbahn
(EG 391) 150, 199
Jesu, meine Freude, meines Herzens
Weide (EG 396) 101, 137
Jesus Christus herrscht als König
(EG 123) 148
Jesus Christus, unser Heiland, der den
Tod überwand (EG 102) 35, 40
Jesus Christus, unser Heiland, der von
uns den Gotteszorn wand
(EG 215) 40
Jesus lebt, mit ihm auch ich
(EG 115) 161
Jesus, meine Zuversicht (EG 526) 161

Komm, Gott Schöpfer, heilger Geist
(EG 126) 40
Komm, heiliger Geist, Herre Gott
(EG 125) 40
Kommt her, ihr seid geladen
(EG 213) 183
Kommt her zu mir, spricht Gottes Sohn
(EG 363) 48
Kommt, Kinder, lasst uns gehen
(EG 393) 146
Kyrie Eleison (EG 178.2) 54

Lass mich, o Herr, in allen Dingen
(EG 414) 175
Liebe, die du mich zum Bilde
(EG 401) 112
Liebe, du ans Kreuz für uns erhöhte
(EG 415) 155
Lobe den Herren, o meine Seele (EG 303)
199

Mach's mit mir, Gott, nach deiner Güt
(EG 525) 161
Macht hoch die Tür
(EG 1) 100, 145, 229
Man lobt dich in der Stille (EG 323) 90
Mein erst Gefühl sei Preis und Dank
(EG 451) 161
Meine Hoffnung und meine Freude ... 244
Mir ist Erbarmung widerfahren
(EG 355) 148
Mir nach, spricht Christus,
unser Held (EG 385) 112
Mitten wir im Leben sind
(EG 518) 40, 45
Mit Ernst, o Menschenkinder
(EG 10) 99
Mit Fried und Freud ich fahr dahin
(EG 519) 40, 45
Morgenglanz der Ewigkeit
(EG 450) 145

Nun bitten wir den heiligen Geist
(EG 124) 33, 40, 45, 47, 199
Nun danket all und bringet Ehr
(EG 322) 115
Nun freut euch, lieben Christen gmein
(EG 341) 35, 37, 40, 44, 100, 174
Nun jauchzt dem Herren alle Welt
(EG 288) 97
Nun komm, der Heiden Heiland
(EG 4) 22, 40, 44, 47, 62, 87,
135, 153, 229
Nun lasst uns den Leib begraben
(EG 520) 45, 57
Nun ruhen alle Wälder
(EG 477) 167, 170

Verzeichnis der Liedanfänge   285

Nun schläfet man (EG 480) 146
Nun sich der Tag geendet (EG 481) ... 146

O du fröhliche (EG 44) 215, 225
O Durchbrecher aller Bande
 (EG 388) 153
O Ewigkeit, du Donnerwort 90
O Gottes Stadt, o güldnes Licht 128
O Jesu Christ, du höchstes Gut 138
O komm, du Geist der Wahrheit
 (EG 136) 198
O Mensch, bewein dein Sünde groß
 (EG 76) 54, 65
O Tod, wo ist dein Stachel nun?
 (EG 113) 100
O Traurigkeit, O Herzeleid
 (EG 80) 90
O Welt, ich muss dich lassen
 (EG 521) 98, 121

Schmücke dich, o liebe Seele
 (EG 218) 100
Singt, singt, dem Herren neue Lieder
 (EG 286) 68
So jemand spricht, ich: »Ich liebe Gott«
 (EG 412) .... 160f.
So nimm denn meine Hände
 (EG 376) 215, 225
Sonne der Gerechtigkeit (EG 263) 155
Such, wer da will, ein ander Ziel
 (EG 346) 100

Tochter Zion (EG 13) 215, 225

Valet will ich dir geben
 (EG 523) 24, 125f
Vater unser im Himmelreich
 (EG 344) 80
Verleih uns Frieden gnädiglich
 (EG 421) 153
Vertraut den neuen Wegen
 (EG 395) 230, 251

Vom Himmel hoch, da komm ich her
 (EG 24) 199
Wach auf, wach auf, 's ist hohe Zeit
 (EG 244) 56
Wachet auf, ruft uns die Stimme
 (EG 147) 82, 130
Warum sollt ich mich denn grämen?
 (EG 370) 117
Wenn ich, o Schöpfer, deine Macht
 (EG 506) 161
Wenn meine Sünd' mich kränken
 (EG 82) 97
Wenn wir in höchsten Nöten sein
 (EG 366) 65
Wer leben will, und glücklich, der
 betrübe 159
Wer nur den lieben Gott lässt walten
 (EG 369) ... 24, 93f., 99, 101, 138, 170
Wer weiß, wie nahe mir mein Ende
 (EG 530) .... 124f.
Werde munter, mein Gemüte
 (EG 475) 90
Wie schön ist unsers Königs Braut 128
Wie schön leuchtet der Morgenstern
 (EG 70) 82
Wie soll ich dich empfangen
 (EG 11) 137
Wir danken dir, Herr Jesu Christ
 (EG 462) 194
Wir glauben all an einen Gott
 (EG 183) 40, 45, 80
Wir pflügen und wir streuen
 (EG 508) 215, 225
Wir warten dein, o Gottes Sohn
 (EG 152) 148
Wir wolln uns gerne wagen
 (EG 254) 150
Wo Gott der Herr nicht bei uns hält
 (EG 297) 42
Wohl denen, die da wandeln
 (EG 295) 66

Personenregister

Das Register enthält alle Namen von im Text genannten Dichtern, Musikern und anderen historischen Persönlichkeiten. Namen aus der Bibel sind nicht aufgenommen; Namen der Drucker, Buchhändler, Verleger und Verlage stehen mit Angabe ihres Ortes *kursiv*.

Ämilie Juliane, Gräfin von Schwarzburg-Rudolstadt (1637–1706) 85, 124–126
Agricola, Johann (1492 o. 1494–1566) 37
Albert Anton, Graf von Schwarzburg-Rudolstadt (1641–1710) 125
Albert, Heinrich (1604–1651) 99, 102
Alberus, Erasmus (um 1500–1553) 80
Ammon, Wolfgang (†1589) 77, 281
Angelus Silesius a. Scheffler 110–112
Arndt, Ernst Moritz (1769–1860) 181–183, 197, 219
Arnold, Gottfried (1666–1714) 128, 153

Babst, Valentin (Leipzig) 14, 17, 22, 25, 45, 47f, 57, 71, 79, 86, 229, 252, 281
Bach, Johann Sebastian (1685–1750) 106, 126, 128, 197, 229
Bach, Carl Philipp Emanuel (1714–1788) 160
Bärenreiter (Kassel) 217, 223
Bähr, Karl (1801–1874) 201
Balders, Günter (*1942) 236
Baltruweit, Fritz (*1955) .... 244f.
Barlach, Ernst (1870–1938) 236
Barth, Karl (1886–1968) 220
Bayly, Lewis (ca. 1573–1631) 135
Becker, Cornelius (1561–1604) 66f., 89f., 230
Beethoven, Ludwig van (1770–1827) 160

Behm, Johann (1578–1648) 102
Bell, George (1883–1958) 230
Bengel, Johann Albrecht (1687–1752) 148, 274
Bergen, Gimel (Dresden) 74
Bergen, Melchior (Dresden) 87
Berger, Theobald (Straßburg) 53
Bertheau, Martin (1882–1946) 219
Berthier, Jacques (1923–1994) 245
Betulius s. Bircken
Beuerle, Herbert (1911–1994) ... 236, 244
Bèze, Théodore de (1519–1605) 63
Bircken, Sigmund von (1626–1681) ... 121
Blarer, Ambrosius (1492–1567) ... 53, 55f.
Blarer, Thomas (1499–1567) 55f
Block, Detlev (*1934) 245
Bobrowski, Johannes (1917–1965) ... 249, 277
Bodelschwingh, Friedrich von (1877–1946) 218
Böhmische Brüder 10, 14, 51, 57–62, 149, 237, 247
Bornmeister, Simon (1632–1688) 93
Bortnjanski, Dmitri Stepanowitsch (1751–1825) 146
Brederek, Emil (1874–1960) ... 7, 30, 209, 269, 276
Briesmann, Johannes (1488–1549) ... 240
Brusch, Caspar (1518–1557) 60
Bucer, Martin (1491–1551) 49, 53
Buchner, August (1591–1661) 114
Buchwalder, Christoph (1566–1641) ... 89
Bukowski, Peter (*1950) 245

Bunsen, Christian Karl Josias
 (1791–1860) 185
Burg, Johann Friedrich (1689–1766) .. 162
Busch, Peter (1682–1744) 97

Calvin, Jean (1509–1564) 63
Calvisius, Seth (1556–1615) 66, 266
Chagall, Marc (1887–1985) 236
Chemlin, Caspar (Marburg) 17
Christian IV., König von Dänemark
 (1577–1648) 79
Claudius, Matthias (1740–1815) 176f.,
 228
Comenius, Johann Amos
 (1592–1670) 237
Cotta (Stuttgart) 193
Cramer, Johann Andreas (1723–1788)
 22, 158f., 168–171, 174, 177, 191
Cruciger, Elisabeth (1500?–1535) 37,
 42, 47
Crüger, Johann (1598–1662) ... 24, 94, 98,
 100f., 103, 115–117, 134–138
Crüwell, W. (Dortmund) 214

Dach, Simon (1605–1659) 99, 121
Dachstein, Wolfgang
 (um 1487–1553) 56
David, Christian (1692–1751) 155
Denicke, David (1603–1680) 95–97,
 100, 165
Detjen, Klaus (*1943) 232
Dietrich, Sixt (um 1494–1548) 55
Dietrich, Veit (1506–1549) 80
Dietz, Ludwig (Rostock) 78
Dietz, Philipp (1834–1910) 186
Diterich, Johann Samuel (1721–1797)
 157f., 165f, 168
Dolzig, Hans von (um 1485–1551) 35

Ebeling, Johann Georg (1637–1676)
 115–117
Eckert, Eugen (*1954) 233
Egli, Raphael (1559–1622) 56
Eichhorn, Johann (Frankfurt/Oder) ... 72f.
Esschen, Johann van (um 1485–1523) .. 33

Ferdinand II., Kaiser (1578–1637) 107
Ficker, Johannes (1861–1944) 18,
 207f., 256
Fischer, Albert (1829–1896) 28, 281
Fleming, Paul (1609–1640) 98
Flügge, Thomas (*1978) 245
Fontane, Theodor (1819–1898) 167
Franc, Guillaume (um 1505–1570) 98
Franck, Johann (1618–1677) 100f.,
 122, 137, 266
Franck, Melchior (1580–1639) 129,
Franck, Michael (1609–1667) 121, 137
Franck, Salomo (1659–1725) 266
Francke, August Hermann
 (1663–1727) .... 141f.
Freylinghausen, Johann Anastasius
 (1670–1739) 10, 20, 94, 100, 138,
 141–147, 152f., 185, 254, 273
Friedrich I., König von Preußen
 (1657–1713) 153
Friedrich II., König von Preußen
 (1712–1786) 167
Friedrich Wilhelm I., König von Preußen,
 Kurfürst v. Brandenburg
 (1688–1740) 153
Friedrich Wilhelm III., König von
 Preußen (1770–1840) 147, 187
Friedrich der Weise, Kurfürst von
 Sachsen (1463–1525) 34
Friedrich Wilhelm I., Herzog von
 Sachsen-Weimar (1562–1602) 74
Friese, August Robert (Leipzig) 197
Fritzsche, Martin 74
Froschauer, Christoph (Zürich) 54

Garve, Karl Bernhard (1763–1841)
 155, 191
Gellert, Christian Fürchtegott
 (1715–1769) 159–161
Gennrich, Paul (1865–1946) .... 218f.
Gerber, Christian (1660–1731) 92
Gerhard, David Gottfried
 (1734–1808) 162

Gerhardt, Paul (1607–1676) 99, 113–118, 121f., 136f., 139, 153, 170, 172, 207, 228, 230, 238, 281
Gesenius, Justus (1601–1673) 95–97, 100, 165
Gesius, Bartholomäus (um 1562–1613) 229
Gigler, Andreas (†1570) 70
Gmelin, Johann Jeremias (1613–1698) 117
Goethe, Johann Wolfgang (1749–1832) 160, 175, 219
Goetze, George Heinrich (1667–1728) 109
Goudimel, Claude (um 1514–1572) 63, 229
Gregor, Christian (1723–1801) 154f., 237
Greiter, Matthias (nach 1490–1550) 50, 54, 65
Grimm, Heinrich (1593-1637) 66
Gruppenbach, Georg (Tübingen) 76
Gryphius, Andreas (1616–1664) 120
Gutknecht, Jobst (Nürnberg) 35f., 44

Havecker, Johann Heinrich (1640–1722) 124
Hahn, Gerhard (*1933) 29
Hahn, Johann Michael (1758–1819) ... 193
Harleß, Adolf von (1806–1879) 202
Handt, Hartmut (*1940) 236
Hasse, Nicolaus (vermutl. 1600–1670) 129
Heermann, Johann (1585–1647) 95, 103, 121f., 136, 139, 173, 254
Hegenwald, Erhart (1. H. 16. Jh.) 37, 47
Heine, Heinrich (1797–1856) 197
Heinsdorff, Emil Ernst (1887–1948) .... 219f.
Heinsius (Bremen) 197
Henkys, Jürgen (1929–2015) 29
Hensel, Walther (1887–1956) 222
Herberger, Valerius (1562–1627) ... 125f.
Herder, Johann Gottfried (1744–1803) .... 175f.

Herman, Nikolaus (1500–1561) 237
Hertzsch, Klaus Peter (1930–2015) 230, 251
Hiller, Philipp Friedrich (1699–1769) 148
Hirsch, Emanuel (1888–1972) 218
Hofacker, Ludwig (1798–1828) 193
Horn, Johannes (†1547) 60
Hupp, Otto (1859–1949) 208
Hus, Jan (um 1370–1415) 57, 62, 149
Hut, Hans (ca. 1490–1527) 53

Janssens, Peter (1934–1998) 245
Jöde, Fritz (1887–1970) 222
Johann Adolf von Schleswig-Holstein-Gottorf (1575–1616) 79
Jonas, Justus (1493–1555) 42, 47, 80
Jorissen, Matthias (1739–1823).... 68, 232
Joseph, Georg (vermutl. 1620–1668) .... 111f.

Kaldenbach, Christoph (1613–1698) 101
Kennel, Gunter (*1961) 244
Klepper, Jochen (1903–194?) 212, 220, 225, 238, 281
Klopstock, Friedrich Gottlieb (1724–1803) .... 171, 173f.
Klug, Josef (Wittenberg) 17, 22, 28, 37, 43–45, 82, 252, 254, 256
Knapp, Albert (1798–1864) 193–196
Koch, Paul (1906–1945) 217
Koch, Rudolf (1876–1934) 219
Köpfel, Wolfgang (Straßburg) 50
Körner, Theodor (1791–1813) 197
Kosegarten, Gotthard Ludwig (1758–1818) 201
Krüger, Horst (*1952) 236
Kunze, Gerhard (1892–1954) .... 218f.

Lang, Andy (*1970) 232
Leisentrit, Johann (1527–1586) 14
Lesser, Friedrich Christian (1692–1754) 177
Leyser, Polycarp (1552–1610) 67

Lobwasser, Ambrosius (1515–1585) 64f., 67f., 89
Loersfeld, Johann (Erfurt) 37
Louise Henriette, Kurfürstin von Brandenburg (1627–1667) 122
Ludwig (der Fromme), Herzog von Württemberg (1554–1593) 76
Luppius, Andreas (Wesel) 141
Luther, Martin (1483–1546) 10, 15, 25f., 28, 30, 33f., 37, 40–50, 53–57, 62, 65, 71–73, 78–81, 90, 100, 102–104, 113, 121, 135, 139, 153, 163, 166–168, 173f., 178, 181f., 194, 201f., 206f., 213, 216, 225, 227, 229f., 236, 238f., 247, 251

Mahrenholz, Christhard (1900–1980) 29, 222–224, 265
Maler, Matthes (Erfurt) 37
Marcks, Gerhard (1889–1981) 236
Marot, Clément (1496–1544) 63
Marti, Andreas (*1949) 245, 280
Matthias, Erzherzog von Österreich (1557–1619) 70
Maximilian II., Kaiser (1527–1576) 61
Melanchthon, Philipp (1497–1560) ... 194
Meyfart, Johann Matthäus (1590–1642) .... 128f.
Mirus, Martin (1532–1593) 74
Moller, Albin (1541–1618) .... 80f.
Monninger, Dorothea 245
Moritz, Landgraf von Hessen-Kassel (1572–1632) 68
Müller, Christine-Ruth (*1957) 245
Müller, Heinrich (1631–1675) ... 121–123
Müller-Osten, Kurt (1905–1980) 225
Münden, Gerd-Peter (*1966) 233
Müntzer, Thomas (um 1490–1525) 53
Mylius, August (Berlin) ...... 139, 166–168, 188f.

Neander, Joachim (1650–1680) 141, 146, 237

Neumark, Georg (1621–1681) 93f., 101, 170
Nicolai, Philipp (1556–1608) 82, 90, 104, 130, 231
Nitschmann, Anna (1715–1760) 237

Oeler, Ludwig (lebte um 1520–1530) ... 80
Olearius, Johann Christoph (1668–1747) 28, 109, 279
Opitz, Martin (1597–1639) 89, 96, 119–121, 266

Perthes, Friedrich (Hamburg) 185
Porst, Johann (1668–1728) 137–140, 166f., 188f
Praetorius, Michael (1571–1621) 229
Praßl, Franz Karl (*1954) 245

Rambach, August Jakob (1777–1851) 28, 186
Rambach, Johann Jakob (1693–1735) 173, 266
Ramminger, Melchior (Augsburg) 37
Raselius, Andreas (vermutl. 1563–1602) 73
Rauscher, Andreas (Erfurt) 43
Reger, Max (1873–1916) 229
Reusner, Johann (Königsberg) 102
Rhamba, Johann (Görlitz) 89
Richter, Ludwig (1803–1884) ... 220, 257
Riedesel zu Eisenbach, Georg (1588–1640) 17
Riemann, Chilian Volkmar (1687–1763) .... 177f.
Riethmüller, Otto (1889–1938) .... 199f.
Ringwaldt, Bartholomäus (1532–1599) 80, 90, 104
Rist, Johann (1607–1667) ... 90f., 122, 128
Rohlfs, Christian (1849–1938) 236
Runge, Christoph (Berlin) 135
Ruppel, Paul Ernst (1913–2006) 236

Schamelius, Johann Martin (1668–1742) .... 28, 108f.

Schede Melissus, Paul (1539–1602) 64
Scheffler, Johann (1624–1677) ... 110–112
Scherffer von Scherffstein, Wencel
  (um 1603–1674) 64
Schiller, Friedrich (1759–1805) 219
Schlegel, Johann Adolf
  (1721–1793) 171–174
Schleiermacher, Friedrich (1768–1834)
  16, 139, 185–191, 196
Schmidt-Rottluff, Karl (1884–1976)
  236, 257
Schmolck, Benjamin (1672–1737) 173
Schop, Johann (1590–1667) 90, 128
Schöffer, Peter (Worms) 37
Schönsperger d. J., Johann
  (Zwickau) .... 41f.
Schröder, Rudolf Alexander
  (1878–1962) 225
Schütz, Christoph (1689–1750) 130
Schütz, Heinrich (1585–1672) ... 66, 229f.
Schwarzburg-Rudolstadt,
  Ämilie Juliane Gräfin von
  (1637–1706) 85, 124–126
Schwarzenstein, Philipp Jakob von
  (†1574) 71
Segebald, Lorenz 102
Seibt, Ilsabe (*1959) 245
Serpilius, Georg (1668–1743) 109
Silcher, Friedrich (1789–1860) 199
Slüter, Joachim (um 1490–1532) ... 78, 239
Smend, Julius (1857–1930) ... 15, 197, 207
Söhngen, Oskar (1900–1983) 224
Spalding, Johann Joachim
  (1714–1804) 166, 168
Spalatin, Georg (1484–1545) .... 34f.
Spener, Philipp Jakob (1635–1705) 133,
  135–137, 141, 149, 194
Spengler, Lazarus (1479–1534) 37, 80
Speratus, Paul (1484–1551) ... 37, 42, 47,
  53, 80
Spitta, Friedrich (1852–1924) ... 197f., 207
Spitta, (Carl Johann) Philipp
  (1801–1859) 197
Spitta, Philipp (1841–1894) 197

Stegmann, Josua (1588–1632) ... 106f., 190
Steinhardt, Jakob (1887–1968) 236
Stenger, Nicolaus (1609–1680) 129
Stern, Hans, Heinrich, Johann
  (Lüneburg) 89–91, 135
Stiegler, Hartmut (*1957) 236
Stier, Rudolf (1800–1862) ... 181, 183–185
Stifel, Michael (1487–1567) 37
Stobäus, Johannes (1580–1646) .... 99f.
Strauch, Peter (*1943) 236

Teller, Wilhelm Abraham
  (1734–1804) 166, 168
Tersteegen, Gerhard (1697–1769) 20,
  68, 145–147, 153, 171
Teschner, Melchior (1584–1635) 126
Theremin, Franz (1780–1846) 196
Thibaut, Anton Friedrich Justus
  (1772–1840) 201
Thilo, Valentin (1607–1662) 99
Tholuck, August (1799–1877) 181,
  183, 195, 197
Tragen, Matthäus (1533–1596) 74
Trautwein, Dieter (1928–2002) 236
Trost, Johannes (1514–1581) 78

Uhlich, Johann Elias (1676–1722) 108
Uz, Johann Peter (1720–1796) 191

Vilmar, August (1800–1868) 186
Vos, Hendrik 33
Vulpius, Melchior (um 1570–1615) ... 229

Wackernagel, Philipp
  (1800–1877) .... 194, 280f.
Waisenhausdruckerei (Halle) 141
Waldmüller, Jörg (Straßburg) 53
Wallau, Heinrich (1852–1925) 208
Walter, Johann (1496–1570) ... 14, 37, 281
Weber, Georg (um 1610–nach 1651) .. 102
Weidemann, Heinz (1895–1976) 217
Weiße, Michael (um 1488–1534) 45,
  51, 57, 59f., 237
Weissel, Georg (1590–1635) 100

Wesley, Charles (1707–1788) 235
Wesley, Samuel Sebastian
 (1810–1876) .... 235f.
Wichern, Johann Hinrich
 (1808–1881) 198
Willberg, Brigitte (1934–2020) 228
Willberg, Hans Peter (1930–2003) 228
Wolder, David (1550–1604) .... 79f.
Wolrab, Michael (Bautzen) 80
Worreschk, Henning (*1962) 236
Wüstholz, Johannes (†1626) 67
Wu(ü)lffer, Daniel (1617–1685) 121

Zabern, Philipp von (Mainz) 208
Zell, Katharina (1497/98–1562) ... 50f., 57

Zell, Matthäus (1477–1548) 49
Zenetti, Lothar (1926–2019) 236
Zili, Dominik (vor 1500–1542) 54
Zinzendorf, Erdmuthe Dorothea von
 (1700–1756) 149
Zinzendorf, Nikolaus Ludwig Graf von
 (1700–1760) .... 149–155, 171, 236f.
Zollikofer, Georg Joachim
 (1730–1788) 175
Zurel, Hans (Ulm) 59
Zwick, Johannes
 (um 1496–1542) 53, 55

Abbildungsnachweis

Berlin, Staatsbibliothek zu Berlin – Preußischer Kulturbesitz 32, 60, 61, 62, 66, 116, 140
Göttingen, Niedersächsische Staats- und Universitätsbibliothek 91, 105, 132, 144, 241
Gotha, Forschungsbibliothek 126
Greifswald, Universitätsbibliothek 147, 170
Halle, Universitäts- und Landesbibliothek 155, 156
Hamburg, Michael Zapf .... Autorenbild Schilling/Umschlag
Heidelberg, Universitätsbibliothek 26
Hildesheim, Gesangbucharchiv 180, 188, 208, 209, 212, 215
Jena, Thüringer Landes- und Universitätsbibliothek 69
Leipzig, Universitätsbibliothek 75, 111
München, Bayerische Staatsbibliothek 36, 38f., 50, 52, 66, 91, 138, 255
München, Strube Verlag 242
Privat 46, 51, 58, 63
Rostock, Universitätsbibliothek 78, 124
Tübingen, Universitätsbibliothek 151
Wikimedia Commons 63, 101
Wittenberg, Stiftung Luthergedenkstätten in Sachsen-Anhalt – LutherMuseen 12, 43
Wolfenbüttel, Herzog August Bibliothek 84, 88

Abkürzungsverzeichnis

DEG	Deutsches Evangelisches Gesangbuch (1915)
EG	Evangelisches Gesangbuch (1993)
EKG	Evangelisches Kirchengesangbuch (1950)
GBA	Gesangbucharchiv (Hildesheim)
JLH	Jahrbuch für Liturgik und Hymnologie
VD16	Verzeichnis der im deutschen Sprachbereich erschienenen Drucke des 16. Jahrhunderts
VD17	Verzeichnis der im deutschen Sprachraum erschienenen Drucke des 17. Jahrhunderts
VD18	Verzeichnis der im deutschen Sprachraum erschienenen Drucke des 18. Jahrhunderts
WA	D. Martin Luthers Werke, Weimar 1883–2009 (Weimarer Ausgabe)

Ulrich H. J. Körtner

Wahres Leben

Christsein auf evangelisch

144 Seiten | 12 x 19 cm
Klappenbroschur
ISBN 978-3-374-06912-5
EUR 12,00 [D]

Kann es wahres Leben geben? Ein Leben, das sich nicht nur gut und richtig anfühlt, sondern gut und richtig ist? Ein sinnerfülltes Leben mit Tiefgang statt bloßer Oberflächlichkeit? Ob Leben wahr oder unwahr, richtig oder falsch ist, hängt davon ab, was oder an wen man glaubt, was oder wen man liebt, was oder worauf man hofft. Das führt zu den weiteren Fragen dieses Buches: Woran genau glauben Christen? Worauf vertrauen sie in Leben und Sterben? Und: Was bedeutet es heute, im evangelischen Sinne Christ zu sein? Der Wiener Theologe Ulrich Körtner ist weithin bekannt für seine Gabe, das Wesentliche klar auf den Punkt zu bringen.

EVANGELISCHE VERLAGSANSTALT
Leipzig   www.eva-leipzig.de

Tel +49 (0) 341/ 7 11 41 -44   shop@eva-leipzig.de

Martin Luther
Geistliche Lieder

Herausgegeben
und kommentiert von
Johannes Schilling

Große Texte der Christenheit (GTCh) | 7

240 Seiten | 12 x 19 cm
Paperback
ISBN 978-3-374-05850-1
EUR 14,00 [D]

Luthers Lieder gehören zu den wirkmächtigsten Texten in der Geschichte der protestantischen Frömmigkeit. Sie sind zwischen 1523/24 und den frühen 1540er Jahren entstanden und haben in ihrer Zeit und seitdem weiteste Verbreitung gefunden. Die letzte zu Luthers Lebzeiten erschienene Ausgabe seiner Lieder ist ein Gesangbuch, das der Leipziger Verleger Valentin Babst 1545 herausbrachte. Das besonders schön gestaltete Gesangbuch machte auch Luther Freude, wie er in einer eigens für diese Ausgabe verfassten Vorrede betonte.

Das Buch bietet die Texte aller Lieder Luthers in den Fassungen des ›Babstschen Gesangbuchs‹, dazu die neue Vorrede.

EVANGELISCHE VERLAGSANSTALT
Leipzig   www.eva-leipzig.de

Tel +49 (0) 341/ 7 11 41 -44   shop@eva-leipzig.de